关注家庭教育，
研究家庭教育，
推广家庭教育，
利己，
利他，
利社会！

——张能治

阳光教育丛书

叩开
孩子心扉的艺术

谈家庭教育那些事

张能治 著

暨南大学出版社
JINAN UNIVERSITY PRESS

中国·广州

图书在版编目（CIP）数据

叩开孩子心扉的艺术：谈家庭教育那些事/张能治著．—广州：暨南大学出版社，2017.10（2018.3 重印）
（阳光教育丛书）
ISBN 978 - 7 - 5668 - 2125 - 6

Ⅰ.①叩… Ⅱ.①张… Ⅲ.①家庭教育 Ⅳ.①G78

中国版本图书馆 CIP 数据核字（2017）第 120667 号

叩开孩子心扉的艺术：谈家庭教育那些事
KOUKAI HAIZI XINFEI DEYI SHUTAN JIATING JIAOYU NAXIE SHI
著　者：张能治

出 版 人：徐义雄
责任编辑：苏彩桃　黄　斯
责任校对：彭　睿
责任印制：汤慧君　周一丹

出版发行：暨南大学出版社（510630）
电　　话：总编室（8620）85221601
　　　　　营销部（8620）85225284　85228291　85228292（邮购）
传　　真：（8620）85221583（办公室）　85223774（营销部）
网　　址：http：//www.jnupress.com
排　　版：广州良弓广告有限公司
印　　刷：佛山市浩文彩色印刷有限公司
开　　本：787mm×1092mm　1/16
印　　张：15.75
字　　数：300 千
版　　次：2017 年 10 月第 1 版
印　　次：2018 年 3 月第 3 次
印　　数：4001—5000 册
定　　价：45.00 元

序

绽放的心扉

《叩开孩子心扉的艺术——谈家庭教育那些事》是著名家庭教育专家张能治先生又一部家庭教育力作,由暨南大学出版社出版,向全国发行,这是值得家庭教育界同行欢庆的一件喜事!家长们阅读它必将获得教育子女的智慧,教育工作者和社会人士阅读它也能领略到家庭教育的风采。

只要你打开《叩开孩子心扉的艺术——谈家庭教育那些事》就能有所收获,我先读为快,读后深深为其内容所打动。《叩开孩子心扉的艺术——谈家庭教育那些事》分章写作,条清理晰:

"视野",作者提出的提高家庭教育效能的策略是可行的,具体的;

"游戏",婴幼儿认识生活的途径,不可替代的教育手段;

"技巧",给学习者提供可效法的范本,努力的方向;

"读写",强调读,更强调写,写作让父母的家庭教育观念升华;

"生存",引导孩子对生命的敬畏,做生命的强者;

"亲情",温暖着彼此的心,表达了作者对家庭、对学校眷恋之情;

"创造",教育的最高境界,引导人们努力使自己成为有创造力的人。

上述七章,各有各的精彩,都围绕叩开孩子心扉这个命题,从不同侧面揭示叩开孩子心扉的艺术。而"附录"则是他人对作者的著述与人格的评论,展示了《叩开孩子心扉的艺术——谈家庭教育那些事》一书的社会价值与作者的人格魅力,读后让人真实感受到:张能治先生的《叩开孩子心扉的艺术——谈家庭教育那些事》是完全可以信赖的。

《叩开孩子心扉的艺术——谈家庭教育那些事》告诉人们,家庭教育是一门科学,更是一门艺术,要让自己的孩子有所作为,家长,尤其是年轻的父母,就得学习,就得研究,就得阅读。如果您能够拿起笔来写写育儿的成功经验更好，因为这是更高层次的阅读，是不断提高个人家庭教育水准的有效途径。

张能治先生的家庭教育研究和出版工作硕果不断，2011 年出版了《爱，让孩子快乐成长——e 时代家庭教育真谛》，2014 年出版了《家庭教育那些事儿》，两本书都深受读者青睐，分别重印三次，许多读过的家长和教师都赞扬说，"张能治老师的书，精彩、实在、好用"。现在又出版了新著《叩开孩子心扉的艺术——谈家庭教育那些事》，给家庭教育百花园又增添了一抹亮丽的色彩。我相信，该书一定又会给广大读者带来不一样的感受和实实在在的收获。

文如其人，张能治先生是一位严谨踏实的家庭教育专家，他长期致力于家庭教育实践、家庭教育研究和家庭教育写作，《叩开孩子心扉的艺术——谈家庭教育那些事》是他的实践研究结出的硕果。他阅读了大量中外家庭教育名著，调查了无数家庭教育个案，积累了许多宝贵的家庭教育资料。他应邀到全国各地讲学，有丰富的实践经验。他的观念前沿，善于把中国优秀的家庭教育传统和国际前沿的教育理念结合起来，善于融合当代家庭教育理论与古今中外的教育案例。全书构思巧妙，逻辑严密，语言通俗，极具魅力。

朋友们，要想叩开孩子的心扉，就读《叩开孩子心扉的艺术——谈家庭教育那些事》吧！不论你的孩子现在是婴幼儿，还是中小学生，或者大学、留学生，该书将给你有益的启迪；对于广大教师，不论你从事的是哪个层次的教育，你将会从不同侧面学习到教育的真谛；社会各界，谁读它，谁获益。

幸福和谐的家庭，必将使孩子心扉绽放，独立自主，敢于担当。孩子强大了，父母梦想成真，中国梦指日可待！想到这些，我由衷地高兴，遂写了以上这些文字，是为序。

骆　风

2016 年 8 月

于广州大学

（序者系广州大学教育学院研究员、广东现代家庭文明与亲子教育学会会长）

自 序

让孩子尽早从你的生命中独立出去

  没有哪一位父母不爱自己的孩子。而怎么爱，却有大学问。给他穿好、吃好、住好；凡事替孩子做，替孩子想；逼着孩子参加各种补习班、培训班；只要考试考高分，不管考试错漏之处……这是当前在孩子教育中出现的"爱"孩子的普遍现象。尽管父母给孩子力所能及的爱，但孩子并不领情，并不像父母所期望的那样出色。这是为什么呢？下面这个例子或许可以给我们一点启发。

  一个13岁的孩子，暑假爸爸将他送到澳洲一位朋友家，拜托朋友照顾他，好让他见见世面。朋友刚从机场接回男孩，就对他说：你13岁了，基本生活能力都有了，所以从明天起，你要自己按时起床，自己做早餐吃，吃完后你得自己把盘子和碗洗干净，洗衣房在那里，你的衣服要自己去洗……

  一个月后，父母惊讶地发现，孩子变了，变得什么都会做了！他会管理自己的一切：起床后会叠被子，吃饭后会洗碗筷，清扫屋子，会使用洗衣机，会按时起床睡觉，会拿着地图独自去坐地铁寻找玩耍的地方，会交朋友，对人也变得有礼貌，做事有责任心了……

  这个例子生动地说明，孩子的责任心和独立性何等重要。"父母真正成功的爱，就是让孩子尽早作为独立的个体从你的生命中分离出去。这种分离越早，你就越成功。"一位英国心理学博士如是说。

  就教育孩子而言，中国有丰富的教育资源，有优秀的传统，这无疑是需要继承的；与此同时又要与时俱进，吸纳世界上优秀的教育成果，结合自己孩子的实际情况，探索出最适合自己孩子的教育模式。

  父母，这是一个崇高而艰难的职业。要做到称职，就得学习掌握与时代脉搏相适应的教育理念和方法。今天的时代是网络时代，网络时代亲子关系已从"听话"转变为"对话"模式，从单向教导转变为双向互动、互相学习的模式。

为此，父母应满足孩子对亲情的需求，当孩子还在婴幼儿阶段，就要善于和他们一起做游戏，让他们在感受到快乐的同时增长智慧；

用心陪伴孩子，倾听孩子的心声，给孩子成长的空间；

尊重孩子，凡事多征求孩子的意见，孩子独立思考的能力强了，这样孩子会更尊重父母，敢于向你敞开心扉，多说话，说真话；

对孩子的要求要恰当，只追前一名，一个一个地超越，没有止境，自己就不断地向前。"只追前一名"这种教育模式体现出家长的教育智慧和教育艺术。

……

"关心我们自己的孩子，就是关心我们的未来。"马云这句话说得对，父母要给孩子树立榜样，主动学习，严格要求，平等相待，言传身教。

亲爱的读者，当你翻开本书时，你将从"视野""游戏""技巧""读写""生存""亲情""创造""附录"诸方面，和她一道探索、切磋、前进，愿她能陪伴你有效地叩开孩子的心扉！

张能治

2016 年 7 月 14 日

于广州明月苑

第一章

视野

家庭教育是一门培养人的科学，更是一门培养人的艺术，为此，父母必须学习，必须研究，更新观念，努力做网络时代的合格父母。

家庭教育也承载着中国梦

"关心我们的孩子，就是关心我们的未来。"这是鲁迅的家教名言，也是他给广大家长的忠告。

家长如何关心自己的孩子？毫无疑问是要学习，要行动：学习科学的家庭教育理念，拿出能给孩子正能量的行动。年轻的父母们，无论你从事什么职业，无论你的职务多么重要，无论你的工作多么繁忙，请你不要忘记，你有一个别人无法代替的职业——孩子的父亲或母亲。当 21 世纪合格的父亲母亲不容易。今天，我们生活在科学技术高度发达的时代，同时也面临很多突出的难题。国家主席习近平在纪念孔子诞生 2 565 周年国际学术研讨会上指出："要解决这些难题，不仅需要运用人类今天发现和发展的智慧和力量，而且需要运用人类历史上积累和储存的智慧和力量。"就教育孩子而言，我们既要继承传统，又要与时俱进，结合自己孩子的实际情况，探索出最适合自己孩子的教育模式。

要达此目的，就得学习，不要盲目跟风；要在实践中总结提高，采取行之有效的教育方法。不论哪类层次的学生的父母都得学习，因为不同层次的学生心理需求是不一样的，我们总不能以教育幼儿园小朋友的方法来对待小学生吧？

学习重要，行动更为重要。马云说得好，"给孩子树立榜样，不要多说教，说多了就没人听你的了"。光说不行，父母得有行动，要给孩子做出示范。以手机为例，回家了，作为父母，你有没有在孩子面前不停地摆弄手机？对此，可能有的父母会说，我工作了一天，很累，玩玩网络游戏，放松自己；有的会说，我玩我的，孩子你干你的；有的干脆让孩子无休止地玩手机……

美国总统奥巴马夫人米歇尔称，平时不许女儿使用高科技产品。她 14 岁的大女儿，也只有周末才能使用手机。两个女儿不到周末不能看电视，计算机只能在做作业时才能使用。在高科技非常发达的美国，电子产品成为青年时尚的今天，这样的规矩十分难得又非常重要。硅谷那些高科技工程师，往往把自己的孩子送进禁止使用计算机的"低科技"学校。中国家长不也应该从米歇尔的家规中学习些什么吗？"手机控""触屏族"已汹涌地向我们袭来。警惕啊，年轻的父母们，不要让我们的孩子成为"触屏一代"！

实现中国梦，需从每位父亲母亲做起，从我们的孩子做起。父母要为孩子树立榜样，要善于营造和谐的氛围：在家父母看书阅报，孩子读书做作业；亲子一起做家务，承担各自的责任；饭后陪孩子散步，耐心回答孩子提出的问题；周末或节假日，一家人走进大自然，走进大社会，在各种各样的活动中，锻炼身心，增长才干。亲情如花，如花亲情，其乐融融……协调和谐的环境，必将造就出正直、善良、有责任感、敢于担当的孩子，培育出美丽幸福的家庭。

关心我们自己孩子的教育吧！因为家庭教育也承载着中国梦。从每一位父母做起，从每个家庭的家庭教育做起，家庭、学校、社会相结合，形成科学的教育合力。孩子强大了，中国梦就指日可待！

2014 年 9 月 26 日

☆温馨提示

实现中国梦是一个口号，是一个目标，更是一个行动。

"关心我们自己的孩子，就是关心我们的未来。"如何关心？像马云、米歇尔那样，父母要"给孩子树立榜样"，主动学习，严格要求，平等相待，言传身教。

亲情如花，如花亲情，美丽和谐的家庭，必将培育出独立自主有担当的孩子。孩子强大了，中国梦就指日可待！

抓住它，孩子就一定出彩

"给我一个支点，我可以把地球撬起来。"这是阿基米德的科学宣言。"支点"成为每一个思想者和开拓者寻找的目标。就当前中国教育而言，这个"支点"就是家庭教育。同一个学校，同一个班，为什么学生的差别那么大，除遗传因素外，很大程度取决于家庭教育。

那么，家庭教育如何进行？

请听听我们的导师、家庭教育的楷模卡尔·马克思的故事。

马克思有三个女儿，大女儿燕妮、二女儿劳拉、三女儿爱琳娜。马克思很喜欢和女儿们一起玩游戏。他认为，游戏不仅使孩子们心情舒畅，而且也能使她们增添智慧。他常常扮作一匹马，驮着孩子们玩。他的小女儿爱琳娜骑在他的肩膀上，双手抓住他那浓黑的头发。马克思驮着她，欢快地奔跑着，逗得小女儿咯咯地笑。有时，马克思和女儿们一起玩"海战"。这是女儿们非常喜爱的游戏。只要听到爸爸说一声："我们来一次海战？"孩子们便高兴得抱住他的脖子，笑着，喊着："我们打海战哟，我们打海战哟！"

每逢星期天，马克思总是放下繁忙的工作，听孩子们"指挥"。他跟着孩子们尽兴游玩，让孩子们接受大自然的熏陶，培养她们的观察力和思维力，锻炼她们的意志和体魄。一次，恩格斯来到马克思家里，见他正在伏案工作，便赶忙提醒："喂，你忘了今天是什么日子吗？"马克思一听，愣了一下，拍了拍脑门，微笑着说："啊，对了，今天是星期日，星期日应该属于孩子们的！"于是，马克思放下工作，和恩格斯一起，高高兴兴带着孩子出去郊游。

马克思经常给孩子们讲各种各样迷人的故事，像《唐·吉诃德》《一千零一夜》等，还常常给孩子们背诵莎士比亚剧本的台词，这些诗一样生动的语言深深地印在孩子们的脑海里。在马克思熏陶下，三个女儿都养成良好的阅读习惯。马克思还和孩子们一起唱歌、跳舞、讨论问题……

马克思夫妻互敬互爱，同甘共苦；父母爱子女，关心子女，在子女面前不仅是长者，也是朋友，充分尊重孩子的选择；和谐的家庭，欢乐的家庭，智慧的家教，让马克思三个女儿都成长为社会的翘楚。

家庭是社会的细胞，孩子是父母的希望。家庭教育的根本目的在于"促进子女在家庭成为好子弟，在校成为好学生，在社会成为好国民，在世界成为好人类"。家庭教育的影响可谓大矣！它是孩子成为"好子弟""好学生""好国民""好人类"的关键所在。

可敬的父母们，你们不要因为事业忙而放松这个"支点"，因为孩子才是你们的未来。

亲爱的老师们，你们抓住这个支点了吗？你们既是儿女的父母，更是学生们的导师，紧紧抓住这个孩子成长的"支点"吧！它是孩子成为"好子弟""好学生"的关键。

任重道远的校长们，你们不会因为"中考""高考"的指挥棒而放弃这个"支点"吧？因为你们是领导着人类灵魂工程师——老师们去培养"好人类"啊！

抓住家庭教育这个"支点"，孩子就一定出彩，教育就必定大有作为！

☆温馨提示

将家庭教育比喻为教育的"支点"，很有新意。

文章末尾对"可敬的父母们""亲爱的老师们""任重道远的校长们"反问，铿锵有力；父母们、老师们、校长们都不要回避，都应该认真思考，作出自己的回答。

紧紧抓住这个"支点"，教育就会出彩，就会生机勃勃，孩子就会意气风发，健康快乐。

渴望孩子快乐成长的人们，请紧紧抓住这个"支点"吧！

少年是无可估量的

家庭是孩子成长的乐园，孩子是幸福家庭的希望。

怎样让家庭成为孩子的乐园？这需要学习，需要担当。父母在鼓励孩子学习好学校里的课程的同时，要善于引导孩子走出去，到大自然中去，到大社会中去；要让孩子去玩耍，去旅行，去实践，在玩和行中了解未知，研究未知，探索真理；要根据孩子的年龄特点，让他们参加一些适宜的社会活动，在实践中发现问题、讨论问题、解决问题。图书馆、科学馆、博物馆、展览馆、公园、农场、剧院、工厂、超市、农贸市场等等，孩子们都可以去，都应该去；工人、农民、商人、军人、清洁工、医生、护士、科学家、教师、工程师、技术员等等，孩子们都可以接触，都应该接触。只有在广阔的天地里，父母才能发现孩子的潜质；只有在积极的实践中，孩子才能真正感受到人生的意义；只有课内与课外的经验相统一，孩子的创造才会有良好的根基。

而所有这一切，都需要父母认真思考，认真研究。如果父母能将孩子在活动中的表现、变化记录下来，能把自己的所思所想诉诸文字，那无论对自己还是对他人，都很有意义。我们热切期盼父母们的参与。

4月23日是世界读书日。《孩子与家庭》选择世界读书日创刊出版，意在提倡读书。读各种各样的书，读好人生、社会这本大书。在互联网高度发达的今天，纸质阅读仍然不可替代，仍然极其重要。对父母来说，纸质阅读既是一种需要，也是一种责任。为了孩子的健康成长，年轻的父母们，阅读吧！父母的阅读必将带动孩子的阅读；孩子的阅读又将促进父母的阅读。一个拥有浓浓阅读氛围的家庭，必将培养出爱阅读、会阅读、能长足发展的孩子。

关注家庭教育，研究家庭教育，推广家庭教育，利己，利他，利社会！为了孩子的健康成长而研究家庭教育，其研究必将促进孩子的快乐成长，这就是《孩子与家庭》的宗旨。

为此，《孩子与家庭》除登载家长的家庭教育故事及其思考外，还将安排相当的篇幅刊发孩子们的作品——主要是孩子的作文，也包括其他题材如科技类、艺术类、体育类作品等。孩子的作品看似稚嫩、粗糙，但富于激情，多有新意，我们不能小视，也不应该小视。

关注孩子成长的父母，请积极支持孩子写作，我们愿意为孩子们创造一个能让他们施展才华的天地、展现自我的平台。

我们是一群热心于孩子快乐成长的朋友。来吧！亲爱的年轻父母朋友们，大中小学生朋友们，欢迎你们加入"孩子与家庭"这个大家庭。我们一起努力，把《孩子与家庭》办好，办活，办出个性，办出特色。

"少年强，则中国强"，少年是无可估量的，他们将比父辈、祖辈更有出息，更有作为……

注：

本文是作者为 2016 年 4 月 23 日创刊的《孩子与家庭》写的创刊词。

☆ **温馨提示**

怎样让家庭成为孩子的乐园？每位年轻父母都要认真思考，并写好答卷。

4 月 23 日，世界读书日，请记住这个日子，切实落实在行动中。

只有在广阔的天地里，父母才能发现孩子的潜质；只有在积极的实践中，孩子才能真正感受到人生的意义；只有课内与课外的经验相统一，孩子的创造才会有良好的根基。

孩子的作品看似稚嫩、粗糙，但富于激情，多有新意，我们不能小视，也不应该小视。作为父母要积极鼓励孩子写作！他们的创造力是无穷的，他们将比父辈、祖辈更有出息，更有作为……

亲子共读　一起成长①

一本刊物结束了，又一本刊物诞生了。办了七年的《当今家庭教育》结束了，结束得如此郑重，如此精彩！《孩子与家庭》诞生了，诞生得如此迅速，如此干脆！结束与诞生，之间没有距离，她们就像一对孪生的姐妹，不分彼此。

没有人强求，更没有人强迫，是一种自觉、一种责任，是强烈的社会责任感使然。七年，2 555 个日夜，组稿、改稿、编辑、排版、校对、印刷、发行，所有的环节，所有的细节，我都没有放过，不肯放过；对作者负责，对读者负责，一丝不苟，精益求精；不分昼夜，不管寒冬酷暑，写作着，修改着，编辑着，奋斗着，这就是我的人生，不知疲倦的人生。七年间我两次获得广东省关心下一代先进工作者称号，一次获得广东省朝阳读书活动先进个人称号……感谢各级关工委，感谢所有厚爱的人们！

执着、坚持、不屈、努力，造就了一支充满正能量的编辑团队，我和这支团队每个人都结下了真挚的友谊，深厚的感情……真没想到，《当今家庭教育》一办就是七年，今天出版了合订本，将它赠送给有关图书馆收藏，让家庭教育在图书馆这个领域有一席之地；将它赠送给各级关工委、教育行政单位、赞助单位、编辑部每位编委，送给有需要的人们，让大家阅读、欣赏……看着这精美的合订本，我由衷地感到高兴。

《孩子与家庭》创刊了！

缺乏资金，怎么办？办法总是有的，感谢汕头市公益基金会的积极支持。人员变动，在更大范围内物色，现在《孩子与家庭》编辑部比起《当今家庭教育》编辑部更充实，更有朝气，更显生命活力。作者的范围更广泛，立足本地，辐射全省直至全国，北京、上海、广州、深圳、郑州、长春，乃至国外。本地作者与外地作者联动互推，合力打造。孩子的作品，加上父母的点评，亲子紧紧联系在一起，拥抱在一起。孩子与父母，孩子与家庭，结成一个和谐的整体，促进有效沟通，谁也离不开谁。

亲子共读，一起切磋，一起研究，一起成长。阅读应成为亲子活动的中

---

① 本文副题为"写在《孩子与家庭》创刊和《当今家庭教育》合订本出版之际"。

心，像莫言那样，遇着适合的书，便给女儿买；女儿看着合适的书，便替爸爸买；像莫言父女那样，因为阅读而想到一起，何其默契！何其甜蜜！

常陪伴孩子，走出去，到祖国各地，到世界各国，读天地这本大书，因为外面的世界很精彩……

《孩子与家庭》将伴随孩子走进中学、走进大学、走向社会、走向世界；稚嫩的单纯的孩子，将变得成熟变得复杂，并学会驾驭人生；孩子将走进婚姻的殿堂，建立家庭，延续生命，创造辉煌的新生代！

《孩子与家庭》出版了，一年、两年、三年……她定会结出丰硕之果。想到这些，我对《孩子与家庭》充满期待，充满希望……

小康社会，需要小康人才，《孩子与家庭》将为培育小康人才尽力！

实现中国梦，需要有道德有能耐的人，《孩子与家庭》愿为其奋力前行！

年轻的父母领着孩子，经风雨，见世面。《孩子与家庭》将和你们同行，一起阅读，一起实践，一起写作，一起担当！《孩子与家庭》将一步一个脚印，扎实走好每一步，经营好每一期……

2016 年 4 月 3 日凌晨初稿
2016 年 4 月 17 日晚修改

☆ 温馨提示

《孩子与家庭》的诞生是在《当今家庭教育》结束之际萌发的。如果没有《当今家庭教育》的结束，就不会有《孩子与家庭》的新生。这就是结束与新生的辩证法。

亲子共读，一起切磋，一起研究，一起成长。阅读应成为亲子活动的中心。

像莫言父女那样，因为阅读而想到一起，何其默契！何其甜蜜！

常陪伴孩子，走出去，到祖国各地，到世界各国，读天地这本大书，因为外面的世界很精彩……

家庭教育的原理是一致的，但方法不尽相同。《孩子与家庭》将给大家带来新的期待！

享受家庭教育

我们每个人都是父母的子女，我们每个人都会成为子女的父母。子女的成长离不开父母的哺育，离不开家庭的教育。

每个孩子都是父母的作品，一件独一无二的作品。为了这件作品，父母付出了他们全部的爱和心血；为了这件作品，父母用他们绚丽的笔书写了孩子美好的人生。看着这件作品，父母在享受家庭教育的快乐。当然不是所有的父母都会有这种享受，因为他们培养出来的可能是不合格的作品。

为人父母，这是一个崇高而艰难的"职业"。要想和这个"职业"相配称，要想享受家庭教育的快乐，就得学习和掌握与时代相适应的教育理念和方法。今天的时代是网络时代，亲子关系的模式已从"听话"转变为"对话"模式，从单向教导转变为双向互动、互相学习的模式。父母应满足孩子对亲情的需求，用心陪伴孩子，给孩子成长的空间，理性地爱孩子。

家庭教育是一门科学，更是一门艺术，请看"只追前一名"的故事。

一个女孩，小学的时候由于身体纤弱，每次体育课跑步都落在最后。女孩的妈妈安慰她："没关系的，你年龄最小，可以跑在最后。不过，孩子你要记住，下一次你的目标就是：只追前一名。"小女孩记住了妈妈的话。再跑步时，她就奋力追赶她前面的同学。结果从倒数第一名，到倒数第二、第三、第四……一个学期还没结束，她的跑步成绩已到中游水平，而且也慢慢地喜欢上了体育课。接下来，妈妈把"只追前一名"的理念，引申到她的学习中。就这样，在妈妈科学理念的引导下，这个女孩 2001 年从北京大学毕业，并被哈佛大学以全额奖学金录取，成为当年哈佛教育学院录取的唯一一位中国应届本科毕业生。这个女孩叫朱成。

"只追前一名"，就是目标，是明确而又可行的目标。真实而又适度的期望，能引领孩子脚踏实地朝前走。"只追前一名"的教育模式，体现出家长的教育智慧和教育艺术。

朱成的父母由于对孩子的科学指导，从而获得了家庭教育的快乐。

愿广大的家长找到适合自己孩子的教养模式，有效指导孩子，促进孩子的发展，真正享受到家庭教育的快乐！

2014 年 3 月 22 日

于广州明月苑

☆ 温馨提示

"只追前一名"故事中的方法很简单，可作用特别巨大，反映出妈妈高超的教育艺术。

所有的父母一定要了解自己的孩子，跟孩子一起商量，根据孩子的实际，提出一个切实可行的目标，将复杂的教育变得简单，找到适合自己孩子的教养模式，并付诸积极的实践，你就可享受家庭教育的快乐。

科学育儿　快乐成长

——谈《家庭教育那些事儿》的主题

　　《家庭教育那些事儿》一书由暨南大学出版社出版了，我欣喜，我高兴！这是一本厚实而又精致的书，是一本专门为父母写的书。为了这本书，我倾注了六年的心血。六年，从 2009 年 1 月我策划创办《当今家庭教育》杂志至 2014 年 12 月《家庭教育那些事儿》出版；六年，我的不倦劳作，终于有了一个美丽的结果，我由衷地感到高兴。

　　家庭教育是我的"孩子"，一个特殊的孩子，我像爱子孙一样爱着这个"孩子"，并为她付出我的光和热，付出我的一切——时间、精力、情感、金钱……因为我太爱这个"孩子"了。我爱这个"孩子"，值得！因为家庭需要她，教育需要她，社会需要她，国家需要她。

　　人们常说，家是港湾。港湾要宁静、温馨、幸福，就必须有科学的家庭教育。家庭教育是一个世界性的课题，也是当今中国教育面临的一大难题。没有哪一位父母不想让自己的孩子健康快乐成长，但能不能健康快乐成长，关键取决于父母的教育理念、教育能力与教育水平。家庭教育的重要性是不言而喻的，正如赵刚教授在该书的序言中所说："无数事实表明，家庭教育不仅是养育孩子成长这些生活琐事，更关乎国民素质、民族兴衰、国体强弱，因为国家这个大厦是建构在每个稳定、和谐的家庭基石之上的。""张能治先生潜心研究家庭教育，矢志不渝地推广科学的家庭教育，他主编的《家庭教育那些事儿》这本书，多角度述说家庭教育的重要性、家庭教育的方法和途径。《家庭教育那些事儿》的出版，给家庭教育百花园增添了璀璨夺目的光彩。"

　　"科学育儿，快乐成长"是贯穿《家庭教育那些事儿》全书的主题。呈现在读者面前的这本书，从理念、视野、阅读、生命、感恩、能力、书信、故事、幼教、心育、亲情、责任、名著这十三个侧面，以大量真实的故事、典型的案例、精当的点评，述说着家庭教育的方方面面，给人以启迪。

　　"理念""视野""名著"等篇章，阐述的主要是"道"，其他各篇述说的主要是"术"。阅读本书，"相信读者能从本书中明'道'而'术'生，借鉴并创造出适合自己孩子的有效的教育方法，帮助自己的孩子健康成长"。王小棉教授说得极是。

"用教育的头脑思考孩子的教育问题"这是教育家赵忠心教授的忠告。"张能治先生主编的《家庭教育那些事儿》一书内容非常丰富，涉及孩子成长和家庭教育过程中的方方面面，自始至终引导家长学会思考，有利于切实提高家长的教育素质。"引导父母"学会思考"是出版这本书的目的。

思考必须有智慧，"孩子长大是一个神奇的过程，家长除了爱心、经验和坚持，还需要掌握家庭教育的智慧。张能治先生这本著作可谓家庭教育的大智慧"。骆风教授如是说。《家庭教育那些事儿》通过"阅读""书信""故事""心育""亲情"等篇章，让读者获得感悟，转化为"能力""责任"等。孩子的教育必须从小抓起，"幼教"篇就显得极为重要，而"生命"教育则是不可或缺的，家庭应当成为守护孩子生命的港湾，让他们在活动中获得体验，尊重生命，珍惜生命，保护生命，包括自己的生命和他人的生命。"名著"篇介绍的是古今中外的家庭教育名著，它是人类家庭教育文明发展史的缩影，我长期研究它，推广它。我认为："它，打造了一个民族的文化底蕴，注解着时代的精神风貌；它，穿越时间的隧道，贯穿历史的长河，在一定程度上揭示了家庭教育的发展规律。研读家庭教育名著，是每个为人父母者的需要，可以从丰富的家庭教育实践经验中有所借鉴；研读家庭教育名著，可以塑造一个人的文化素养，沉淀在自己的言行中，成为一个人思想中最深厚的基础，并潜移默化地影响着儿女。"

"家庭教育是中国教育的'支点'，抓住这个'支点'，教育就会出彩，就会生机勃勃，孩子就会意气风发，健康快乐。渴望孩子快乐成长的人们，请紧紧抓住这个教育'支点'吧！"这是时代的呼唤！

我奉献这本书，就是为了让孩子们健康快乐成长，期盼它对广大家长，特别是年轻父母的家庭教育有所帮助。

愿《家庭教育那些事儿》这本书能给各自的家庭带来幸福，给孩子们带来欢乐！

科学育儿，快乐成长！我们期盼着……

2015 年 1 月 5 日

☆ **温馨提示**

作者将家庭教育比喻为我的"孩子"，可见作者对家庭教育热爱的程度。他出版《家庭教育那些事儿》这本书是他"热爱"的结果。

"科学育儿，快乐成长"是该书的主题；引导父母"学会思考"是出版这本书的目的；"家庭教育是中国教育的'支点'，抓住这个'支点'，教育就会出彩，就会生机勃勃，孩子就会意气风发，健康快乐"，这是作者的忠告。

作者认为："研读家庭教育名著，是每个为人父母者的需要，可以从丰富的家庭教育实践经验中有所借鉴；研读家庭教育名著，可以塑造一个人的文化素养，沉淀在自己的言行中，成为一个人思想中最深厚的基础，并潜移默化地影响着儿女。"

《家庭教育那些事儿》是当今家庭教育理论与实践结合的产物，是当今家庭教育的重要著作，阅读它，践行它，必定会促进自己孩子健康快乐成长。

家庭教育，素质教育一个绕不开的话题

素质教育已实施多年，取得了不菲的成绩，但仍不尽如人意，有的地方甚至是举步维艰。原因是多方面的，不重视家庭教育是一个不容忽视的因素。

一、家庭教育与素质教育成正相关的关系

家庭教育与素质教育的关系是怎样的？

正确的家庭教育，科学的家庭教育，符合自己孩子特点的家庭教育，它是孩子成长的促进剂；否则，它将成为孩子成长的绊脚石。

在中国，家长是一个不必经过严格培训就可以上岗的"职业"。很多家长是在当了父母之后，在孩子逐渐长大之后，甚至是孩子出现了问题之后，才意识到家庭教育的重要性，才逐步重视家庭教育，但已晚了一些。家庭是社会的细胞，孩子是父母的希望。怎样才能使孩子健康成长，父母扮演了一个重要的角色，一个不可替代的角色。学校教育效果如何，家庭教育是一个不可缺少的环节。在素质教育中，哪所学校，哪个地方教育行政部门重视家庭教育，真正把家庭教育列入学校、列入当地素质教育的议事日程，家庭教育就会成为学生成长的动力，学生就会健康快乐成长，那里的校风、民风就会呈现一种和谐向上的气象。

如果将家庭教育当成一种摆设，一种突击行为，一种应付检查评比的办法，那就无法解决孩子所面临的种种困惑，也就谈不上真正的素质教育。忽略家庭教育，不重视家庭教育，孩子就无法健康成长。无数事实证明了这一点，而且将越来越证明这一点。几乎所有的问题孩子，背后都有一个问题家庭。解决问题孩子，必须从解决问题家庭入手。

当今的孩子生活在科学技术高度发达、互联网广泛应用的时代，父母如果不学习，就无法与孩子沟通，就不能对孩子产生良好的影响。父母只有好好学习，孩子才能天天向上。而父母学习的必要性和积极性需要社会去唤醒，需要有识之士去促进。教师和家长的目标是一致的，但站的角度不尽相同，强调或

忽视任何一方面都会造成教育的不完整和失误。只有实现家庭和学校教育的有机结合，才能真正实现教育的有效性。如果双方都能换位思考，那么，家庭教育和学校教育就能互补，成为合力，家庭教育将会成为学校教育的翅膀，助学生腾飞。实践证明，家庭教育与素质教育成正相关的关系，只有畅通家校联系的渠道，提高家校工作的信任度和配合度，才能使孩子的教育真正有效，才能打造出守护孩子健康成长的最牢固屏障！孩子健康快乐成长，家庭文明幸福，社会才能安定和谐。

二、家庭教育缺失的深层次原因

中国是一个文明古国，有着优良的家庭教育传统。中国人是信任家庭教育的，一个人的言谈举止、待人接物、基本的价值理念往往受其家庭教育影响。但是在今天，还有为数不少的家庭、学校，仍不重视家庭教育，这其中有复杂的原因。

原因一，教育观念滞后，家庭教育在素质教育中缺乏应有的位置。时至今日，搞应试教育轰轰烈烈、搞素质教育摆摆形式的情况仍然存在，这就给家长、给家庭教育带来极大的危害。以考试成绩论英雄，以挤入名牌中学、大学为目标，不断追赶。各级教育行政部门抓教学研究的队伍庞大，活动频繁，各学校相应配合之。结果有相当一部分学校急功近利，只顾眼前，不及长远。这样，德育的重要性必然削弱，家庭教育缺乏它应有的位置就很自然了。如果我们的校长，我们的教师，把家庭教育当作一门科学来研究，当作一门学科，像语文、数学、英语等学科一样去探索，像玉兰中学校长那样，请专家给全校教师做家庭教育报告，教师所感受到的家庭教育就不是虚泛的东西，而是实实在在的科学。试设想，一个不会教自己孩子的教师又怎能指导家长进行家庭教育呢！教师只有掌握家庭教育的新理念、新方法，并有切实的行动，才能教育好自己的子女。这样的教师，才有能力、有本领指导学生的家长，使他们也获得教育子女的科学方法。这样，家庭与学校，家庭教育与学校教育的结合将成为可能，父母的子女——教师的学生，才能健康快乐地成长。

原因二，家庭教育的管理体制不健全，管理主体不明确，管理工作不落实。中国的家庭教育不论是国家层面还是省市县区都是由各级妇女联合会负责管理的。妇女联合会是一个妇女群众组织，而不是政府的管理部门，这就给管理带来局限性。妇联有很多任务，家庭教育只是妇联众多任务的一个部分，一般是由儿童部负责，而家庭教育也只是儿童部的一部分工作。儿童部人手极其有限，到了县区一级，只有一两人，有的甚至没有专职人员。凭借这样的机构、这样的人力怎能领导好家庭教育，管理好家庭教育呢？结果只能是应付式地管理。每年的"家庭教育活动日"就抓一抓，平时就很难顾及。妇联有苦衷，她们也很无奈。就教育行政部门来说，家庭教育一般是由分管德育工作的部门负责的。而德育有很多方面工作要做，家庭教育只是其中的一部分。德育管理部门的人力也非常缺乏，到县区一级也只有一两人，这样的机构和人力是很难做好家庭教育工作的。家庭教育管理工作不落实，越来越显示出它的弊端。一般来说，未成年人，包括中小学生以及幼儿园的孩子，他们都生活在中小学校或幼儿园中，按管理权属，中小学校、幼儿园都属于各级教育行政部门管理的。妇联要管理好家庭教育，就必须通过教育行政部门、通过学校和幼儿园才可能进行。由于权属不同，职责不同，这种联合就很难默契。

著名英雄丛飞的遗孀邢丹遭不良少年乱石击中身亡这一恶性案件，反映出教育的诸多漏洞。3个犯罪嫌疑人，都是小学辍学的无业青少年，砸中邢丹脑颅致死的犯罪嫌疑人不足15岁。人们不禁要问，这3个不良青少年的行为是怎么形成的？是谁在纵容这种行为？无疑家庭有不可推卸的责任。家长违背义务教育法，让孩子小学辍学；家长对孩子缺乏应有的教育，孩子以伤害别人的生命来取乐。我们又要问，当地的学校、当地的教育行政部门是如何落实义务教育法的？这起案件折射出教育，特别是家庭教育的诸多漏洞，家庭教育显得多么苍白。

原因三，家庭教育师资力量严重不足。目前中国的师范院校能够开设家庭教育学课程的寥寥无几，广大的教师对家庭教育的认识很肤浅。教师不懂家庭教育，又怎能去教育家长重视家庭教育、指导家庭教育呢？教师的态度，学校的态度，影响着家长的态度。要提高家长的认识，首先要提高教师的认识。没有教师观念的转变，就不可能有家长观念的转变。教师的认识不提高，家长学校就只能走过场，家长会往往变成学生学习成绩的通报会，变成应试教育的要求会、誓师会。

三、提高家庭教育效能的策略

在目前的管理体制条件下，妇联和教育行政部门既要各司其职，又要互相配合、互相支持，这样家庭教育才有可能取得成效。本文着重从当前学校教育与家庭教育关系的层面进行考察，提出应对的策略。

1. 学校要将提高家长的教育水平作为己任

一个学校，如果忽视家庭教育的作用，不愿在家庭教育环节上下功夫，学校教育要想有明显长进是不可能的。在家不是好孩子，在校能成为好学生吗？在社会能成为好公民吗？在地球能成为好人类吗？这是不可能的，绝对不可能的。家庭教育是学校教育和社会教育的基础，正如我国著名教育家陈鹤琴所说，"知识之丰富与否，思想之发展与否，良好习惯之养成与否，家庭教育实应负完全的责任"。为了让孩子成为一个有健康人格、良好素质的公民，家庭教育是一个绕不开的话题。因为良好的学校教育是建立在良好的家庭教育的基础上的，有远见的校长，必将家庭教育列入促进学生健康成长不可缺少的一环，从教育理念上解决它的位置问题，从教育策略上解决它的方法问题，真正将它摆上素质教育的重要议事日程，千方百计提高教师的家庭教育水平，提高家长的家庭教育水平。玉兰中学请专家给全校教师讲授家庭教育的新观念新方法，深受教师的欢迎。校长认为，给教师进行家庭教育的培训，这是对教师的最大关怀和帮助。有了先进的家庭教育理念作指导，有了典型的案例作参照，加上应有的责任感，教师教育自己的孩子就会得心应手。教师的家庭教育水平提高了，才能更有效地指导学生家长做好家庭教育工作。

2. 学校应为家长创设家庭教育平台

家庭教育需要一个适宜的环境、一个良好的氛围，学校要为家长积极创设一个适宜的平台。

感恩祖国，从感恩父母做起；感恩父母从我做起。柯茜老师以一篇《妈妈的青春岁月》给她的学生做出榜样，让学生为自己的父母立传。老师的行动让广大的家长都从感恩自己的父母做起，给儿女做出示范。这样，学生感恩父母，家庭便出现一种互相尊重、互相学习的氛围。卢佐兴老师给初一学生家长布置一道作业，给自己的孩子郑重地写一封信，写出父母对孩子的期望，在班会课上请同学们阅读父母的信，并在小组内传阅。这种做法，不仅让孩子们明确父母对自己的要求，还让大家相互借鉴，得到更多的感动。全班八个小组分别评出"感动我班之父母来信"共八篇。在下一周的班会课上举行了"感动我班之父母来信"欣赏，让全班同学感受这些家长通过自己的书信传达出来的对孩子们深深的爱。班会课后给学生布置一道作业，给父母写一封真挚的回信，题为"爸爸妈妈，我想对你说"。父母阅后提意见，然后在班里传阅、评选、欣赏，最后颁奖。一个月的时间，经历了一个完整的亲子之间情感交流互动的过程。班级沉浸在父母爱孩子，孩子要回报父母的浓浓亲情中，美好的情感在班级、在每个家庭里流淌……

聿怀初级中学利用节假日给学生布置亲情作业，为学生和家长创设了一个沟通的平台。该校制作的学生"体验亲情"作业表，项目有"今天我当家""我与父母的一场谈话""做令家长感动的一件事"等。通过上述活动，孩子与父母换位思考，让父母更了解孩子，孩子也更了解父母，从而增进了孩子与父母之间的感情。

龙眼小学多年来注重学生的读书活动，从学生单独阅读到师生同读，到亲子同读；从书香满校园到书香满家屋，学生在浓浓的读书氛围中快乐成长。我们期望有更多的学校、更多的家长重视亲子阅读，培育出更多的学习型家庭，为未成年人的健康成长创造有益的环境。

很多学校创造了丰富多彩的家庭教育活动形式，如"亲子活动""家长茶吧""家长QQ群""家长俱乐部""家长开放日（周）""家访""家长慧所""家教故事会"等等，为家长的学习提供了条件，也给家长某种压力——如何尽到父母的责任的压力。学校给家长创造的氛围对家长重视家庭教育是一种极大的推动，家长会在教育子女的过程中得到极大的收获——观念上得到提升，行动上落到实处。

3. 家长要注重学习，营造学习型家庭

家长要注重学习。谁来指导家长学习呢？是学校，这是学校责无旁贷的责任。苏霍姆林斯基认为，"家庭教育是一门培养人的科学，教育孩子需要懂得科学，需要研究方法，这就需要学校的指导和帮助"。教育孩子的过程，是一个终身学习的过程。学校应该从不同侧面给家长以指导，唤起家长学习的积极性和主动性。家长应懂得，孩子是自己的，不能把希望寄托在别人身上。家长要通过学习，不断更新教育观念，按人的认知规律办事；要尊重孩子，凡事与孩子商量，让孩子参与制定规则，参与活动；要认真回答孩子提出的问题，鼓励孩子说出自己的观点和需要，深入了解孩子的内心世界；要让孩子感受到父母对他的爱，更要让孩子懂得用爱回报父母。如果学校能真真正正给家长有效的帮助，家长有了主动性，主动向书本学习，向媒体学习，向有经验的人学习，积极参加家长学校的活动，从多侧面、多层次提高自己的综合素质，提高教子育儿的水平，那么家庭教育就会表现出勃勃生机，取得意想不到的效果。

4. 家长要言传身教，勇于改掉自己的不良习惯

由于自身的问题和社会原因，很多父母都存在这样那样的不良习惯，不知不觉地影响着孩子。这些不良习惯，贻害自己，贻害孩子，贻害整个家庭。你要孩子按时作息，自己却经常睡懒觉，打牌、打麻将通宵达旦；你要孩子养成文明习惯，自己却随地吐痰，果皮、纸屑乱扔；你要孩子尊重别人，自己却对保姆吆五喝六，对老人漠不关心，甚至虐待老人。凡此种种都会给孩子带来不良影响。列夫·托尔斯泰说："教育孩子的实质在于教育自己，而自我教育则是父母影响孩子的最有力的方法。"为了孩子，父母要下定决心，言传身教，进行自我教育，一步一步地改掉自己的不良习惯，以良好的行为影响孩子。能进行自我教育的教育才是真正的教育。父母要通过自我教育改变自己，也要通过自我教育的方法影响孩子，让孩子学会自我教育，这是孩子不断成长的动力，也是孩子自立于社会的根本。

5. 家长要尊重孩子，与孩子一起成长

父母要向孩子学习，与孩子一起成长。教育孩子的过程，也是父母，尤其是年轻父母不断成熟的过程。今天的孩子非常幸运地生长在科学技术突飞猛进的信息时代，孩子身上蕴藏着巨大的发展潜能，他们获取信息的能力远远超过家长。孩子在某些方面，往往是家长所缺乏的，家长要向孩子学习，与孩子一起成长，这是时代发展的必然。向孩子学习，能使父母变得更年轻，仿佛回到自己的青少年时代，会激发自己去学习新知识。向孩子学习，它能使孩子变得更自信。能做父母的老师，这是多么神气的事，孩子自然会发出"我能行"的正面信息。向孩子学习，它能增进亲子间的感情。孩子得到父母的尊重，反过来，他会更尊重父母，敢于向父母敞开心扉，多说话、说真话、说实话，这样亲子间才有真正感情上的交流，才有两代人的真正沟通，孩子的良好习惯才有可能在父母的教育下得以真正地形成，而父母同时也拥有更多的良好习惯。

家庭教育，素质教育一个绕不开的话题；绕开家庭教育，素质教育就不可能真正落实，这就是家庭教育与素质教育的辩证关系。家庭教育，任重道远，

我们期盼各级职能部门、广大教育工作者、广大家长都来正视它、研究它、落实它，使它真正成为素质教育的助力！

☆ **温馨提示**

"家庭教育是一门培养人的科学，教育孩子需要懂得科学，需要研究方法，这就需要学校的指导和帮助。"请记住苏霍姆林斯基的话，切实把家庭教育摆上议事日程，这于学校于家庭都大有裨益。

作者提出的提高家庭教育效能的策略是可行的，具体的；谁学习，落到实处，谁受益。

做网络时代的合格父母

当今时代是网络时代。网络时代的亲子关系发生了变化，父母要适应这种变化，就应认真学习，懂得正确地处理亲子关系，满足孩子对亲情的需求；应具备一定的网络基础知识，不断提高自身素质，与孩子一起成长。

1. 父母与子女的关系从"听话"转变为"对话"模式

网络时代亲子关系发生了深刻的变化。孩子除了可以从父母、老师、书本获得知识外，还可以从网络等媒体获得，这使他们在与父母的互动中获得了话语权，提高了他们在家庭中的地位。年长者的知识经验优势逐步减弱，父母在日常生活中的主导性受到严峻挑战。

网络时代两代人要互相学习，共同成长。父母要在子女教育尤其是网络教育中采取积极的态度，主动学习有关网络的知识，要有勇气和孩子一起学习，向子女们学习。只有不断地学习，不断地提升自己，和孩子一起成长，父母才有可能与孩子有共同语言，才有可能成为孩子的良师益友，才有资格、有能力去影响孩子，教育孩子。父母要懂得，网络时代亲子关系已从"听话"转变为"对话"模式，从单向教导转变为双向互动、互相学习的模式。

2. 父母应树立亲子关系无可替代的意识

生命由父母给予孩子，这份血缘关系是任何关系都无法代替的。所以，在我们这个世界里最紧密的关系就是亲子关系。这份关系存在于每一个人内心的最深处，影响着孩子的成长。

比尔·加尔斯顿是美国克林顿总统时代的高级经济顾问，他的工作很出色，但很忙，回到家时往往儿子已经睡了。儿子向爸爸提出建议，希望多点时间陪伴他。因此比尔·加尔斯顿向总统提出辞职。克林顿总统再三挽留他。但比尔·加尔斯顿对总统说："我的工作您可以请别人代替，而我的儿子不能。"此事轰动全美国。爱子女，教育子女，这是父母的责任，任何人都代替不了。

3. 父母应满足孩子对亲情的需求

用心陪伴孩子。用心陪伴是高质量的陪伴。父母要学会表达对孩子的爱，满足孩子对亲情的需求。要舍得花时间与孩子在一起；要善于观察、了解孩子的感受，和孩子有心灵的沟通；要全身心投入，让孩子享受与父母在一起的乐趣；要向孩子了解，父母怎么做，孩子才能感受到父母的爱。如果陪伴缺失，或是陪伴中缺乏心灵的沟通及爱的表达，这都是对孩子缺乏爱的表现。

无条件地爱孩子。父母应无条件爱孩子，全力支持孩子，做孩子的坚强后盾。有的父母爱孩子有条件，常常与要求孩子达到某种目标联系起来。例如："只要你……妈妈就……""如果你不……妈妈就不爱你……"有条件的结果：孩子因担心达不到父母的要求会失去父母的爱而产生压力和焦虑。过度的压力、焦虑会导致孩子出现撒谎等不良行为。

理性地爱孩子。让孩子健康成长，发展自己，照顾自己，提高孩子的能力是父母最大的心愿；父母不应替孩子做孩子该做的事情，父母无法代替孩子成长；溺爱会把孩子身上的能力拿掉，使孩子无法充分成长。

4. 父母应给孩子成长的空间

全面关心孩子。要关心孩子的全部生活，特别是孩子的情感、态度、价值观，而不仅仅是关心他的成绩；要善于欣赏孩子的每一个特点，不以别人的标准看自己的孩子，要以积极的心态看待孩子的弱点、缺陷；要充满期待，学会等待；要善于肯定孩子点滴的进步；要鼓励孩子尝试，给孩子成长的空间；要鼓励孩子面对挫折，看到错误的正面价值，从错误中学习。

要合理分配时间，善用网络资源。科学的作息是孩子健康成长不可缺少的一环，不会自控的孩子不是智慧的孩子。网络上虽然有用之不完的资源，但也要合理分配好上网、学习、生活的时间，不要只顾在网上流连，应当把上网作为一种学习方式和娱乐方式而不是消磨时间的方式。家长要严格控制孩子上网的时间，明确上网目的，制定上网条约，逐步让孩子自觉遵守，逐步培养孩子的自控能力。美国微软公司董事长、世界首富比尔·盖茨就严格限制女儿玩电脑游戏。比尔·盖茨的行为值得中国家长学习。

适度地控制孩子。父母应把孩子看成和自己一样有独立人格的能动主体，倾听与尊重孩子的合理意愿；要满足孩子的合理需要，给孩子一定的自由度；让孩子了解行为规范的标准和不可逾越的底线；赏罚合理、清晰、一贯，给孩子表达申诉的机会。如果过度控制孩子，要求孩子一切按父母的意志行事，没有给孩子一定的自由度，孩子会产生反感，甚至走向反面。

5. 父母应与孩子平等沟通

要注意沟通的态度。孩子是人，与父母一样，有自己的人格，需要尊重；

孩子是成长中的人，从不成熟走向成熟，需要引导，但不能代替他成长；要避免把孩子推到网络上寻找精神寄托和情感安慰。

要注意沟通的技巧。倾听孩子的心声，不要想当然地下结论，因为沟通是双向的；用孩子的眼光看世界，不要只用成人世界的眼光看待孩子；谈自己的感受，不要开口训人；多鼓励，不要随便否定；表扬批评要具体，不要简单地说"乖"与否，要让孩子知道对错在哪里。

6. 父母要与孩子一起上网学习

为何美国孩子不会沉迷网游？在20世纪80年代，美国已经是全电脑化办公，美国的孩子是看着父母用电脑长大的。也就是说，父母先于孩子用电脑。"网络信息源""网络工具化"是他们从一开始就给孩子灌输的对网络的认识。孩子们也自然地把电脑和网络当成了获取信息的主要工具，而不是娱乐。而在中国，首先接触电脑的却是孩子。父母对网络认识的滞后和其自身行为的负面影响造成了孩子对"网络娱乐化"认识的根深蒂固。

和孩子一起上网查资料，玩游戏，好处很多：可以密切父母与子女的关系，促进有效沟通；可以更多地了解孩子上网的内容，以便发现不良苗头，纠正偏向；可以培养孩子的兴趣和利用网络探索世界的习惯；可以使孩子获得真正的快乐；可以让孩子远离网吧等。

有一位母亲，儿子10岁时学会了上网，她坚决反对儿子上网，结果，儿子溜到网吧去。母亲听专家的劝告，学会了电脑。春节快到了，母亲让儿子上网下载一些对联让她参考，儿子喜出望外。每次上网母亲都给儿子一些具体任务，并让儿子将资料存放在同一个文件夹中，再分门别类。结果儿子发生了可喜的变化：养成探索知识、探索问题的习惯；密切了母子之间的关系；从沉溺于"聊天""电脑游戏"中解放出来；在一次全市百科知识竞赛中获得二等奖；期末考试，综合成绩跃居全班前列。

孩子上网不能堵，只能疏。我们要向这位母亲学习，与孩子一起上网，互相学习，满足孩子的需求，让孩子远离网吧，将孩子引向正道。

紧跟时代，认真学习，做网络时代的合格父母，这是时代对每位家长提出的新要求。

☆温馨提示

做网络时代的合格父母，这是一个既严肃又现实的命题。

如何做网络时代的合格父母，作者从现代教育学、心理学出发，提出六个努力方向，并以母亲与儿子一起上网学习，改变孩子网瘾的故事，生动地告诉人们：要做网络时代的合格父母，父母就得学习，更新观念；不学习，终将被时代淘汰，且易使孩子走上歪路。

家庭教育实应负完全的责任

《当今家庭教育》在广大群众喜迎 2009 年元旦的日子里与读者见面了。

《当今家庭教育》是由汕头市金平区关心下一代家庭教育讲师团、汕头市金平区教育局关心下一代工作委员会联合创办的刊物，接受金平区关心下一代工作委员会、金平区教育局、金平区妇女联合会、共青团金平区委员会的指导。

家庭教育是学校教育和社会教育的基础，是整个教育的基石，正如我国著名的家庭教育专家陈鹤琴所说，"知识之丰富与否，思想之发展与否，良好习惯之养成与否，家庭教育实应负完全的责任"。《当今家庭教育》旨在交流各学校、幼儿园、社区和社会各界开展家庭教育的做法和经验，互帮互学，努力提高教育的效益；旨在促进学校与家长、社区的联系，促进学校教育与家庭教育、社区教育的更加紧密结合；旨在传播先进的家庭教育思想，使广大家长掌握教育子女的正确方法，促进未成年人的健康成长、社会的稳定和谐。

当今时代是网络时代。当今的家庭教育是网络时代的家庭教育。互联网的出现使传统的家庭教育受到有史以来最大的冲击，为现代的家庭教育提出了一系列新的极具挑战性的问题。《当今家庭教育》将通过广大家庭教育工作者、广大老师和家长的共同努力，积极探索新时期家庭教育的新做法、新路子，并与传统的经验有机结合，成为学校教育的帮手，成为社区教育的助手，成为广大学生家长的良师益友。

办好家长学校，这是各类学校、幼儿园责无旁贷的任务。《当今家庭教育》将成为各学校、幼儿园交流家长学校办学的一个阵地，欢迎各学校、幼儿园踊跃来稿，交流经验，切实将家长学校办好、办活、办出更大的效益。希望子女成为社会有用之才，这是广大学生家长的共同心愿。欢迎广大学生家长投稿，交流教子育儿的经验，让为人父母者从中分享育人成果，促进自己孩子健康成长。

《当今家庭教育》欢迎热心单位协作，欢迎有识之士当责任编辑。

《当今家庭教育》是一棵幼苗，我们热切希望得到广大学生家长，中小学校、幼儿园的领导和老师，社会各界的积极扶持和热情帮助，使她苗壮成长，成为一棵参天大树。

2008 年 12 月 25 日

注：

本文是作者为季刊《家庭教育》撰写的"创刊词"，该刊由张能治策划创办并担任主编，从第 5 期开始刊名改为《当今家庭教育》，从第 25 期开始张能治任总编，至今已办了七年共 28 期。我国著名家庭教育专家、北京师范大学教授赵忠心以"主流、科学、清新、朴实、实用"十个字给予《当今家庭教育》高度评价。

☆**温馨提示**

"知识之丰富与否，思想之发展与否，良好习惯之养成与否，家庭教育实应负完全的责任。"我国著名的家庭教育专家陈鹤琴在几十年前说的这句话，在网络时代的今天更具现实意义。

《当今家庭教育》办刊七年来的成绩，正如赵忠心教授所评价那样，"主流、科学、清新、朴实、实用"，发挥着越来越大的正能量作用。

第二章 游戏

父母应通过游戏和其他活动，让婴幼儿得到充分的训练、充分的体验、充分的认知，从而顺利通过每个发展敏感期。

婴幼儿教育应该注意的若干问题

现代科学研究发现，刚出生 3 天的婴儿就可以把自己的视线集中在一个特定的物体上；出生半年后，就能区分形状、大小、远近、深浅、节奏、音频、气味、位置等不同特征的物体。婴儿三四个月大时，明显表现出对人脸形状的偏爱，只要不是母亲抱，他就哇哇大哭。因为他有辨别母亲长相的能力，这是一项极了不起的能力。当然，他会认的人并不只限于生下他的母亲，只要是亲切照顾过他的人他都会认，不仅会认脸，而且抱的方式、气味以及走路的方式等，他都会记得而且喜爱。可以这样说，对于一个婴儿，只要是他喜欢的人，连脚步声他都听得出来。这是由于婴儿出生后就不断重复接受这种信息，使他对这种外在的刺激毫无抗拒感。

婴幼儿成长过程中，受内在生命力的驱使，在某个时段内，会专门吸收环境中某一事物的特质，并不断重复实践，这个过程就是儿童的发展敏感期。[①]大量实验和科学研究证明，儿童确实存在发展敏感期。[②]

面对儿童发展敏感期，父母应该怎么办？日本儿童早期教育专家井深大认为可以从两个方面着力去培养。一个方面是，对孩子进行语言、音乐、图形、文字等的训练，为孩子的未来奠定智能活动的基础；另一个方面是，在这一时期把做人的基本规则灌输给孩子。父母应通过游戏和其他活动，让孩子在这两方面得到充分的训练，获得体验，顺利通过每个发展敏感期。

一、游戏是婴幼儿教育的主课

游戏有什么作用呢？游戏是婴幼儿最好的教育活动，它有利于婴幼儿视觉、听觉、嗅觉、触觉、前庭感觉等的发育，并将感觉统一起来，从而促进大

---

① 孙瑞雪编著：《捕捉儿童敏感期》，北京：中国妇女出版社 2010 年版，序第 5 页。
② 张能治编著：《爱，让孩子快乐成长——e 时代家庭教育真谛》，广州：广东人民出版社 2011 年版，第 74 – 78 页。

脑功能的发展；游戏是婴幼儿生活的重要组成部分，是最基本最喜爱的活动，婴幼儿通过游戏可以自然地表达思想感情，按自己的意愿发挥想象力；游戏是婴幼儿了解周围事物、探索世界的一种积极的活动，可以增强婴幼儿的自信心。"所以做父母的不得不注意小孩子的游戏环境，给他很好的设备，使小孩子得到充分的运动，让他有适宜的伴侣，使小孩子得到优美的影响。这样，小孩子的身体就容易强健，心境就常常快乐，知识就容易增进，思想就容易发展了。"① 我国著名的儿童教育专家陈鹤琴如是说。

父母要让婴幼儿参与各种各样的游戏活动，这是促进婴幼儿敏感期发展的最有效方法。心理学认为智力由注意力、观察力、记忆力、想象力和思维力五个基本因素构成，这五个因素在游戏中都可以得到培养。例如，要用积木搭成一座大楼，幼儿的头脑就要有一座大楼的形象，这一形象来源于观察感知，如果感知是过去的，就要靠记忆力；操作要靠注意力的集中，展开丰富的想象。因此搭积木游戏能够促进幼儿的观察力、注意力、记忆力、想象力和思维力的发展。

游戏能使婴幼儿的骨骼和肌肉得到充分的锻炼。例如，走、跑、跳、攀、爬、滚等动作，在游戏中可以使婴幼儿感知这些动作在姿势、方位、用力等方面的差异，这样有助于婴幼儿更好地学习和掌握有关动作的要领，把中枢神经系统的技能状态调整到最佳水平。父母要让孩子玩沙、玩水，这是一种感知运动游戏，既可以锻炼感知能力，锻炼小手的精确性，又能够从中发挥丰富的想象力和创造力，让孩子在自由的游戏中获得无限的乐趣。

游戏能促进婴幼儿道德情感的发展。例如"老鹰抓小鸡"的游戏，母鸡要保护好小鸡，小鸡行动要协调，才不会被老鹰抓到；若有小朋友摔倒，其他小朋友要积极帮助他，不能因为自己或别人的失误而导致其他的小鸡被老鹰抓到；在游戏中，整个集体只有相互帮助、相互协调才能取得胜利，从而培养幼儿的集体观念。

二、玩具不宜多，生活用品也是玩具

通过玩玩具，帮助婴幼儿发展种种创意，是父母的责任。但当前有一种不

---

① 陈鹤琴著：《家庭教育》，上海：华东师范大学出版社 2006 年版，第 190 页。

良的倾向，就是孩子的玩具太多。拥有太多玩具的孩子，性格比较散漫，注意力不集中，容易见异思迁，甚至喜欢搞破坏。其实玩具不必多，尤其那些昂贵的玩具。父母应根据孩子的年龄购买玩具，在孩子稍大一些时，就注意买只有自己动手组合才能玩的玩具，这样孩子在得到它之后就得想办法去拼装，进而能够培养孩子的动手能力。

晖晖两岁半时，他的父母在广州给他买了一辆工具卡车。这辆工具卡车包括的附件有：驾驶员、电钻、锤子、螺丝刀、扳手、2个适配头、3个螺丝、2个钉子、6个螺母、1块游戏板块。这辆工具卡车4个轮子能拧紧也能拧松，电钻能像真电钻一样工作，钳子是可以夹东西的，用扳手可以拧紧螺母，用锤子可以将钉子锤进孔里，所有的工具都可以安装在工作台上。这辆工具卡车可以让孩子在游戏过程中认识各种工具的功能，让孩子通过对车轮和发动机的拆装，培养思维能力，动手、动脑能力。晖晖很喜欢这辆工具卡车，他拆了又装，装了又拆。这类玩具可以培养孩子的创造能力。[①]

孩子爱玩成型的玩具，但有时更爱玩生活中的物品。凡是他弄得动、搬得动的东西，在他眼里都是玩具。比如拧瓶盖，对孩子就是一种很好的手部肌肉的锻炼。父母把塑料瓶子洗干净后，教孩子一手握住瓶身，一手握住瓶盖，慢慢转动瓶盖，直到瓶盖脱离瓶身。孩子都很喜欢水，可以为孩子准备两个塑料杯子，一个装半杯水，一个空着，让孩子将杯里的水倒进倒出，这对培养孩子肌肉运动的协调性很有好处。我们应该根据孩子的年龄，准备一些可以让手活动的材料，让他玩，让他动，以提高运用手的能力，实际上也就是孩子的生活能力。德国著名教育家卡尔·H. G. 威特说得好，"一个人能把任何事物都变成玩具，而且，我确信如果一个人能够按照这种方式来做的话，那远比给孩子们买一大堆玩具让他们随意去玩，却不给予他们任何细心的指导要好得多"[②]。

三、到户外去，到大自然中去

带孩子到户外去，到大自然中去，让他的感官得到更多的良性刺激，尤其是视觉的刺激，这是开发孩子潜能的重要方面。

---

① 张能治编著：《爱，让孩子快乐成长——e时代家庭教育真谛》，广州：广东人民出版社2011年版，第84页。

② 卡尔·H. G. 威特著，丽红译：《卡尔·威特的教育》，北京：京华出版社2006年版，第68页。

带孩子到户外去，让他看到汽车、摩托车、自行车、轮船、飞机；看到蝴蝶、蜻蜓、飞鸟；看到五颜六色的花草树木；看到水果摊上摆放的各色各样的水果；看到各种各样的蔬菜和鱼类。节假日带孩子到农村去，看看各种各样的庄稼，看看农民如何种田、除草、施肥，看看鸡、鹅、鸭、猪、牛、羊、狗、猫……孩子们会以他们的眼睛详细观察感兴趣的事物，对微不足道的小地方也加以注意，并跟着学习。

农村的孩子应让他们有机会进城来，看他们在农村看不到的事物，这对农村的孩子潜能开发和智能的发展都是极其重要的。

带孩子外出要注意安全，要循序渐进，从近到远，要控制一定的次数和时间，以免破坏他的秩序感。

四、听优雅的古典音乐

最佳的听觉刺激是什么呢？是音乐，听丰富而优雅的音乐是最佳的听觉刺激。音乐欣赏包含空间知觉和空间推理能力，这是数学能力的重要组成部分。有意识地加强音乐训练，能够促进右脑的活动，能更有效开发人脑的潜能。

什么是丰富而优雅的音乐呢？是古典音乐，是那些音乐节拍、节律都略等于人类心跳速率的古典音乐。这些古典音乐是经过历史筛选留传下来的优秀作品。越丰富的声音刺激孩子的大脑，孩子就越聪明。听音乐要在最放松最自然的状态下听，不经意地听，如游戏、吃饭、入睡前等。

五、加强涂鸦训练

1.5 岁到 4 岁的幼儿的绘画属于涂鸦期，可分为三个阶段。

第一阶段为无意识的涂鸦期，1.5 岁的幼儿会在纸上画不规则的线条和各种各样的点。

第二阶段为控制涂鸦期，2 岁的幼儿开始学习控制手的动作及注意手眼协调，能画有一定规则的线条和圆形物。

第三阶段为命题涂鸦期，4 岁的幼儿已经可以用简化的形式，来表现他眼中所看到的物体，能给他笔下所画的形象命名。

5 岁的幼儿能画完整的人，6 岁的幼儿注意到了人体的比例。

从涂鸦期开始，孩子的创造力、想象力就已经从其笔下源源而来。对孩子来说，画一条线要比大人想象的困难得多，因此，父母不能简单地评价孩子涂鸦的好与坏，像与不像，而是要看他手眼能不能协调运用，心情愉不愉快。

六、讲故事能培养孩子的亲和力

经常反复听故事的婴幼儿，随着年龄不断增长，会对画本渐渐感兴趣，进而再对画本上的图画、文章产生好感，最后就会激发出想亲自去读故事的念头。卡尔·H. G. 威特认为，培养孩子对世界的亲和力，最好的做法就是讲故事，讲故事还可以锻炼孩子的记忆力、启发想象、扩展知识。如果孩子喜欢听故事，会讲故事，对故事产生浓厚兴趣，对其一生会产生意想不到的影响。

当今的父母可能很繁忙，但一定不要错过儿童发展敏感期，因为儿童的成长是不能等待的；一定要拿出时间来，认真选择故事，认真读故事，经常陪孩子，经常给孩子讲故事，这是让孩子终身受益的大事。

七、多与其他孩子交往

让婴幼儿多与别的孩子接触交往，这不但可以促进孩子智能的发展，同时也有利于培养他们的协调性和社会性。

在接触交往中认识自己，了解他人，体验欢乐和痛苦，并从中培养同情、分享、合作、友爱等良好的情感和行为。

在缺少人际交往的环境中长大的孩子，无论在性格还是智能的形成上，都会遇到很大的障碍。

已经读幼儿园的孩子，放学后家长也要创造机会让幼儿多与小朋友玩，在玩中多交几个伙伴。节假日可请小朋友到家里玩或到小朋友家里做客。这对培养孩子的交际能力、合作习惯是极其有利的。

八、家务劳动能培养孩子的秩序感和责任心

要让婴幼儿的教育从日常生活练习开始。

如果孩子没有亲身体验过如何扫地，如何擦桌子，如何使用工具，他就不

会获得真正的能力。经常参与家务劳动的孩子，往往在秩序感、责任心、独立性等方面的发展都较为突出。

2～3 岁的孩子应该让他学习收拾自己的玩具，帮助父母取放一些轻便的物品。4 岁的孩子可以在吃饭的时候分发碗筷，擦餐桌，叠放自己的衣物。5 岁的孩子学习用饭勺盛饭，在厨房里协助大人剥豆角、洗菜，尝试洗自己的小手帕、短袜等。

九、幼儿早期教育不能小学化

当前有一些现象：一些不规范的幼儿园将小学语文、数学的教材用于教育幼儿，社会有相当一部分家长也以此来评价幼儿园质量的高低；一些孩子已 6 周岁，读完幼儿园大班，还想在幼儿园读学前班不读小学，怕孩子到小学跟不上；有的孩子读完中班，不读大班而读学前班，以为这样将来读小学可以更快适应。凡此种种都是混淆了幼儿教育与小学教育的界限。

幼儿教育不能小学化。幼儿教育有它的特点，它不同于小学教育。

《幼儿园工作规程》指出："幼儿园教育工作的原则是：体、智、德、美诸方面的教育应互相渗透，有机结合。""游戏是对幼儿进行全面发展教育的重要形式。"可见幼儿教育与小学教育的教育原则和教育形式有很大不同。幼儿教育小学化，不利于幼儿敏感期的发展。敏感期得不到充分发展的孩子，头脑不清晰、思维不开阔、缺乏安全感，不能深入理解事物的特性和本质，严重影响幼儿潜能的开发。已经 6 周岁了，读完了大班，就应该到小学学习，进入新的有别于幼儿教育的学习阶段，这样孩子的智力会有质的飞跃。

在家庭早期教育，父母应善于学习，对这个时期的孩子的心理发展做充分的了解，保持积极的态度；应善于观察，观察孩子的行动和变化，特别是心理变化；应善于研究，与他人切磋，从书本和网络寻求答案；应善于应对，不要强制，要创造丰富多彩的学习环境，鼓励孩子自由探索、勇敢尝试。

"每个正常的婴儿出生时都具有像莎士比亚、莫扎特、爱迪生、爱因斯坦那样的潜能，聪明和愚笨都是环境的产物。"关注儿童发展敏感期，创造一个适合婴幼儿成长的环境，科学进行儿童的家庭早期教育，是所有父母的责任，更是广大幼教工作者的责任。

☆温馨提示

大量实验和科学研究证明，儿童确实存在发展敏感期。

父母应通过游戏和其他活动，让儿童得到充分的训练，获得体验，顺利通过每个发展敏感期。

作者从儿童的发展敏感期出发提出的九个问题值得广大婴幼儿父母和幼教工作者深思；遵循作者的建议，必将会使婴幼儿健康快乐成长。

全社会都应关注儿童发展敏感期，促进儿童的健康成长。

"聪明和愚笨都是环境的产物。"每个为人父母者都必须下决心，花力气，从衣、食、住、行、玩各个方面，创造出一个适合自己孩子成长的环境，为孩子的早期教育铺路……

从小培养幼儿的良好品格

教育家马卡连柯说:"如果您的孩子没有得到正确的教育,如果您有点疏忽了,对他关心不够,其实常常是出于偷懒,对孩子不管不顾,那时候就必须对许多东西进行改造和矫正。而这种矫正工作,再教育工作,就不是那么容易的事情了。"① 可见,从小加强对幼儿良好品格的培养,对孩子的健康成长至关重要。

一、孩子应具有哪些良好的品格

(一) 活泼

又玩又学,又答又问,在玩中学,在玩中问。

眼睛活泼:双眼炯炯有神,会观察,会看图画,会看书,会用自己的双眼辨别事物。

嘴巴活泼:会说故事,谈见闻,会主动回答别人的问题,会唱歌,声音洪亮,发音清晰。

脸部活泼:表情丰富,会说会笑,会装鬼脸。

双手活泼:双手灵活,会玩沙、玩水,会捉小虫,会摆弄玩具,会做手工,会弹乐器,会做家务。

双脚活泼:能跑能跳,能歌善舞。

头脑活泼:会观察自然,观察生活,喜欢提问题。

意大利著名教育家蒙台梭利说:"对儿童的第一任务是令他们快乐。如果没有令他们这样,你便亏待了他们。我们的目标是训练孩子们成为积极进取而善良的孩童,而不是成为停滞、被动、服从的木偶。"活泼,使孩子快乐。父母要让孩子快乐起来。

---

① A. C. 马卡连柯著,丽娃译:《家庭和儿童教育》,上海:上海人民出版社 2005 年版,第 19 - 20 页。

（二）专注

活泼的同时，要让孩子学会安静、专注，专心做一件事情。

孩子玩玩具，既要与小朋友一起玩，又要独立玩，安静专注地玩。

玩积木，让其摆出各种造型，此时，大人不要干预他，影响他，这对培养孩子专注做一件事情、专注学习很有帮助，长大了对专注干好某件事情，以至发明创造会带来巨大的作用。

例如观察蚂蚁，让孩子了解到：蚂蚁排队前进的情景；相遇时互相敬礼的场面；能够背比自身重得多的物品等等。这对培养孩子的观察力、想象力、思维能力、探索能力有极大的作用。

（三）勇敢

歌德说："你若失去了财产——你只失去了一点儿，你若失去了荣誉——你就丢掉了许多，你若失掉了勇敢——你就把一切都失掉了！"勇敢应从婴幼儿时期开始培养，长大了才会成为勇敢的人，否则就会把一切都失掉。

跌倒了自己爬起来。

不怕小虫，不怕蟑螂等。

不怕打针，不怕吃药。

半岁不认生，周岁会交往，三岁进幼儿园不哭鼻子，会跟妈妈说再见。

不要吓孩子，不要给孩子讲鬼故事，三四岁的孩子不要看《聊斋》，不要看恐怖片。

（四）自信

要让孩子自我觉得：

我聪明，我能干，我漂亮。

我会劳动。会给爸爸妈妈拿鞋子，拿小凳子，做简单的家务。对孩子的行动，爸爸妈妈要说"谢谢"。

我会关心别人，帮助别人。妈妈累了，会拿凳子给妈妈坐；爸爸流汗了，会给爸爸擦擦汗；会给爷爷奶奶捶捶背；有好吃的东西，会把一半分给小朋友；有玩具肯与小朋友一起玩。

我能做很多事情。凡是孩子自己能做的事自己做，不要依靠别人。

上述各个方面，都体现出孩子的自信。自信可让孩子获得成功的满足感。自信心的获得有赖于一个自由的思想活动空间和他人的理解与鼓励。父母要创设环境，为孩子自信心的获得提供条件。

（五）诚实

生活中孩子会碰到各种各样我们想象不到的事情，父母对孩子一定要宽容，这样孩子才敢说实话，才能从小养成诚实的品格。

"樱桃树是我砍的。"这是美国第一任总统华盛顿小时候说的一句诚实的话，一句需要足够的勇气才说得出的话。华盛顿的父亲是一位大庄园主，非常喜欢种植花草树木，他在自家花园里种了几棵樱桃树。一天华盛顿趁着家里没人，拿来一把斧头，将一棵樱桃树砍断，拿来小刀在树干上挖呀找呀，想从树干里找到樱桃树长得快的原因。华盛顿的父亲回来，捡起被砍断的樱桃树树枝，恼怒地追查这是谁干的。面对父亲的怒气，怎么办？华盛顿咬了咬嘴唇，走到父亲跟前，勇敢地承认，"樱桃树是我砍的"。父亲知道儿子砍树的原因后，怒容消失了，他拉着华盛顿的手，和蔼而亲切地说："孩子不必害怕，你这种勇敢承担责任的态度，比起爸爸心爱的樱桃树要珍贵千万倍！"

"樱桃树是我砍的。"华盛顿的诚实赢得了父亲的赞誉，华盛顿的诚实为他的成长奠定了坚实的基石。

（六）独立性

孩子出生后就分床睡，小床靠在大床边，妈妈伸手便可以照顾孩子；上小学就分房睡。

逐步学会自己穿衣服、穿袜子、穿鞋。

逐步学会洗澡。

与人谈话，眼睛要注视对方，站要站直，坐要坐正，声音要响亮。

起床、吃饭、洗澡要按时，要主动，不要拖拉。

要敢于说出自己的需要，冷了，热了，饿了，要主动跟大人说，想要什么东西，需要什么帮助，也要主动告诉大人。

要学会自己玩耍。不依赖成人的关注，自己玩耍，自娱自乐，父母要有意识给孩子创造独立玩耍的机会。孩子玩的时候，要确保环境的安全，并抽空看看他们，对他们玩出的花样给予夸奖和鼓励。自己玩耍与集体玩耍相结合，自己玩耍，可以培养孩子的独立性；集体玩耍，可以培养孩子的交往能力。

独自到邻居家做客。起初时间不要太长，慢慢地可以延长点时间。和别的孩子玩，在一种比较宽松的环境里，让孩子适应让别人来管理；了解一些和自己家不一样的生活方式；学会等待，等待爸爸妈妈来接他等等。独自到邻居家做客，客人应该是可以信赖的，要确保路上安全。

上述各个方面都在培养孩子的独立性。孩子有了独立性，长大了就有较强的独立工作能力。

（七）好奇心

好奇心是人类最宝贵的品格之一。有了好奇心，就能引发兴趣，有了兴趣，就有了动力，就有了创造的土壤。

1. 让生活中的小事引发孩子的兴趣

下雨了，让孩子到雨中嬉戏，溅水。水溅起来，刺激孩子的手脚、躯干，刺激孩子的五官，孩子会感受到刺激带来的开心、快乐。父母可引导孩子：雨是哪里来的，下雨有什么好处，有什么害处。

带孩子到田间抓蚯蚓，养蚯蚓，让孩子观察联想：蚯蚓是生活在泥土的上面，还是在泥土里；看看它怎么松土，松土对植物有什么作用。让孩子动手，将蚯蚓切成两半，看看蚯蚓会不会死，为什么会长成两条蚯蚓。

养两只小兔子，看看兔子喜欢吃什么，不喜欢吃什么；喂养小兔子，看看它吃东西的动作，观察它生长的全过程。

带孩子看魔术表演，感受魔术的魅力。

2. 父母要善于保护孩子的好奇心

朋友的孩子将金表拆坏了，被孩子的母亲打了一顿，请教陶行知。陶行知的对策是：把孩子带到修表铺，修表铺成了课堂，修表师傅成了先生，孩子成了学生，修理费成了学费，修表成了一堂生动的实验课。

通过这堂修理钟表的实验，孩子的好奇心得到满足，创造精神得到培养。"柏拉图说：'好奇者，知识之门。'这句话是很对的。若小孩子不好奇，那就不去与事物相接触了；不与事物相接触，那他就不能明了事物的性质和状况了。倘使他看见了冰，不好奇，不去玩弄，那他恐怕不会知道冰是冷的；倘使他听见了外面路上的汽车声，不跑出去看看，那他恐不会晓得汽车是什么东西。所以好奇动作是小孩子得着知识的一个最紧要的门径。"[①] 父母的责任在于培养孩子的好奇心，保护孩子的好奇心，千万不能以一时的冲动或个人的爱好，打掉孩子的好奇心。

（八）责任感

家里的事，孩子会做的，应让他去做，让他知道自己是家里的一员，是应

---

① 陈鹤琴著：《家庭教育》，上海：华东师范大学出版社 2006 年版，第 4 页。

该做的，培养他的责任感。孩子的玩具、学习用品、生活用品，让其用后放回原位。吃饭不要拖拉，拖拉是一种没有责任感的表现。连吃饭都没有责任感，他还能对其他事情有责任感吗？

二、在体验中造就孩子的良好品格

要通过活动，让孩子获得体会和经验，在体验中获得认知。

（一）从餐桌做起，培养孩子良好的进餐习惯

饮食是培养孩子良好习惯的起点，事情虽小影响却很大，父母应予以足够的重视。

饭前：大人要洗手，带动孩子洗手。两三岁的孩子，要让他动手擦餐桌、摆碗筷、端饭菜，培养孩子爱卫生和劳动的习惯。

开饭：要叫齐家里人，大家一块吃，一人一份，不得贪吃，培养孩子的亲情和尊重他人的品格。

吃饭：要认真，不拖拉，时间约半小时；地点要固定，不要东走西跑；精神要集中，不要边吃饭边看电视；不挑吃，不偏食，避免吃出来的毛病。

饭后：要漱口，保证口腔卫生；要帮忙收拾餐桌，父亲也要参与其中，使孩子懂得，我是家庭的小主人，也应尽到一份责任。

（二）尊重儿童，尊重他人，尊重自然，尊重社会

尊重是儿童的一种心理需求。人皆有自尊心，幼儿也如此。处在幼儿时期的孩子自尊心非常脆弱，需要父母的细心呵护。

1. 尊重孩子，就得让孩子选择

在传统意识中，尊重往往是对上的，如尊老爱幼，尊师爱生。孩子在受保护、受教育之列，往往不在受尊重的范围之内。没有尊重，就没有平等。尽管孩子依附于父母、师长，但也有被人尊重的需要。一旦需要得到满足，就会有力量，就会前进，就会发展。

尊重孩子，就得让孩子选择。父母带孩子外出做客，主人拿出糖果等食物给孩子，招待客人，父母该怎么办？美国父母会让孩子选择，然后说声谢谢。中国父母往往会说，不要，不吃。这种剥夺孩子选择的做法，实际上是对孩子不尊重的表现。

2. 尊重他人，从身边的人做起

关心别人，从心疼妈妈开始。两三岁的孩子就可以开始训练他心疼妈妈。要教他，妈妈生病时给妈妈以体贴的表示，"妈妈你哪里痛？""妈妈你好些了吗？"在妈妈生气时给妈妈消消气。平时帮妈妈做些力所能及的事情。要知道，一个不会关心父母的孩子，其结果不可能尊重他人，关心他人。

要尊重保姆、清洁工。要让孩子懂得，他们是劳动者，是值得尊重的人，要教育孩子懂得怎样称呼他们。有事要他们做，应用请求或征求的语气，而不应该用命令的语气。如果他们在家里吃饭，应一起吃。他们有什么做得不对的，要和气地跟他们讲，明确正确做法和要求。要尊重祖父母、外祖父母及其他家庭成员；要尊重所有的亲戚、朋友；要尊重邻居，和邻居友好相处。

只有在家里、在学校懂得尊重别人，长大了才会尊重他的同事、上司和下属，才会与别人和谐相处，才会获得成功。

3. 尊重应成为传统道德和现代道德的结合点

尊重自己，强调自主、自信。尊重他人，强调平等待人、宽容大度。

有这么一个故事。"巨象集团"是美国一家著名的企业，其总部是一幢七十多层楼高的大厦，环绕大厦的是一片郁郁葱葱的花园绿地。一天，一位四十多岁的妇人领着一个十二三岁的小男孩走进这片绿地，坐在长椅上。妇人从随身挎包里揪出一把手巾纸揉成一团，一甩手扔出去，正落在一位老人刚剪过的灌木枝上。老人没说话，拿起那团纸扔到不远处盛放剪下枝条的一个筐子里。老人拿剪刀继续剪枝，不料妇人又将一团纸扔了过来。就这样，老人不厌其烦地拾起妇人扔过来的六七团纸，始终没有露出不满和厌烦的神色。"看到了吧！"妇人指着老人对男孩说："我希望你明白，你现在不好好上学，以后就跟这个老园工一样没出息，只能做这些低贱的下等工作。"原来男孩的学习成绩不好，妈妈在生气地教训他，面前的剪枝老人成了"活教材"。不一会儿，有一个人急匆匆走过来，恭敬地站在老人面前。老人对他说："我现在提议免去这位女士在'巨象集团'的职务！因为……""是，我马上按您的吩咐去办！"那人连声应道。妇人大吃一惊，她认识来的那个人，正是巨象集团人力资源部的高层管理人员，而老人正是集团总裁詹姆斯先生。妇人知道这一切后，颓然地坐在椅子上。老人走过来抚了抚那男孩的头，"我希望你明白，在这个世界上最重要的是要学会尊重每一个人……"

像这位妇人这样用损害别人的行为来教育自己孩子的事在现实生活中比比

皆是，詹姆斯先生对男孩说的话会使男孩终生难忘。

尊重自然，强调和谐。保护环境，从我做起，从身边做起。

尊重社会，强调规则。遵守规则，这是尊重社会的底线，这是法制社会的基础。

尊重应成为传统道德与现代道德的结合点。

（三）带孩子走进大自然

父母要经常带孩子到大自然中去。比如让孩子去池塘边观察小蝌蚪，看看它们是怎样变成活蹦乱跳的小青蛙的。带孩子去抓蝴蝶、抓小虫、抓其他小动物。爸爸妈妈陪孩子去抓，他会感到更开心，这是对他能力的肯定，他会从抓小虫、抓小动物中去发现、探索，从而培养了孩子的创造精神。

观察大自然的各种颜色，天空是蓝的，太阳是红的，早晨的太阳和晚上的太阳是不同的。

观察建筑物，什么是圆形、正方形、长方形、三角形等。

可以带孩子观察夏夜的星空，让他对横亘的银河、闪烁的星星以及盈亏交替的月亮产生兴趣，也许未来的天文学家由此诞生。

可以让孩子注意昼夜的交替，四季的变化，阴晴雨雾、电闪雷鸣。

可以带孩子观察春天里各种花鸟虫草的变化。

总之，可以让神奇的大自然来满足孩子无穷而强烈的好奇心，培养他勇于探索的精神。

（四）积极认真地回答孩子的问题

别林斯基说："对儿童的问题应当简短地、耐心地、严肃地回答他们，不要哄他们，欺骗他们，要用适合他们理解程度的话向他们解释。"

鲁迅的儿子周海婴小时候爱提问题，鲁迅有问必答，而且回答得很耐心、直率，富有感情。一天夜里，鲁迅与海婴躺在床上，海婴发问了："爸爸，人为什么会死？""是不是你先死，妈妈第二，我最后呢？""你死后这些书怎么办呢？""这些衣裳怎么办呢？"鲁迅以"老了，生病医不好""送给你好吗""留给你穿好吗"等耐心地回答了儿子的问题，一直谈到孩子入睡。

生老病死是自然规律，鲁迅耐心而准确地回答孩子的问题，使孩子对死亡没有恐惧感。死是生病的缘故，它还可以让孩子探索治病的方法。鲁迅很注重孩子的求知欲和想象力，他说过：孩子常常想到星星月亮上的境界；想到地面以下的情形；想到花卉的用处；想到昆虫的语言；他想飞上天空，他想潜入水底……因此对孩子提出的问题，做父母的应当耐心地给予解答，不应该搪塞、哄骗。

对于孩子的提问，做父母的不管有多忙多烦，都应该做到孩子问什么，就回答什么，要真实合理。在向孩子传播知识和方法时，决不能嫌麻烦，敷衍塞责，应付了事，只有认真回答，才能使孩子成为对社会现象和自然现象有辨别能力的人。

（五）让孩子做力所能及的事

A. 马尔库沙说："教育的艺术在于：经常给孩子提出力所能及的任务，并且巧作安排，使得他愿意干，有兴趣，高兴地去完成大人的委托，使他感到是一件有意义的事。"让孩子做力所能及的事，在实践中增长才干，提高能力，这是学习的根本方法。

一岁之后，就要让孩子做事，如逐步让孩子学会吃饭、穿衣、穿袜子、穿鞋、自己起床、自己洗脸。两三岁要逐步学会自己洗澡。大一点要学会扫地、洗手巾。帮助爸爸妈妈摘菜、洗菜。帮助爸爸妈妈拿东西如鞋子、小椅子。学习开门锁门。

"小孩子自己会盛饭了，做母亲的替他代盛。小孩子自己会穿鞋子了，做母亲的还是替他代穿。小孩子自己会扣纽子了，做母亲的还是替他代扣。小孩子会叠被了，做母亲的还是替他代叠。小孩子自己会整理书桌了，做母亲的还是替他代整理。甚至于小孩子自己会思想了，做父母也替他代想。一切的一切，凡是小孩子应当自己做、自己能够做的，做父母的总是替他代做。这样小孩子如何能成长呢？如何能学习呢？如何能独立呢？"① 做父母的要反思，对照自己对孩子的管理有没有这种现象。要知道，帮助孩子独立，才是做父母最大的责任！

（六）鼓励孩子观察和思考

父母陪伴孩子做游戏，要有意识地启发孩子观察游戏，思考问题。

带孩子出去旅游，要启发孩子观察大自然，提问题，思考答案。

带孩子上街，会在街上、商店里看到一些字，要让孩子把在幼儿园、在家里认的字联系起来认，鼓励他去认其他的字。认字要与实物联系起来，从而培养他的兴趣。

---

① 陈鹤琴著：《家庭教育》，上海：华东师范大学出版社 2006 年版，第 242 页。

孩子到了水果店，要让孩子细心观察：店中有什么水果，放在什么位置，是什么颜色。回家后可让他说出水果的名称，这可以培养他的观察力和记忆力。带孩子到果林参观，看看这些水果是长在树的什么地方。进一步思考，哪些水果是产于南方，哪些是产于北方。

三、为孩子，为自己，献出父母的心血

（一）注重学习，树立正确的儿童观

年轻父母绝不能单凭过去的知识和经验来教育管理自己的孩子，也不能单凭自己的父母教育管理自己的方法来对待自己的孩子。社会在前进，在迅速发展，要教育好自己的孩子，父母应该注意学习，否则，你的教育就会步入误区，贻误了你的孩子。

1989 年 11 月 20 日联合国大会通过了《儿童权利公约》。

《儿童权利公约》提出儿童有四大权利 —— 生存权、受保护权、发展权、参与权。

新的儿童观承认儿童的特殊性，不因儿童弱小而轻视他们，把儿童看作有能力的积极的权利主体。

1. 生存权

《儿童权利公约》第 7 条：儿童出生后应立即登记，并有自出生之日起获得姓名的权利，有获得国籍的权利，以及尽可能知道谁是其父母并受其父母照料的权利。

儿童的生存权包括生命安全权和生活保障权等。

2. 受保护权

《儿童权利公约》第 16 条：儿童的隐私、家庭、住宅或通信不受任意或非法干涉，其荣誉和名誉不受非法攻击。

第 19 条：保护儿童在受父母、法定监护人或其他任何负责照管儿童的人的照料时，不致受到任何形式的身心摧残、伤害或凌辱，忽视或照料不周，虐待或剥削，包括性侵犯。

儿童之所以要受到保护，是因为儿童弱小，更容易受到伤害；儿童由于年龄的限制，其生理、心理处在发展阶段，需要外部提供一个良好的环境和条件。

3. 发展权

《儿童权利公约》第 13 条：儿童应有自由发表言论的权利，此项权利应包括通过口头、书面或印刷、艺术形式或儿童所选择的任何其他媒介，不论国界，寻求、接受和传递各种信息和思想的自由。

儿童的发展包括身体、智力、道德、情感、社会性等多方面的发展。要让儿童成为健康的、快乐的、能自食其力的人。要让儿童全面发展，充分发展，个性得到张扬，智能得到有效激活。每个孩子都是独一无二的，世上没有一片相同的叶子，也没有一个相同的孩子，每个人的 DNA 不同，个性不同。人有八种智能，每个人的智能不尽相同，因此形成不同的智能曲线。对孩子的要求要因人而异，不必强求一致。

4. 参与权

《儿童权利公约》第 12 条：缔约国应确保能够形成自己看法的儿童有权对影响儿童的一切事项自由发表自己的意见，对儿童的意见应按照其年龄和成熟程度给以适当的重视。

参与不仅是儿童的基本权利，也是儿童成长与发展的基本需要。儿童参与机会越多，他的能力越强。要鼓励儿童大胆发表意见，要认真倾听和考虑儿童的意见。

要树立现代家长观。家长一定要注重学习，用现代的儿童观、科学的儿童观指导孩子，与孩子一起成长。儿童随时随地都在学习。游戏是幼儿最佳的学习方式，家长要积极参加到幼儿的游戏活动中，通过游戏促进幼儿的成长。为此，我给家长推荐几本书：陈鹤琴的《家庭教育》、尹健莉的《好妈妈胜过好老师》、德国卡尔·H. G. 威特的《卡尔·威特的教育》、美国斯托夫人的《斯托夫人自然教子书》。

（二）在陪伴中，注意倾听、理解、沟通

父母要挤出时间，陪伴孩子玩耍、游戏。

所谓陪伴，就是父母每天有一定时间与孩子做同一件事情，如游戏、读书、看电视等，不与孩子做同一件事情，不算陪伴。每天陪伴时间应在 2 小时以上，否则就叫作缺乏陪伴。要充分利用时间，陪幼儿活动，如饭后散步，星期六、星期天带他走进大自然等。

父母要轮流陪伴。在陪伴中，父母要学会倾听，听听孩子是怎么想的，怎么说的，怎么做的。

在陪伴中，学会理解，理解孩子的喜怒哀乐，理解孩子的兴趣，理解孩子

发展的情况。苏霍姆林斯基说："教育，首先就是理解。不理解孩子，不理解孩子的智力发展过程，不清楚孩子思维、兴趣、爱好、才能、禀赋、倾向……这就谈不上教育。"

在陪伴中，学会与孩子沟通。与孩子沟通时，要让孩子多讲，父母少讲。通过沟通训练孩子的语言能力、表达能力。长此下去，孩子就会把在幼儿园碰到的事情，都讲给你听；他在外面做错了事，就敢对你说，从而培养孩子真诚、坦率的品格。

（三）控制环境，确保安全

要创设良好的环境，使环境不会伤害孩子，保证孩子的健康成长。

刀子、剪刀等利器，不要随便放，防止意外伤害。

各种电器开关，要选择安全性能高的，不要让孩子随便抚摸电器；要根据不同年龄，控制对电器的使用，保证孩子安全。

开水、热汤要放在安全的地方，防止烫伤。

过马路，要走人行横道，不要冲红灯，防止车祸。

到游泳池游泳，要防止溺水。

（四）营养均衡，促进健康

父母要懂得什么是健康食品，什么是垃圾食品，要给孩子提供健康食品。

出生 3 个月内不吃盐，1 岁之内不吃蜜，3 岁以内不饮茶。茶中含有大量的鞣酸，会干扰人体对食物中蛋白质、矿物质及钙、锌、铁的吸收，如果婴幼儿喝茶，会导致其缺乏蛋白质和矿物质，进而影响其正常生长发育。茶叶中的咖啡因是一种很强的兴奋剂，会影响幼儿的睡眠，诱发少儿多动症。

5 岁以内不要吃补品。补品中含有许多激素或类激素物质，可引起骨骺提前闭合，缩短骨骺生长期，导致孩子个子矮小；激素会干扰生长系统，导致性早熟。此外年幼进补，还会引起牙龈出血、口渴、便秘、血压升高、腹胀等。

10 岁以内不要吃腌制品（10 岁以上也要少吃）。咸鱼、咸肉、咸菜等腌制品含盐量太高，高盐容易诱发高血压病。腌制品中含有大量的亚硝酸盐，它和黄曲霉素、苯并（a）芘是世界公认的三大致癌物质。[①] 研究资料表明，10 岁

---

① 黄曲霉素是已知的最强烈的致癌物。黄曲霉素主要存在于发霉的粮、油、花生中，预防措施主要是防霉。苯并（a）芘主要产生于煤、石油、天然气等物质的燃烧过程中，脂肪、胆固醇等在高温下也可形成苯并（a）芘。亚硝胺类几乎可以引发人体所有脏器肿瘤，其中以消化道癌最为常见。要控制食品亚硝酸盐的用量。

以前开始吃腌制品的孩子，成年后患癌的可能性比一般人高 3 倍，特别是咽癌的发病危险性更高。

要注意吃蔬菜、水果，不吃垃圾食品，形成合理的、均衡的营养结构，避免吃出来的疾病，如肥胖症或营养不良。要通过日常的饮食，使孩子懂得什么是健康食品，什么是垃圾食品。油炸食品被世界卫生组织定为第一号垃圾食品，而现在很多孩子特别喜欢吃，这就要引起家长的特别注意。

碱性食物利于幼儿发育。人体的体液呈微碱性，有利于身体对物质的吸收和利用。如果幼儿体内缺少碱性物质，会影响激素的分泌和神经活动。为此，应改善孩子的饮食结构，多吃一些碱性食物，这样有利于提高孩子智商。

哪些是碱性食品呢？一般说来，绿色蔬菜、坚果、水果、低脂牛奶、各种菌菇、豆类及豆制品、海带等都属于碱性食物。猪、牛、羊、鸡、鹅、鸭等肉类、鱼类、面粉、大米、花生等，经人体代谢后产生酸性物质，故属酸性食品。

幼儿饮食应"四少一多"。

少糖。多吃糖易患龋齿。吃糖过多，会使儿童冲动、任性、爱发脾气、好哭易闹，但可适量食用红糖，红糖可增加食欲，补充身体必需的核黄素、胡萝卜素和钙、锌、铁。

少盐。由于幼儿的肾脏发育还未完善，不能排除体内多余的钠，因此吃得过咸，会为今后诱发肾病和高血压埋下祸根。

少酱油。酱油经过发酵，含有多种微生物。而幼儿胃酸分泌少，肠的吸收功能不强，多种微生物作为变应原，容易引起幼儿产生变态反应性疾病，如肠炎、腹泻等。

少味精。味精过多，会影响幼儿的食欲，导致消化功能紊乱，影响有关营养素的摄取。

多吃醋。醋含有多种营养素，具有帮助消化、增强食欲、促进食物营养成分转化吸收等功能，有利于机体新陈代谢，调节体内酸碱平衡，而且醋还有杀菌防病的功能。幼儿膳食中应适当添加醋。

（五）设置框架，优化家居

家庭室内装修，要注意环保，要有利于幼儿的成长。

要给幼儿留有活动的空间，创造一个安静的环境，让孩子在这个环境中尽情玩耍、游戏、学习。

幼儿房装修要简单,特别要注意环保、安全、安静,有适宜的睡床、衣橱、书桌、椅子、图书角,随着年龄长大,设置图书柜,给孩子提供适宜的读物。

父母的房间,要高雅、朴实,家里最好设置书柜或书房,营造一种浓厚的学习氛围。

家庭的各个角落,包括阳台、厨房、卫生间,处处应成为育儿的好地方。

设置框架,鼓励孩子身上良好行为的发生。随着孩子的成长,框架需要不断变化。

(六)说到做到,行为育人

要孩子有礼貌,和气待人,父母对人就应有礼貌,和气待人,如和气对待家里老人,对待亲戚,对待保姆、清洁工。

要孩子向小朋友学习,父母就要善于向别人学习。前外交部部长李肇星夫妇有一个约定,在孩子面前,从不议论别人的短处,而是谈别人的长处,如何向他人学习等。

要孩子认真读书,认真学习,在家里父母要带头读书,带头学习,营造学习氛围。孩子就会像爸爸妈妈一样认真读书,认真学习。

为了哄孩子而骗孩子,孩子就会从父母那里学到欺骗的本领,你想要孩子真诚,父母就得真诚,说到做到。

(七)父母与祖父母步调一致,促进孩子健康成长

两代人在教育孩子的观念上往往不同,作为孩子的父母,要主动与祖父母、外祖父母交流,介绍当今家庭教育的观念和方法,防止粗暴训斥祖父母。

有的祖父母对孩子过分溺爱,对孩子有求必应,包办代替孩子,这是教育孩子中最危险的一种倾向,要特别注意克服。

如果父母、祖父母、外祖父母,以及家里的亲人都观念一致,步调一致,将会造成一种和睦的家庭气氛,它必将促进孩子茁壮成长。

卡尔·H. G. 威特说:"我必须着重指出的是,他所了解的事物都是正确无误的,不偏不倚。这就要求我们,作为他的父母必须首先对该事物有正确的认识。如果我们达不到要求,还缺乏足够准确的信息,那我们就必须向那些知识

渊博的人请教。"① 可见家庭教育是多么的重要，尤其是年轻的父母。

2005 年 11 月 10 日夜初稿
2006 年 10 月 8 日凌晨修改
2015 年 6 月 19 日修订

☆温馨提示

　　1978 年七十多位诺贝尔奖获得者相聚在巴黎，记者问一位老科学家：您获得诺贝尔奖，在科学上取得重大突破，是哪所学校、哪个实验室给您的影响最大？

　　老科学家毫不犹豫地回答：幼儿园。他说："幼儿园使我学习到，有好吃的东西分一半给小朋友，拿东西后要放回原处，饭前要洗手，饭后要漱口……"

　　朋友们，请记住这位诺贝尔奖科学家的话，好好培养幼儿的良好品格。幼儿期是人生最重要的时期，家庭教育是整个教育的基石。从小培养幼儿的良好品格，是每个父母的共同心愿。

　　你可能有童年的遗憾，但不能让孩子有遗憾的童年。为了孩子，为了家庭的未来，父亲母亲都要学习、学习、再学习，实践、实践、再实践。那么，孩子在你的科学呵护下，必定健康快乐成长！

---

① 卡尔·H.G. 威特著，丽红译：《卡尔·威特的教育》，北京：京华出版社 2006 年版，第 36 页。

游戏，幼儿认识生活的途径

——评《家庭教育那些事儿》幼教篇

幼儿教育，人生教育的起点。如何加强婴幼儿的教育，是每个为人父母者必须认真思考并付诸实践的问题。

《家庭教育那些事儿》幼教篇选择了九篇文章，从幼儿入园到毕业的各个环节，阐述了幼儿成长的规律、应注意事项和培养的方法。

当前幼儿教育有不少误区，幼儿教育小学化是众多误区中最突出的一个。其实，游戏才是幼儿教育的主课。幼儿是通过各种各样的游戏来认识生活，认识小朋友和老师，认识小朋友的父母，认识周围的人和事，从而逐步认识幼儿园，认识周围的环境，认识神奇的未知世界……玩具是幼儿教育的主要教具，幼儿通过玩玩具，锻炼了动手能力、协调能力、合作能力，从而使想象能力、创造能力得到充分发展，充分发挥。

玩具不在乎昂贵而在于好玩，如何买玩具、指导幼儿玩，《家庭教育那些事儿》选择了德国著名教育家卡尔·H. G. 威特一段话作为引子，带领家长进入幼教篇。他说："一个人能把任何事物都变成玩具，而且，我确信如果一个人能够按照这种方式来做的话，那远比给孩子们买一大堆玩具让他们随意去玩，却不给予他们任何细心的指导要好得多。"① 卡尔·H. G. 威特这段话充分强调玩具的作用和父母的职责。

《帮助小班幼儿顺利度过入园适应阶段》，作者郭霓裳是一位有丰富实践经验的幼儿教师，怎样帮助幼儿顺利度过入园适应阶段，这对幼儿未来三年幼儿园生活极为重要。幼儿入园会产生分离焦虑情绪，这是正常的心理现象，家长不必紧张。作者提出的减轻幼儿焦虑情绪的教育策略具体可行。如果家长积极配合，幼儿便会很快适应新的环境，在幼儿园快乐生活，健康成长，这对幼儿今后进入小学学习都是极为重要的。

《家长如何做好学前儿童的入学准备》的作者陈庆香是幼儿园园长，她从

---

① 卡尔·H. G. 威特著，丽红译：《卡尔·威特的教育》，北京：京华出版社 2006 年版，第 68 页。

幼儿园和小学衔接阶段儿童存在着的断层问题入手，提出入学前后必须做的若干件事，写得具体，操作性强。阅读此文，结合自己孩子的实际情况去做，你的孩子就一定能很快适应新的环境，快乐地度过美好的小学时光。

《沟通，从心开始》的作者方春红提出对每一个幼儿都奉献爱心，主动关心家长关注的问题。角色换位，将心比心，这些都是幼儿园教师应有的责任，也是幼儿园与家长沟通的情感基础。文中引用的案例真实生动，这是作者作为园长的具体行动，家长也可从中学习到沟通的技巧与方法，于幼儿成长，也是有极大的帮助。

《跟着孩子一起成长》的作者蔡文旭是一位年轻母亲，此篇是她真切的育儿感受。全文分三部分，每部分都洋溢着童真童趣，很纯，很美！每部分都有一个小结，那是作者跟孩子共同成长中的思考和收获。跟着孩子一起成长，"跟"，是孩子带着父母，父母与孩子重走一回童年。因为"跟"，孩子的想象力得以保护；因为"跟"，才能听到孩子的心声；因为"跟"，才能够与孩子产生共鸣；因为"跟"，与孩子在一起才充满成长的喜悦！

《从生活细节中谈幼儿家庭教育》的作者庄西娜是一位小学青年教师，文中她列举的四个生活细节，很能反映在婴幼儿教育中家长常犯的错误，而作者通过自己的实践，用行动纠正错误，其中感悟到的道理，令人感到亲切自然。年轻的父母们要多用点心，让每天遇到的这些"小事"，都成为砌筑儿童美好情操大厦的一砖一石。

《让孩子做力所能及的事》的作者张晓帆是一位中学青年教师，她通过生活中的若干件小事，如倒垃圾、擦桌子、拿饭碗、摆筷子等培养孩子爱劳动的习惯，认为适当的惩罚也有助于良好习惯的形成。"让孩子做力所能及的事，贵在坚持。坚持就会形成习惯，这对孩子将终身受益！"作者的育儿感悟是真切的，对年轻的父母是有益的启迪。

挫折教育是幼儿教育不可缺失的一环，《重视幼儿的挫折教育》的作者陈泽绚是一位幼儿园教师，她从"挫折的意识""挫折的承受力""挫折的乐趣"三个方面阐述挫折教育的重要性和方法，很有启迪。中国著名儿童教育家陈鹤琴说："不要担心孩子的失败，应该担心的是，孩子为了怕失败而不敢做任何事。"挫折教育对今天的孩子太重要了，年青的朋友们，请记住教育家的话，让孩子干事，因为挫折教育是在实践中开展的，不做任何事情就无从对孩子进行挫折教育。

《废物利用与幼儿创造力的培养》的作者柯瑞霞是一位幼儿园教师，她从培养幼儿创造力出发，提出幼儿创造力的培养方法，很有启迪。环境保护，从我做起，从身边的小事做起，从废物利用做起，这是对幼儿最直接、最生动的教育。变废为宝，家长要积极配合幼儿园老师，引导幼儿去寻找废物，动手制作，让孩子在活动中获得体验，这对培养孩子的思维力、创造力、想象力，都会产生深刻的影响。

《关于培养幼儿阅读的几个问题》的作者陈庆香是有丰富经验的幼儿园园长，"对幼儿来说，阅读不只是视觉上的，也是听觉、口语甚至是触觉的，它包括了一切与书面语言学习有关的内容"。这就是幼儿的早期阅读。作者给家长提出如何引导幼儿阅读三点意见，很具体，很实用。幼儿早期的阅读活动，对幼儿早期智力发展有重要的价值！

"小孩子是生来好动的，以游戏为生命的。要知多运动，多强健；多游戏，多快乐；多经验，多学识，多思想。所以做父母的不得不注意小孩子的动作和游戏。"[①] 游戏才是幼儿教育的主课。

每个孩子都是独一无二的，不要攀比，"聪明和愚笨都是环境的产物"。每个为人父母者都必须下决心，花力气，从衣、食、住、行、玩各个方面，创造出一个适合自己孩子成长的环境，通过各种各样的游戏活动，为孩子的早期教育铺路……

☆ **温馨提示**

"小孩子是生来好动的，以游戏为生命的。要知多运动，多强健；多游戏，多快乐；多经验，多学识，多思想。所以做父母的不得不注意小孩子的动作和游戏。"

幼儿教育，人生教育的起点。幼儿教育，必须科学化。如何加强婴幼儿的教育，是每个为人父母者必须认真思考、研究并付诸实践的问题。

任何将幼儿教育当作无关紧要的小事而放松、放弃对孩子的早期教育都是错误的。

幼儿教育不能等待，失去的很难补回，年轻的父母们，请切实关注自己孩子的教育！

---

① 陈鹤琴著：《家庭教育》，上海：华东师范大学出版社 2006 年版，第 2 页。

幼儿教育来自生活点滴

　　一天早晨我起床后接了个电话，没来得及将床铺整理好，三岁的孙子拉着我的手说："爷爷，你怎么没将被子铺好？"奶奶见状，马上与孙子一起，一人一边将被子铺好。孙子的话和行动说明，家庭的生活点滴都在影响孩子。我曾多次对孩子们说，玩具玩后一定要放回原处，起床后要将被子铺好。大人没做好，孩子就会提意见。我们要给孩子树立榜样，说到做到。

　　"您自己的行为，是最具有决定性意义的东西……您怎样穿衣服，您怎样与别人交谈和怎样谈论别人，您怎样高兴和忧愁，您怎样对待朋友和敌人，您怎样笑，怎样读报——所有这一切对孩子都具有重要意义。孩子能发现并感觉到语调中的细微的变化；您思想上的所有转变，都会通过无形的途径传达给孩子，而您却没有察觉。"① 孩子的成长是一刻也离不开父母的教育的，绝不是可有可无的问题。父母的一言一行都在教育孩子，影响孩子的成长。

　　多年前湖南的友人给我转发了一个电子邮件，分享一位妈妈与四岁小孩的故事。

　　故事发生在普吉岛度假村。大厅里一位满脸歉意的工作人员正在安慰一个饱受惊吓的小孩。因为那天参加活动的小孩较多，这位工作人员在儿童网球课结束后，一时疏忽，少算了一位，将这位澳洲小孩留在了网球场。等到她发现人数不对时，才赶快跑到网球场，将这位小孩带回来。小孩因为一个人在偏远的网球场上，受到了惊吓，哭得稀里哗啦。后来澳洲小孩的妈妈出现了，她蹲下来安慰四岁的小孩，告诉他："已经没事了，那位姐姐因为找不到你而非常紧张难过，她不是故意的，现在你必须亲亲那位姐姐的脸颊，安慰她一下！"那位四岁的小孩，踮起脚，亲亲蹲在他身旁的工作人员的脸颊，并且轻轻地告诉她："不要害怕，已经没事了！"

　　如果你是小孩的妈妈，你会怎么做？

　　是痛骂那位工作人员一顿，还是直接向主管抗议，或是生气地将小孩带走

---

① A.C. 马卡连柯著，丽娃译：《家庭和儿童教育》，上海：上海人民出版社 2005 年版，第 27 页。

离开，再也不参加"儿童俱乐部的活动"了？

如果是这样的话，你的孩子将得到怎样的教育？

教育是无处不在的，父母的一言一行、一举一动都会对孩子产生影响，无论是正面的或负面的。

澳洲小孩的妈妈的行动让孩子懂得：一句温暖的话，就像往别人身上洒香水，自己也会沾到两三滴；体贴别人，也等于体贴了自己。

宽容心就是这样培养出来的。

著名作家池莉在《来吧孩子》一文中说："我发现从古至今，孩子都是一样的，家长却发生了巨大的改变。现在太多的父母只愿在孩子身上花钱，不愿意花时间、精力和心思。实质上是家长变得糊涂了，自私了，盲目了，愚蠢了，懒惰了。"我们切不可做糊涂、盲目、愚蠢、懒惰的父母，而要时时刻刻关注孩子的生活，以正能量的形象去影响孩子。

☆ 温馨提示

教育是无处不在的，父母的一言一行、一举一动都会对孩子产生影响，正面的或负面的。

父母要时时事事处处关注孩子周围的人和事，并给予科学引导，孩子就会在不知不觉中得到正确的认知。

无数次的有价值的事件体验，孩子的宽容心、思维力、判断力、独立性就会得到不断的强化……

为了孩子，为了家庭，请父母注意自己的言行，时时处处给孩子正面的影响。

如何启迪幼儿的数学思维

如何开启幼儿的数学思维？这是年轻父母在教育孩子时要特别留意的问题。

和孩子一起游戏时，要不失时机地给孩子提出问题，帮助孩子开启数学思维。

幼儿在建立数字的概念时，需要学习数字与物体的对应关系。在孩子数数时，让他指着要数的物体一个一个地按顺序点着数。例如问家里有多少人时，要让孩子点着数：爸爸，1；妈妈，2；自己，3。如果加上祖辈：爷爷，4；奶奶，5。告诉孩子，顺序数下来的最后一个数字即是物体的数量。即家里有5个人。又例如吃饭时问餐厅一共有几张餐椅，让他一张一张点着数，1、2、3、4、5、6，最后的数字6就是椅子的数量。如此类推，只要找到物体，一件一件地数，就能说出物体的数量。这时候孩子会很有兴趣，很有成就感。孩子说错了不要紧，引导他重新数，他会在错误中获得新的认知，得出正确的答案！

猜物体的高低或长短，对于幼儿来说这就是游戏。父母提的问题要从简单到复杂，逐渐增加难度。例如，两支蜡笔哪一支长，哪一支短。幼儿将两支蜡笔放在一起作比较，结果就出来了。但是有的物体不能随便移动，例如冰箱和椅子哪个高，经过思考，幼儿会将椅子移到冰箱旁边，哪个高哪个低便一目了然了。在这样的比较中有一件东西是可以移动的。如果两个物体都不能移动，例如窗户与门框哪个高，可引导孩子借助工具，如尺子或棍子进行测量比较。

让孩子给物体分类，然后数出每类物体的数量，这是对孩子进行分类和数数的综合训练。"多少"针对数数。"每类"针对分类；孩子要先对物品进行分类，才能按类数出数量。如何分类？例如玩具车可以按大小、形状等进行分类，然后数出各类玩具车分别有多少。又如给衣服分类，可以按上衣和裤子分类，然后数出上衣和裤子各有几件。

分类的过程是孩子观察、思考的过程。根据孩子的年龄和认知水平，可以让孩子将各类的数量合在一起来数数，为学习加法做准备。也可以比较两类物体的数量，为孩子学习减法打下基础。分类、数数、合计、比较多少，对孩子来说就像游戏一样，其兴趣会远远超出大人的想象。有了兴趣和正确指引，孩子的数学思维就会得到有效的开发。

父母要做启迪孩子数学思维的有心人！

☆ 温馨提示

让孩子点着物体数；比较着数；分类着数。

和孩子一起游戏时，要不失时机地给孩子提出问题，帮助孩子开启数学思维。

如何提问？要根据孩子的生活和年龄特点，从身边的物体事件出发，找出他感兴趣的。提的问题要从易到难，慢慢引导，不能急于求成，否则欲速不达。

有了兴趣和正确指引，孩子的数学思维就会得到有效的开发。父母要做启迪孩子数学思维的有心人！

父亲与儿子的对话

孩子从呱呱坠地开始，就千方百计地在熟悉他赖以生存的环境，了解他周围的人和事。谈话是孩子认识世界的重要手段。

年轻的父母应经常地、主动地与婴幼儿谈话，这一方面可以培养孩子的表达能力，另一方面有助于孩子了解周围事物，提高他的思维能力、判断能力……

与孩子的谈话，要注意站在孩子的角度，用孩子发展到那一阶段的思维方式和他已经懂得的事物来启发他思考未知的事物，这样的谈话会让孩子感到很好玩，很自然地接受父母所传达的信息，并引发他的思考和发问。相反会适得其反。下面这个例子让人深思。

父亲和 5 岁儿子到公园散步。

儿子："爸爸，华尔叔叔为什么和那位姐姐在一起？"

父亲："因为他们正在谈恋爱。"

儿子："谈恋爱为什么不找他的妹妹，她妹妹比那位姐姐还要漂亮呢！"

父亲："小孩子不懂，怎么能和家人谈恋爱呢？"

儿子："那天晚上，你和妈妈不就提到你们也谈过恋爱吗？难道你和妈妈不是家里人？"

父亲："哪来这么多问题！你能不能安静点？"

父亲的态度使孩子闭了嘴，但孩子还是不明白为什么不能和自己家人谈恋爱，更不明白爸爸妈妈是家里人，却又能谈恋爱这一问题。

恋爱，这是成人的事，5 岁的小孩他不可能懂，也不必懂。未婚的青年男女在一起，会引发小孩的兴趣，这是正常的反应。既然小孩提出了问题就不应该回避，而应该站在小孩的角度，用小孩可以理解的事物与之交流，让小孩对此问题有一个大概的了解，长大了再去思考。

孩子提问题是在探索未知世界，父母应该鼓励和引导。

孩子是一张白纸，什么都不懂，什么都想问，父母要善于引导，与孩子一起探索，父母不懂的一定要向书本、媒体、他人请教，切不要不懂装懂，随便回答，误导孩子。

☆温馨提示

　　孩子天真无邪，喜欢提问题，作为父母，在陪伴孩子的过程中，要善于用孩子可以理解的语言和事物来回答他的问题，切忌搪塞、哄骗。

　　孩子求知欲强烈，父母要善于引导孩子提问题，保护孩子提问的积极性，培养孩子提问的习惯。

　　一个好的提问比一个好的回答更有价值。

不要剥夺孩子实验的机会

喜欢动手，这是孩子的天性。父母要善于利用环境，给孩子动手的机会。

孩子想开锁，你会不会让他开？

下面和大家分享一位外国友人来中国访问的故事。

1987年，有一位教授和他的夫人来中国访问，住在南京金陵饭店一个星期。他们有一个三岁的孩子，每当回酒店时，孩子总是抢着钥匙开房门。孩子因为不够高，要踮起脚尖，又因为年龄小，手指还不灵活，每次开门，总是要花不少时间才把钥匙插进锁孔，把门打开。金陵饭店是一座涉外的高级酒店，服务员很热情，服务也很周到。每次碰到这情景，她们总是主动地帮小孩开门。

家长朋友们，你们怎样评价服务员的服务？你们猜教授对此事是怎样看的？

教授对中国服务员主动替孩子做事感到不理解。教授认为孩子的监护人——父母就在身边，孩子动手做事情，这要给予大力鼓励，孩子把钥匙插进锁孔，把门打开，孩子会获得成功的满足感，服务员替孩子干，就剥夺了孩子动手实验的机会。

这位教授是谁？他就是世界著名心理学家、多元智能理论的创立者、美国哈佛大学教授霍华德·加德纳。

我们的家长是不是也经常替孩子做事，做那些孩子想做又能做的事情，是不是经常剥夺孩子做事的机会？如果这样，孩子就会养成一种不愿做事的习惯。相反，如果我们鼓励孩子，让他动手实验，动手实践，动手干，就会形成敢于干事情、敢于实践、敢于动脑筋的良好品格。

可能有人会认为这是美国的做法，我们中国的环境与他们不同。这种认识我不敢苟同。婴幼儿的成长规律是一致的，不论是中国还是美国。中国家长之所以不让孩子实践，有其复杂的原因，其中跟我们的教育不太重视实验、实践有密切关系。越来越多的事实告诉我们，不重视实验、实践的教育，已拉大我们与发达国家培养人才的距离。要知道，只有从小敢于实验，敢于动手，长大了动手能力才强，才会有所作为。

对孩子的教育，不仅要善于利用环境，还要善于创造环境。不仅孩子动手，父母也要参加进去，成为孩子的"伙伴"，一起玩，一起实验，一起实践。父母在与孩子玩和实验中一起成长，孩子的教育就会出现一个意想不到的新高地。

☆温馨提示

父母要反思，在生活中我们有没有经常替孩子做事，做孩子应该做、能够做的事。我们要时时、处处让孩子做事，在做中培养孩子的动手能力，不要剥夺孩子实验的机会。

孩子在玩和做中会有很多创造，我们要善于欣赏孩子的作品，哪怕是粗糙的、简陋的，因为这是他经过思考、想象、实验，自己动手做出来的！

第三章

技巧

有了自信心、责任感、独立性和良好的习惯，孩子就真正成长了，而和谐的环境、科学的陪伴、有效的倾听，则是孩子成长的润滑剂。这就是教育的艺术。

倾听：父母与子女沟通的诀窍

常听一些家长诉苦：现在的孩子很难教，很难沟通。

现在的孩子怎么啦？其实，现在的孩子知识面广，思维活跃，不是难沟通，而是家长缺乏沟通的正确观念和方法。如果家长只停留在长者的位置，高高在上，发号施令，唠唠叨叨，孩子会很厌烦，当然不可能沟通。高明的父母应少说多听，重视倾听，善于倾听。只有倾听，才能走进孩子心里。

倾听是一种尊重，一种素养，一种能力，更是一种艺术。父母要善于倾听子女的心声，才能知道孩子在想什么，需要什么，喜欢什么，反对什么，才能走进孩子的内心世界。

一、倾听是一种尊重——培养孩子的自信心

倾听是一种尊重。父母与子女的关系是平等的，孩子是一个活生生的人，需要得到尊重。父母用心倾听孩子的心愿，顺着孩子的意见，巧妙地进行引导，孩子会获得受尊重的满足感，这是沟通的前提。因此，父母要沉住气，让孩子充分宣泄，发表意见；应该站在对方立场上真诚倾听，然后心平气和地跟孩子交换意见；让子女感受到自己被尊重，而且相信自己有解决问题的能力。

1. 发扬优点，培养自信

优秀的孩子必定是充满自信的孩子。自信是每个孩子成功的良好心理素质。

自信的人敢于尝试新的学习方法，能更快地发展自己的兴趣和才华，更容易获得成功；自信的人更快乐，因为他不会时刻担心失败，不会担心别人超过他，也不怕考试考砸了；自信的人会自觉地强化自己的优点，把大部分精力花在自己感兴趣的事情上，从而获得成功，获得更大的自信；自信的人会妥善管理自己的缺点，在不足的地方做得足够好。

我国著名教育专家王金战的女儿王倩倩很优秀，他是怎样培养女儿的呢？王金战认为："学业最大的问题是什么，我说是心态，心态的最大问题是什么，

是自信。"王金战从多侧面培养女儿的自信心。如果你把优点当成习惯，你就会充满自信，就会成为一个成功者；如果你把缺点当成习惯，你就会灰心丧气，就会成为一个失败者。自信心的获得对于一个孩子来说是极其重要的。

2. 如何获得自信

自信是一种感觉，每个人都要相信自己。

每晚入睡前不妨想想，今天发生了什么值得你自信的事情？我相信，每个人每天都可以找到一件成功的事，一件进步的事。只有不断体验成功喜悦的人，才会有自信。

为此，你必须勤奋，勤奋学习，勤奋做事。自信使人勤奋，使人成功；成功来自勤奋，勤奋使人更自信。

3. 孩子犯错时要宽容

大人也会犯错，何况小孩呢。当孩子犯错时，不要板着脸，而要静心地倾听孩子犯错的原因，帮助孩子分析问题，耐心帮助其纠正错误的行为。宽容让孩子自信起来。

二、倾听是一种素养——培养孩子的责任感

倾听是一种素养。会不会倾听反映出父母的素养；溺爱不是我们需要的倾听；爱孩子，就得让孩子懂得感恩，有责任感。

家长要创造条件，从一些细小的事情做起，如让孩子做力所能及的家务活，让孩子有感恩回报的机会。每年的母亲节、父亲节要倾听孩子的意见，看看孩子怎样为妈妈爸爸庆祝，一张自制的贺卡，一条深情的短信，一句温馨的祝语，都可以折射出孩子对父母的爱。

一个读初中一年级的男孩洲，听爸爸说奶奶的手表坏了，很想再买一只。洲便用50块钱在网上买了只手表，送给奶奶。奶奶很高兴，要拿钱给他。洲说不用给，他是用压岁钱买的。

洲的父亲用意很好，让孩子用行动孝敬长辈；洲的行动表达了一个初中生感恩祖辈的情怀和责任感；合理用好资金，培养了孩子的理财观念；运用网络购物，让孩子掌握网络技术，也给年长者宣传网络的作用，一举多得。

三、倾听是一种能力——培养孩子的独立性

父母要善于倾听，在实践中提高倾听的水平，目的在于培养孩子的独立性。

1. 倾听的艺术

孩子放学回家，父母要笑脸相迎，听孩子诉说校园新闻，让孩子感受到父母很在意他，他带来的信息很有用，他们喜欢听。倾听要专注，倾听过程可用"嗯""怎么样""后来呢"等词语与孩子呼应。倾听时注意不要随便打断孩子的话。不懂的问题，父母与子女一起寻找答案。

各种场合都应该倾听，坐着、站着、活动着、游戏着都应该倾听。家里的事尽量让孩子参与，听听孩子的意见：双休日怎么过，让孩子出出主意；每天的时间怎样安排，几点起床，几点睡觉，让孩子按学校的要求自己定一个制度；如何上网，上网时间多久，让孩子提出一个适当的时间表，父母给以适当的指导。

2. 倾听的重点

倾听的重点在于培养孩子的独立性。

陈曦2013年从龙湖实验中学初中毕业，考上了华南师范大学附属中学特长班。她是怎么考上的？

有一天放学回家，陈曦高兴地告诉妈妈，听说华师附中的特长班自主招生，有招收化学组的，她想去报考。妈妈当时觉得难度很大，但看到女儿那么有信心，不能打击她的积极性，就算考不上让孩子历练一下也是好的，就支持她去报考。陈曦在网上填写了报名表，三月份自己到广州报名。接下来一个月的时间，她认真备考。考完试的两个星期后，陈曦收到了录取通知书。妈妈跟女儿商量，虽然被录取了，但中考还是要参加的，毕竟这场考试是用了三年时间来准备的。她也表示有这个想法，接下来她没有放松，继续备考，结果中考也取得了好成绩，考上了汕头金中。

陈曦考上了华师附中特长班的故事充分体现了她的独立性。陈曦的独立性是怎样培养的？

每年寒暑假，母亲总会带孩子出去旅游。出门前让她自己准备和整理外出的衣物用品，旅途中让她拎着东西，跟同团的大人小孩好好相处，帮别人照相、看顾小孩子。上了初中后，自助旅游，母亲会让她先上网查路线和交通安

排，找一些旅游攻略，做好出游前的规划。2012年寒假母女两人去深圳，晚上住在朋友家，白天两人出去玩，她用手机和iPad查地图和交通线路，母亲适当建议，除了中间走错一小段路，其他路程都走得非常顺利。后来和母亲同事一起去香港，一路由孩子利用iPad和公交车、地铁上的免费网络给大家做向导，顺利到达酒店和旅游景点。

在所有的科目中，她对生物和化学最感兴趣，她不止一次向父母提及以后要学习生化工程方面的专业。虽然中考不用考生物，但她还是学得认真，初二参加广东省中学生初中生物学联赛，获得了一等奖。初三学习化学，她很快就喜欢上了，放学回家经常跟父母讨论化学问题，还参加了学校化学兴趣小组，第二学期她被学校选上参加第二十三届天原杯全国化学竞赛，并获得了一等奖。

上高中后，陈曦很快适应了华师附中的生活，爸爸不由感慨地对女儿说："我们的女儿长大了！我们终于可以放心地把你放飞了！"

四、倾听需要和谐的环境——孩子成长的润滑剂

倾听需要环境，父母要创造一个孩子敢说话的环境；倾听需要情感，父母要用眼神、表情、动作体现出倾听的快乐；倾听需要时间，父母再忙也要抽出一定的时间，倾听孩子的心声，因为孩子的成长是不能等待的，是不能再来的。

和谐的环境是孩子成长的润滑剂！面对倾听，父母的责任在于创设环境，因势利导。

1. 唠叨是沟通的大敌

唠叨对孩子有极强的杀伤力，让孩子感受不到学习的快乐。

不要让孩子感觉学习是痛苦的，而要让孩子愉快地学；在学习过程中，要用鼓励的语气去肯定他，赞扬他。

父母要端正对待孩子的态度：孩子遇到问题时，父母要冷静处理，与孩子一同寻找解决办法，让孩子感受到父母的爱；多听取孩子的心声，和孩子谈话多用商量的口气，让孩子大胆地表达自己的想法，不搞"独裁"。

2. 对孩子的要求要恰当

对孩子的要求要恰当，太高太低都不行，要根据孩子的实际提出一个适当的目标。没有目标便失去了方向，没有期望便失去了动力。但是，目标太高、期望太大，结果，不是力不从心，便是半途而废。目标太低，不必努力就可达

到，孩子缺乏奋发精神。"只追前一名"，永远在追赶的路上，一个一个地超越，没有止境，自己就不断地向前。明确而又可行的目标，真实而又适度的期望，才能引领孩子脚踏实地、胸有成竹地朝前走。

列夫·托尔斯泰说："教育孩子的实质在于教育自己。而自我教育则是父母影响孩子的最有力的方法。"

倾听吧，渴望孩子快乐成长的天下父母们！

真正的教育是无痕的，倾听才是真正的教育。

☆**温馨提示**

倾听不是目的而是手段，通过倾听达到有效沟通的目的。

倾听是一种尊重——培养孩子的自信心；

倾听是一种素养——培养孩子的责任感；

倾听是一种能力——培养孩子的独立性。

有了自信心、责任感、独立性和良好的习惯，孩子就真正成长了，而和谐的环境、科学的陪伴、有效的倾听，则是孩子成长的润滑剂。

这就是倾听的艺术，教育的艺术。

提高孩子学习能力的着力点

孩子的分数和能力，究竟哪个重要？显然能力比分数更重要，因为社会需要的是能力而不是分数。家长应将着力点放在激发孩子的兴趣、严格作息、培养良好学习习惯上。

一、引发兴趣，培养良好的学习习惯

兴趣是一种兴奋剂。国际著名华人科学家孙大文在和青少年学生对话时说："我们之间其实并没有什么差别。如果一定要找差别，那应该是我每天都在做我最想做最喜欢做的工作；有兴趣，行动就会表现出积极性和自觉性；如果不知道兴趣在哪，那就多点好奇心，多一些尝试；对想做的事情，尽量培养出兴趣来；兴趣是最好的老师。"家长的任务在于创设环境，引发孩子的好奇心，培养兴趣。注入兴趣这一兴奋剂，它就会让孩子像着了魔一样想学习、爱学习。

兴趣如何持久？关键在于良好的习惯。习惯是一种力量。良好的习惯会使人顽强、乐观、和谐、友好，会成为一种战胜困难、实现成功、到达胜利彼岸的顽强力量。

良好的学习习惯包括有计划地学习的习惯、归纳总结的习惯、勤学好问的习惯、严格作息的习惯、广泛阅读的习惯、独立作业的习惯等。

有计划学习的好习惯。善于根据自己的情况制订学习计划，可以更好更快地实现自己的学习目标，排除学习过程中的各种干扰，培养良好的意志品质，减少时间的浪费，提高学习效率。

归纳总结的好习惯。考试或练习中出错，无非有几方面的原因：存在知识漏洞；对知识的理解不够深透；各知识点间的联系掌握得不好；粗心大意。建立错题本，对自己做错的题目及时整理、分析、归纳，有助于对知识的理解和升华，将学习提高到一个新的层次。

勤学好问的好习惯。在学习过程中，能够不断发现问题，提出问题，这是勤于动脑、善于思考的表现。"问"是开启知识殿堂的钥匙，让孩子主动发问，可以增强孩子的自信心，同时也能培养孩子善思的习惯。

学习时间神圣不可侵犯的习惯。1999 年，18 岁成都女中学生刘亦婷被美国哈佛大学录取，并获得全额奖学金。刘亦婷从小学到中学，学习成绩优秀，综合素质全面。刘亦婷成功的因素是多方面的，而从小父母培养她良好的习惯是重要的一个方面。在她小学二年级时，有一天大人不在家，家里来了客人——一对母子，刘亦婷在阳台上认清客人的确是家里熟悉的朋友后，就把客人请进了家门，还给母子俩冲了两杯酸梅汤解渴。过了一会儿，刘亦婷学习的时间到了，她就打开电视机请阿姨看电视，请小朋友玩她小时候玩的建筑积木，她自己则坐到书桌前写起日记来。而写的就是刚刚发生的这件事："来客人。"

独立作业的习惯。刘亦婷的妈妈刘卫华告诉女儿："学习是你自己的事情，应该由你自觉地把学习搞好，我只用抽查的办法来监督。"这种做法培养了刘亦婷学习的自觉性。

正视错误的习惯。妈妈不许女儿用橡皮擦把错误的地方擦掉，而是用笔作个记号放在那里，每次看到都可以提醒自己在这个地方容易出错，这样可以减少重犯错误的次数。另外再设一个改错本，用正误对照的办法专门记录各种错别字。在数学考试之前，则把本学期的数学作业和测验卷上的所有错题重做一遍，力争同样的错误不犯第二次。①

二、掌握学习的六个环节

学习需要方法，方法是根据学习的基本原则而产生的；正确的学习方法经过反复的实践和长期的坚持就会形成良好的学习习惯。

课前。做好预习，标出不懂的问题。

课堂。认真思索，积极发问，重点记录。思考和提问，这是课堂听讲的诀窍。要跟着老师的教学节奏，该紧张时紧张，该放松时放松，要把注意力放在重点、难点上。课堂听讲，这是第一次学习，是学习的基础。

课后。及时复习，及时记忆。隔段时间再复习，再记忆；隔再长的时间，

---

① 刘卫华、张欣武著：《哈佛女孩刘亦婷》，北京：作家出版社 2000 年版，133－134 页。

再复习，再记忆；随着时间的推移，复习内容逐步减少，只记住要点，这就是书要越读越薄的道理。

作业。在复习的基础上，快速进入状态，离开课本，独立完成。做作业要注意效率，不要"混"，不要"拖"，要以考试的标准要求自己，训练自己。高质量不是最后考出来的，而是平时严格训练得来的。

阅读。要增加阅读量，包括文学、社会科学和自然科学，努力扩大知识面；要加强朗诵和背诵的训练，多背诵一些名篇，特别是语文和英语。

重点。课后的复习、做作业和阅读是第二次学习，是对第一次学习的加强和提高。重点要加强第二次学习。每次作业和考试，对错误的地方，包括自己错的，以及学习成绩比自己好的同学出错的地方，要特别加以研究，找出错误原因，然后独立地重新做，也可请求老师给类似的题目让自己做，以加深对错的地方的印象，考前重点复习这些犯错的地方，它会使你终生难忘，今后不会出现类似的错误；对知识点进行分析、归纳、综合掌握、运用、创新，这是知识的提升和飞跃，是学习进入到一个新的层次；独立自主的阅读、快速高效的阅读、思考探索的阅读，这是学习的最高层次。

课前、课堂、课后、作业、阅读、重点这六个环节如何掌握，因人而异，应通过自己的实践，摸索出一套适合自己的学习方法，并养成良好的学习习惯。

三、严格作息，学会思考

日本学者中畑千弘历时 12 年，跟踪调查了 5 万多名儿童的学习行为模式，在科学对比分析大量第一手材料的基础上，发现优秀的孩子成功的原因——从小就养成严格作息的良好生活习惯和学习习惯。作者还为父母和老师制定出简单实用的"优秀儿童的黄金时间表"。①

杨承 20 岁时从北京大学物理系毕业，并以优异成绩考上美国耶鲁大学，攻读博士学位。杨承小时候有广泛的兴趣，爱好养蚕、拆闹钟、装手摇电话机等。杨承非常优秀，当记者问他的父亲，杨承晚上要学习多长时间，杨承父亲的回答让人感慨：杨承读小学时每晚 9 点前睡觉；初中每晚 9 点半前睡觉；高

---

① 中畑千弘著，祁焱译：《优秀儿童的黄金时间表》，桂林：漓江出版社 2010 年版。

中每晚 10 点前睡觉。

杨承的学习时间给我们一个启示：抓紧时间会提高学习效率。从小学到高中，父母让杨承养成严格的作息习惯，因此，每当要学习时，他头脑清醒，思维敏捷，精力充沛，立刻进入状态，从而取得最佳的学习效果。效率意识是 21 世纪必备的意识。在中小学阶段培养这种意识和良好的学习习惯，这对于大学的学习和未来进入社会都是极其重要的。

家长朋友们，假如我们能预知自己生命的长度，相信每个人都会很好地规划时间。然而，虽说生命短暂的道理人人皆知，但这世界上能把有限的人生活出无限精彩的人很少。究其根源，并非是谁的智商低，不够聪明，而是我们太怠慢生命，忘了有效管理时间。但一切都还不晚！从今天开始，我们便为自己设定精彩人生的目标，严格作息，为孩子树立榜样；从今天开始，我们便着手帮助孩子建立科学合理的作息时间表。

学习中还要善于思考，注重能力的提高。如下面这一道题。

用燃烧绳子的方法计算时间：燃烧一根均匀的绳子，从头烧到尾总共需要 1 个小时。现有若干根材料相同的绳子，如何用烧绳子的方法来计算时间：①半个小时；②一小时十五分钟。

分析和解答：

第一，取一根绳子。两头同时点燃，绳子烧完时刚好是半个小时。

第二，取三根绳子。第一根两头同时点燃，烧完用时 30 分钟；当点燃第一根两头时，同时点燃第二根的一头，当第一根烧完时再点燃第二根的另一头，那么第二根烧完需再用时 15 分钟；在第二根烧完时，点燃第三根的两头，第三根烧完需再用时 30 分钟，这样总共用的时间就是：30＋15＋30＝75（分钟），即一小时十五分钟。[①]

这道面试题，培养的是孩子的思考力。第一问，答案比较简单，但必须转变思路，从一头燃烧想到两头燃烧。第二问，比较复杂，用三根绳子的不同烧法所需的时间合起来计算，它培养的是孩子的应变能力、思维能力和综合能力。

作为家长，不仅要孩子有好的成绩，更需要孩子学会思考，将知识转化为能力。因为生活需要这种能力，职场需要这种能力，社会需要这种能力。

---

① 易南轩著：《数学美拾趣》，北京：科学出版社 2004 年版，第 134－137 页。

四、营造和谐的家庭氛围

和谐的家庭氛围是孩子学习成功的前提条件，是父母应该提供和必须提供的条件。这里包括安静的学习环境、和谐的心理环境、高效能的智力环境等。

1. 安静的学习环境

学习需要一个安静的环境，父母的责任在于给孩子提供一个适当的环境。要孩子安心学习，家长首先要安下心来，读书看报，做一些不出声或少出声、不转移孩子注意力的事，为孩子创造安静的学习空间，良好的学习氛围。看电视要控制音量，不要高声议论而影响孩子。

孩子学习时，家长不要唠叨。"做几道题了？做快点！"这些问话，容易打断孩子的思路，干扰孩子的思考。

要控制好客人来往的时间。大人聊天最容易影响孩子的注意力，父母要尽量不在孩子学习时间安排接待客人，如果事情特别重要非接待不可，则应选择一个对孩子的学习影响不大的地方，谈话应尽量小声。客人到来与辞别不要喧哗，以免干扰孩子的情绪。

2. 和谐的心理环境

父母恩爱，互帮互学；对祖父母互敬互爱；与亲朋好友和谐相处，家庭人际关系和谐，孩子心里踏实，有一种归属感、安全感。

如果父母、祖父母、外祖父母以及家里其他亲人都观念一致，步调一致，将会营造一种和谐的心理环境，它必将促进孩子茁壮成长。

3. 高效能的智力环境

父母自身的智力活动水平，也就是父母动脑的水平，影响着孩子的智力水平。父母爱不爱动脑，会不会动脑，直接关系到孩子的智力发展。和孩子谈话，要合乎逻辑，要清楚地表达；要舍得时间陪孩子，要认真回答孩子的问题；要与孩子一起探索思考……这些构成孩子成长的智力环境，父母要为子女提供高效能的智力环境。

五、结论

行动是习惯最好的老师，是培养子女良好习惯的最有效途径，父母应在家庭中营造一种和谐的气氛，让孩子在体验中养成良好的学习习惯。

让孩子掌握学习的六个环节；培养广泛的兴趣；严格作息；学会思考；营造和谐的家庭氛围，这些就是父母提高孩子学习能力的着力点。

☆温馨提示

"让孩子掌握学习的六个环节；培养广泛的兴趣；严格作息；学会思考；营造和谐的家庭氛围，这些就是父母提高孩子学习能力的着力点。"这是作者在长期的教育实践与研究中得出的感悟，而家长如何应用，则需结合自己孩子的实际，创设环境，因势利导，长期坚持，方能奏效。

人生目标与人生规划

人生应该有目标，没有目标就没有方向，就没有动力。
人生目标应贴紧时代，要结合各人的实际情况。

一、没有目标就没有动力

（一）我的目标

做一名家庭教育专家、教育学者。

为此，我默默努力着、实践着、奋斗着——

1. 演讲

1997 年飞厦中学举行读书节，我为全体教师做了《读书·求异·创造》的读书报告。从那时起，二十年来我应邀在全国各地做了三百多场演讲。教师评论，"张局长的演讲是丰盛的教育套餐，受用无穷"。家长赞扬，"张老师的演讲，精彩、实在、好用"。听众的评价给我极大的鼓舞。

2. 出版书籍

2001 年 10 月我主编的《创造教育之光》一书由汕头大学出版社出版，这是一部研究创造教育的著作。"敢探未发明的新理，即是创造精神；敢入未开化的边疆，即是开辟精神。"陶行知的创造教育理论鼓舞着千千万万教师和家长为培养孩子的创造力而不懈努力。

2011 年 9 月我编著的《爱，让孩子快乐成长——e 时代家庭教育真谛》一书由广东人民出版社出版。这是一本教人如何爱孩子的书，可供广大家长阅读；这是一本教人如何爱学生的书，可供广大教师阅读；这是一本教人如何爱自己的书，可供广大青少年阅读。这本书出版后得到读者的广泛好评，至 2012 年 5 月已重印三次。

2014 年 12 月我主编的《家庭教育那些事儿》一书由暨南大学出版社出版。赵刚教授在序言中说："《家庭教育那些事儿》这本书，多角度述说家庭教育的重要性、家庭教育的方法和途径。《家庭教育那些事儿》的出版，给家庭教育百花园增添了璀璨夺目的光彩。"赵忠心教授评论，该书"自始至终是引导家长学会思考，有利于切实提高家长的教育素质"；王小棉教授相信，"读者能从本书中明'道'而'术'生，借鉴并创造出适合自己孩子的有效的教育方法，帮助自己的孩子健康成长"；骆风教授指出："这本著作可谓家庭教育的大智慧。"这本家庭教育大智慧的书至 2015 年 3 月已重印三次。

我编纂多年的新著《中外家庭教育智慧》正在积极进行中……

这些研究极大地丰富了我的教育思想。

3. 创办杂志

2009 年我策划创办季刊《当今家庭教育》杂志，担任主编、总编。该杂志从 2009 年创刊至今已走过了七个年头，出版了 28 期，刊发了近千篇稿件。北京师范大学赵忠心教授评论："给人的感觉是主流、科学、清新、朴实、实用，给家庭教育刊物树立了一个榜样，很值得同行学习。"

2016 年我策划了一本新的刊物《孩子与家庭》，选择在 4 月 23 日 "世界读书日"创刊出版，意在鼓励孩子与父母读书。孩子的文章要求附有 100 字爸爸妈妈的点评，意在培育亲情，促进父母与子女的有效沟通。

在长期的家庭教育活动中我感悟到：关注家庭教育，研究家庭教育，推广家庭教育，利己，利他，利社会。

4. 主动参与学术活动

我积极主动参加全国乃至全世界华人的家庭教育学术活动：

2007 年 11 月在广州召开的海峡两岸家庭教育学术研讨会；

2009 年 11 月在苏州召开的海峡两岸家庭教育学术研讨会；

2010 年 11 月在杭州召开的第二届华人家庭教育高峰论坛；

2011 年 3 月在广州召开的广东现代家庭文明与亲子教育学会成立大会；

2011 年 11 月 11 日在广州召开的广东省 "朝阳读书" 活动经验交流会；

2012 年 12 月 22 日在广州召开的 "多元文化视野下的家庭教育——第 15 届海峡两岸家庭教育学术研讨会"；

……

这些学术活动，有效地开阔了我的学术视野。

5. 制作教育多媒体课件

2009 年 12 月我制作的家庭教育多媒体课件《更新教育理念，做 e 时代合格父母》在广东省的家庭教育多媒体课件竞赛中获得一等奖，并在 11 个一等奖中名列第一。

6. 认真阅读与写作

我把全国各地学校、企业、社区、学术团体邀请我讲学当作一种挑战，一种实现目标的学习机会。

每场演讲我都在演讲前做调查了解，结合听讲者的实际情况，写成演讲提纲，印发给每位听众，人手一份；每场演讲都要制作多媒体课件，图文并茂，使听众乐于接受。

阅读与写作成为我生活的重心。我每天运动两个小时，阅读与写作五六个小时。古今中外优秀的家庭教育著作启迪我的思维，网络时代出现的新情况新案例，为我的研究提供范本。我经常到中学、小学、幼儿园中去，感受那里的教育氛围，捕捉教育的新生点。阅读、实践、思考、写作，使我的思维贴紧时代的脉搏。

所有这些活动，都有助于我做一名家庭教育专家、教育学者的目标的实现。

（二）同学们的目标

同学们，你们的目标是什么？家长朋友们，你们希望自己的孩子将来成为什么样的人？

目标应该自己定，根据自己的兴趣、爱好、特长和社会的需要等因素来定。高中一年级是高中的起始年级，确定一个适当的目标很重要。目标定得太大，高不可攀，很难实现，不可取；目标定得太低，未经努力，唾手可得，也不可取。

你想成为一个什么样的人，高中三年要达到什么样的目标，这是个总目标。有了总目标还不行，还需要有分段目标，即每学期、每学年的目标。有了总目标和分段目标之后，应该有实实在在的行动，这是最重要的，没有切实有效的行动，再美好的目标都不可能实现。在实现目标的过程中，要及时分析研究目标实现的情况，不断调整学习计划。只有经过不断的总结、提升，总目标的实现才能成为可能。

不论你的目标是什么，都需要拥有体育精神。学习过程要特别注意身体锻炼，只有强健的体魄才能适应繁重的学习；只有积极的休息，科学的锻炼，才有充沛的精力，有清醒的头脑，才能使学习更加有效。

要充分发挥强势学科的优势，克服薄弱学科的劣势，努力扩大知识面，在实践中不断提高解决问题的能力，这是学习的根本。

比如中考你考了 700 分，有的科目成绩很好，有的科目却不怎么理想，应该分开定目标。在高一阶段，各科都要学习好，各科都应在原来基础上经过努力有所提高，而优势学科提高幅度要大一些。在目前中国这种高考模式下，还要考虑总成绩，要看总分。

要注意情商的提升。智商固然重要，但情商更重要。自信心的培养、人际交往的训练、挫折力的历练、团队精神的发扬、诚实的品德、宽容的心态和责任感的培育等都将有助于总目标的实现。

二、为目标而努力

下面介绍几个人物是怎样确定人生目标并为之不懈努力的。

1. 周恩来："为中华民族的崛起而读书！"

周恩来学生时代的目标："为中华民族的崛起而读书！"

有一年暑假，周恩来到沈阳东郊一个同学家里去做客。这位同学的祖父是一位爱国的农村私塾老先生，他带着周恩来到附近的日俄战场遗址参观。这场参观在周恩来幼小的心灵种下了救国救民的种子。

有一次，学校里的魏校长问同学们："你们为什么要读书？"课堂里顿时寂静无声。过了一会，有一个同学毕恭毕敬地站起来回答说："读书是为了寻求出路！"话音刚落，又有一个同学说："为了光宗耀祖！"这时，一个同学霍地从座位上站起来，大声回答："为了中华民族之崛起，腾飞于世界！"他，便是周恩来，当时只有 12 岁。

周恩来的"为中华民族的崛起而读书"这个崇高目标不断引导他学习、工作，为祖国为世界和平事业作出卓越贡献。

2. 孙大文："我是一个中国人。"

孙大文是爱尔兰皇家科学院院士、欧洲人文与自然科学院院士、国际农业工程委员会主席、爱尔兰都柏林大学（UCD）食品和生物系统工程教授。2013年孙大文获颁"影响世界华人大奖"。

孙大文祖籍潮州，1978 年在广东省潮安县东凤中学高中毕业，同年应届考进华南化工学院（现今的华南理工大学），之后相继取得该校硕士、博士学位。1989 年起，孙大文赴欧洲几所大学从事博士后、研究员和高级研究员工作，在储轻材料、谷物干燥与储藏、制冷循环与设备等研究领域取得了一系列突破性科研成果。

孙大文的成才感悟：

培养兴趣。有兴趣，行动就会表现出积极性和自觉性；如果不知道兴趣在哪儿，那就多点好奇心，多一些尝试；对想做的事情，尽量培养出兴趣来；兴趣是最好的老师。

善于思辨。所有问题都是多面性的。横看成岭侧成峰，远近高低各不同，从不同角度看问题，会有完全不同的结果。学会换个角度看问题，往往可以找到困难的解决办法。

勤能补拙。相信笨鸟先飞，勤能补拙，熟能生巧；不努力，就会落后；成功和艰辛的劳动是成正比的，有一分劳动就有一分收获；日积月累，从少到多，奇迹就可以创造出来。

持之以恒。不要急功近利，寻求捷径；计划目标时，需长期考虑；许多努力在短期内是见不到效果的，不要放弃，要有耐心；对已取得的成绩和既定目标持乐观态度，只要有耐心，一定会有好结果。

树立自信。自信不是自傲；设定合理的目标，做好充分准备，为自信打下基础；勇敢的人说我能行，懦弱的人说我不行；愈是自信，愈会成功，一个人的失败其实是自信的丧失。

制订计划。有明确的目标和详细的计划；通过制订计划，脚踏实地，有步骤地去实现它；通过计划，合理安排时间和任务；不断努力，不断修正自己的行动，直到达成目标。

重在行动。知道自己的目标：志向＋兴趣；要有实现目标的行动；没有行动就没有结果。

端正态度。态度对人的行为具有重要的影响作用，会影响人的直觉与判断，影响人的学习和工作效率，态度主要表现在勇气、毅力、自信、积极、自省。

积极主动。对待任何问题都要有积极的态度；要对自己的一切负责；要把握机遇、创造机遇，不要等待机遇；时刻做好充分准备；学会推销自己，让别人知道你的工作和成果。

真诚待人。尊重，自我尊重，尊重他人；宽容，成人之美，容人之德；互酬，投之以桃，报之以李；真诚，与人交往，贵在真诚；"心诚则灵"的原则同样适用于人际交往。

孙大文成才不忘祖国，他在国外常说的一句话："我是一个中国人。"

孙大文在成长和成才道路上，阅读了大量著作，拥有多学科背景，知识面宽广，思考深刻，是我国青少年学习的榜样。孙大文这十点成才感悟，体现出他极强的思辨力，值得广大家长、教师和干部群众学习，尤其是青少年学习。

孙大文的父母都是小学教师，家庭的文化熏陶，造就了孙大文；国内良好的学校教育造就了孙大文；发达国家前沿的观念和先进的实验设备造就了孙大文。孙大文非常感激他的父母，感激他的老师和同事。

孙大文在给我的电邮中说："张能治老师，您好！非常高兴收到您的邮件。首先祝您及家人新春快乐，同时也再次感谢老师对我的培养。"说我的书稿（指《爱，让孩子快乐成长——e时代家庭教育真谛》一书）"内容很深刻，也很完善"，今后"请保持联系，并再次祝老师健康长寿"！孙大文感恩之心让我感动，我为能培养出这样优秀的学生而自豪。

"我是一个中国人，我总是希望能利用我所学到的知识，所积累的经验和所拥有的技术，来报效祖国。"这是孙大文在国外常说的一句话。孙大文是国际杰出的科学家，他成才不忘感恩祖国。孙大文是华人的骄傲。我们完全相信，由于孙大文有极强的思辨力、自信力，他在科研的道路上将会创造出更大的业绩，为祖国、为人类作出更大的贡献。

3. 黄志鸿："我的未来一定与中国有关。"①

黄志鸿出生于汕头，2岁到广州，童年和少年在广州度过，初二下学期随父母移居澳大利亚。到悉尼后先补习英语，在公校读完初中，在私校悉尼文法学校读高中。高中毕业同时考上悉尼大学和耶鲁大学，他最终选择了进入耶鲁大学的商学院。大学毕业后，赴多家公司应聘和报考研究生。最终以优异成绩进入摩根士丹利投资银行，成为金融界一员，同时考取哈佛大学研究生。与摩根士丹利投资银行签约2年，2年后就读哈佛大学商学院的研究生。2011年5月哈佛大学研究生毕业，获硕士学位，到香港某基金公司工作，现在香港创办自己的基金公司。

2009年8月6日晚我应约访问黄志鸿。他以自己在摩根士丹利投资银行负

---

① 李宇宏著：《耶鲁的青春岁月——21名耶鲁大学中国本科生访谈录》，北京：中国青年出版社2006年版，第159－171页。

责招聘耶鲁大学毕业生为例告诉我，摩根士丹利每年在耶鲁招收 4 名毕业生，报名者有近 200 名，他的任务是从众多报名者中选出 12 名，然后由公司高层通过一对一的面试确定最后 4 名。

如何挑选这 12 名毕业生，黄志鸿从四个方面进行考察：

第一，解决问题的能力，包括大学的成绩（学分）和高考的综合成绩两方面，重视数学成绩。

第二，领袖能力（即领导能力、组织能力），如校队队长、报刊总编、社团会长等。

第三，团队精神，如在校队、合唱团、社团中的合作表现。

第四，其他。包括相当的工作经验，如到股票行实习、懂几种外语等。

这四个方面也是一个大学生必须具备的基本素质。每一个大学生入学时就必须考虑到，并在行动中加以落实。耶鲁大学的雷文校长对刚刚进入耶鲁的学生就提出 4 年后如何面对总经理面试的问题，实际的能力是就业的根本能力。

当年黄志鸿进入摩根士丹利时，公司是用这样的方法考察他，现在他也用同样的方法去考察他的学弟学妹。有趣的是总经理面试后挑选的 4 人，是在他选拔的 12 人中成绩最高的，这也反映出他用这四条标准选拔的准确性。

而黄志鸿在念大学时这四方面也表现不凡。

耶鲁的本科教育是全美最突出的，黄志鸿在校时的成绩很优秀，尤其是数学。从小学到大学他的数学都学得很轻松，高考时综合成绩也很好。

黄志鸿的领袖能力很强，这是他最突出的一个方面。

大一暑假，中国教育部曾组织中国重点高校的校长、书记到耶鲁考察进修，他争取到接待他们的任务。他尽可能给中国高校的领导提供力所能及的服务，尽了一个留美中国学生的责任，赢得了中国高校领导的信任并与他们建立了友谊，即使在他们回国后也常有联系。隔年即大二的暑假他组织 12 名耶鲁学生访问中国的北京大学、清华大学、复旦大学和上海交通大学四所高校，与中国重点高校的优秀学生对话。回美国后他创办了一份环球家杂志，并与世界十几个国家重点高校的学生建立了广泛的联系，包括中国的北京大学、英国的剑桥大学、澳大利亚的悉尼大学、法国的政治大学……他还创立环球家基金会，为环球家杂志提供活动资金。

黄志鸿的团队精神也是很棒的。小学和初中时他是班长，担任过学校广播站站长，当过晚会主持人，高中和大学是校队队长，有较强的组织协调能力。

他创立的环球家基金会和环球家杂志，需要经常与耶鲁的学生以及各国学生联系，在交往中锻炼了他的协调能力，培育了他的团队精神。

他在中国、澳大利亚、美国不同文化背景下生活和学习，具有国际化背景。他懂华文，包括普通话、粤语、潮州话，懂英语、西班牙语，会说会写。在澳大利亚和美国学习期间他到过多个国家进修和旅游，曾到英国剑桥大学进修英国文学，到阿根廷进修西班牙语。所有这些活动，增加了他对各国的了解，也有效地锻炼了他的交往能力，让他具备了适应在不同国家工作的能力。

"父母工作忙，凡事都鼓励我去闯，在悉尼我自己坐一个多小时的火车去找私校，询问插班事宜，环境培养了我的独立性。"黄志鸿如是说。

黄志鸿对自己的未来，很期待也很兴奋。"二十年后你再听到我的名字，Rawen，不管怎样，我可以向你保证，你要么发现我在中国做事情，要么在做和中国有关的事情，这就是中国在我生命中的位置。""我希望自己今后会走很多地方，但是无论我做什么，我都希望做和中国有关的事情。"这就是黄志鸿的中国情结，难能可贵的中国情结！

从周恩来、孙大文、黄志鸿的成长我们感悟到了什么？

人生志向一定要与祖国紧密结合起来，爱国情怀要落到实实在在的行动中。

中小学和高校的学习是很重要的，这是一个人能力的基础，解决问题能力的基础，不能因强调素质教育而放松对学习的要求。

领导能力应从学校生活开始，班干部竞选、学生会竞选的演说，小组长、科代表和各种社团组织，都能很好地锻炼自己的能力。

随时随地争取机会学习，这也是一种能力，一种重要的能力。

随时随地注意调整自己的学习策略，调整学习目标。

三、脚踏实地地学习和生活

（一）阅读是实现目标的关键环节

1. 王梓：从汕头金山中学到北京大学元培实验班

2011 年高考，王梓以总分 661 分、汕头市第二名的优异成绩被北京大学元培实验班录取，大学二年级选择研读俄罗斯文学。王梓的成绩得益于他的课外阅读习惯。广泛的课外阅读使王梓知识面广，基础好，学习兴趣浓，从小学到初中、高中，王梓一直视学习为快乐。王梓的爸爸是新闻记者，妈妈是中学历史老师，喜欢阅读的爸爸妈妈影响着他的阅读习惯。在父母的影响下，他经常逛书店、上图书馆，接受那里浓厚文化气息的熏陶。

王梓是读文科的，但他的理科也学得很好，《走近化学家》是他高二时候写的一篇很有见地的理科论文。

读书是自己的责任。同学们要懂得，学习是自己的任务，责无旁贷。要像王梓那样热爱阅读，不论你是偏重文科还是理科，阅读都是极为重要的一环，因为阅读是实现目标的关键环节。

2. 陈大川：阅读与科研促进公司的蓬勃发展

陈大川毕业于北京大学光华管理学院，硕士学位，高级工程师，目前就读于中国社会科学院金融研究所在职博士班，现任广东澳利坚建筑五金有限公司董事长。

陈大川注重阅读、注重科研。澳利坚建筑五金有限公司已与汕头大学、广东工业大学、北京科技大学等高校、科研所建立了长期科技合作关系。公司以"产学研基地"为平台，开展新产品、新技术的开发，目前已拥有专利60多项，业务已拓展到世界80多个国家。

陈大川注重高级人才培养，他以50多岁的年龄读研读博，影响周围的人。公司出资培养中层技术干部，共10人到汕头大学攻读工商行政管理硕士学位，现已完成学业。这批技术骨干在他的带领下，认真读书，学以致用，成为公司的中坚力量，促进公司的蓬勃发展。

（二）写作是更高层次的思考

丘成桐：费尔兹奖获得者、国际著名数学大师。

费尔兹奖是全世界最高荣誉的数学大奖，有人将它称为数学诺贝尔奖。自1936年至2005年世界共有43人获奖，其中有11位是本土美国人，仅有1位华人获奖，他就是丘成桐——哈佛大学教授、国际著名数学大师。[①]

丘成桐是在香港乡下上的中小学。他念小学时数学常常考不好，到了中学二年级，碰上一位良师，经常给他介绍有趣的题目、数学家的故事以及数学的发展等，使他逐渐对数学产生兴趣。丘成桐的父亲是一位哲学教授，他认为父亲的文学、哲学素养对他的影响很大。他父亲引导他读不同的书，中国历史、

---

① 高燕定著：《人生设计在童年：哈佛爸爸有话说》，桂林：广西师范大学出版社2005年版，第242页。

文学和哲学的熏陶对他日后的研究工作影响深远。丘成桐在父亲影响下注重写作，他的数学论文写得很棒，写作使他的思考更严谨，更深刻。"博览群书使人渊博，交谈使人机敏，写作使人严谨。"丘成桐的成就印证了培根"写作使人严谨"的论断。

论文写作是美国教育的重要部分，它贯穿在各门课程里。美国有一道作文题："科学，在它解决问题的同时却产生了更多的问题。"① 要写好这道题，需要相当的知识储备，才能做到旁征博引，信手拈来，写得快，写得好。阅读、思考、写作比解题重要得多。

（三）抓住机遇学习

1. 善于抓住机会学习的黄志鸿

学习要善于抓住机会，特别是那些难得的机会。善于抓住机会学习是黄志鸿成长的一个突出特点。

2009 年白岩松到美国访问，准备制作《岩松看美国》这档经济类节目。白岩松请朋友给他推荐一位在美国工作的华人给他当经济顾问。白岩松的朋友将黄志鸿介绍给他。为了白岩松，为了这档节目，也为了自己，黄志鸿提前结束了在阿根廷进修西班牙语的学习活动，立刻从阿根廷飞回纽约。

黄志鸿为《岩松看美国》这档节目服务，为白岩松提供了很多帮助。在和白岩松以及节目组的朋友们相处一个多月的日子里，黄志鸿学到很多，他眼中的白岩松，是一个正派、严谨、知识面广，对团队要求高的可敬人物。后来黄志鸿回国，从纽约直飞北京，回访白岩松和他的同事们，与他们建立亲密的关系。他从白岩松身上学习到很多东西，学到如何做人，做一个有所作为的中国人……

2. 将希望抓在自己手里的王来春

王来春，1967 年出生，祖籍澄海，深圳第一代打工妹，现为深圳立讯精密工业股份有限公司董事长。

1988 年 21 岁的王来春从澄海来到深圳富士康海洋厂，做了一名作业员，后来升任当时大陆员工最高级别的课长。王来春不满足课长这一职务，最希望有自己的公司。

1999 年，一次机会，王来春离开富士康，创立深圳立讯精密。2010 年 9

---

① 高燕定著：《人生设计在童年：哈佛爸爸有话说》，桂林：广西师范大学出版社 2005 年版，第 251 页。

月 15 日深圳立讯精密工业股份有限公司在深圳证券交易所挂牌上市，王来春个人身家达 23 亿。

王来春坦言，20 多年来，她感受最深的一句话就是："机会总是留给有准备的人。"①

（四）拥有自信力与体育精神

"输"在起跑线上的哈佛男孩于智博。

于智博小学留级，中学排名倒数，尤其是数理化成绩极差；9 岁时父母离异，自小由爷爷、奶奶带大；16 岁去美国留学，就读于一所乡村中学；2009 年毕业于哈佛大学商学院，曾是花旗银行 10 名"全球领袖计划成员"之一。他今年 30 岁，已经是世界五百强企业联想集团的总裁高级助理。于智博认为："人生有多个起跑线，也许我现在落后于人，但并不见得会永远落后于人，找到属于自己的最佳匹配，才是最重要的。"

于智博的成才感悟：

具备自信力。自信力是成才的心理能力，对自己缺乏自信，谈何成才；应为探索自己的人生价值和意义而学习。

具备体育精神。输在体育，才是真的输在了人生的起跑线上。清华大学教授马约翰说得好，"体育是培养一个优秀公民的最有效、最适当、最有趣的手段"。

具备融入新环境的能力。学会积极思考和改善自我；交朋友从欣赏别人和尊重别人开始。

具备吃苦能力。吃苦能力是在实践中锻炼出来的；利用一切可能的机会与他人交流学习英语；过有节制的生活。

自信力、体育精神、融入新环境的能力、吃苦能力这些品德造就了不一样的于智博。

四、积极乐观地面对挫折

1. 袁健的悲剧人生

不懂得爱惜生命的人是愚蠢的人，自杀的人就是愚蠢的人。

袁健，1982 年生，本科就读于复旦大学；2009 年毕业于北京大学汇丰商

---

① 参见《潮商》2010 年第 6 期，第 14 页。

学院经济学金融学双硕士班；毕业后任深圳大成基金网络传媒研究员；2010年3月2日因排名末位被解聘，4日跳楼自杀。

得知此事后，北京大学副校长、汇丰商学院院长海闻深感惋惜，遂向学生发了一封电子邮件，哀悼袁健，并鼓励同学们积极乐观地面对任何困难。海闻说："沉痛之余，我希望同学们也能从这一悲剧中深刻自省，坎坎坷坷是人生的常态，要勇敢地走过去，在以后的人生中，积极乐观地面对任何困难和挫折，永远都要爱惜自己、爱惜生命、爱惜家人！无论多么出色和成功，要永远放低姿态，学会忍受。"

袁健的行为是愚蠢的，袁健的人生是悲剧的。这个拥有双硕士学位的毕业生受不得一点挫折，用跳楼自杀的办法结束自己年轻的生命，这不是袁健的勇敢，这是袁健的懦弱。袁健的悲剧告诫人们，提高逆境商是多么重要。

2. "没关系、没关系"的刘翔

2011年8月29日韩国大邱田径世界锦标赛男子110米栏决赛如期举行，这场有刘翔参加的飞人大战可谓一波三折。由于世界纪录保持者奥运会冠军罗伯斯在比赛最后阶段干扰了刘翔，所获金牌被取消，原本获得铜牌的刘翔改获银牌，获银牌的美国选手理查德森成为冠军。

因为罗伯斯的碰撞，刘翔失去可能夺得的金牌，但刘翔很淡定，称自己完全不怪他。"这就是比赛，比赛中什么都可能发生的，罗伯斯也不是故意的，这就是游戏，让大家享受快乐的比赛吧。""来比赛就是要准备好，最后的结果谁也无法预测。""我在努力加速试图超越他们，可能罗伯斯的手碰了我两下，让我失去了平衡，不过没关系、没关系。"

刘翔的"没关系、没关系"，表达了一种平和、宽容、大度、自信的心态。这种心态值得同学们学习。学习文化课也如此，注重过程，平时要努力，要敢于直面考试的结果，尤其是尖子生，不要因为一次失败而失去信心。挫折锻炼了刘翔的心态，在人生道路上我们也需要淡定、不怕挫折的心态。

周恩来、孙大文、黄志鸿、陈大川、王梓、丘成桐、王来春、于智博、刘翔等人物，从多侧面展示实现目标的途径，而袁健的悲剧人生又让人警觉。

拥有自信力和体育精神，注重阅读与写作，善于抓住机会，淡定面对人生，必定会成为优秀的人，人生必定焕发出灿烂的光芒！

☆温馨提示

人生应该有目标，没有目标就没有方向，就没有动力；人生目标应贴紧网络时代，结合各人实际。作者为实现做一个家庭教育专家的目标，默默努力着、实践着、奋斗着——演讲、出版书籍、创办杂志、参与学术活动、制作多媒体课件、阅读与写作……

作者提出，"为目标而努力""脚踏实地地学习和生活""积极乐观地面对挫折"，都是真切的感受。周恩来、孙大文、黄志鸿、陈大川、王梓、丘成桐、王来春、于智博、刘翔等人物，从多侧面展示实现目标的途径，而袁健的悲剧人生又让人警觉。

与自信为友，与智慧同行，拥有体育精神，注重阅读与写作，善于抓住机会，淡定面对人生，必定会成为优秀的人，人生必定焕发出灿烂的光芒！

学习的终极目标

——评《家庭教育那些事儿》能力篇

在学校读书的目的是什么？是为明天到社会服务做准备。那么，如何提高孩子的能力就成为广大家长关注的焦点。《家庭教育那些事儿》能力篇就专门研究这个问题。

第一篇是赵耿辉的《家长应如何培养孩子的智力》，是从智力方面谈论能力这个问题。智力是什么？智力就是注意力、观察力、记忆力、思维力、想象力五种能力的综合能力，其核心是思维力。作者强调，要提高孩子的智力，重点应该放在态度、过程、方法、习惯上。因为学习态度端正，学习过程科学，学习方法合适，学习习惯良好，那智力必然会提高，其结果必然是好的。

第二篇是黄汉辉的《家长如何管理好孩子的学习》，是从管理角度议论能力这个问题。如何管理好孩子的学习，这是家长最关心的问题，作者指出：家长要端正心态，陪伴孩子快乐成长；帮助孩子设定目标，让孩子的学习充满动力；培养孩子良好的学习习惯，为孩子的终身发展积累资本；指导孩子课外阅读，培养孩子自主学习的能力。这些就是科学管理好孩子学习的方法。作者是一位拥有丰富管理经验的小学校长，这是他从长期的学校管理中得出的经验，是切实可行的。

第三篇是李佩宜的《给孩子寻找学习伙伴》，是从结伴交友的角度述说能力这个问题。孩子成长需要伙伴。为了孩子，父母要善于给孩子寻找伙伴——能成为孩子学习榜样的小伙伴。作者是一位小学五年级孩子的妈妈，是一位善于给孩子寻找好伙伴的好妈妈。有了好伙伴，孩子快乐，家长也快乐。

第四篇是陈成浩的《他的成长历程》，该文写一个孩子从幼儿园到香港大学的成长历程。大学之路如何走？从幼儿园开始到初中毕业，孙儿的生活丰富多彩，为他高中的学习打下扎实的基础。高中研究性学习等一系列活动，"锤炼了他的综合素质，提升了综合能力，学会了宽容别人，敢担当、有责任心和爱心"。而这些是孙儿赴香港大学读书以及今后步入社会的通行证。

回顾孙儿的成长历程，作者陈成浩感叹："我们没有丢掉素质教育！我们认为，应试教育是阶段性的，而素质教育是受益终身的。"多深刻的认识！

第五篇是杨玫莉的《"无心"插柳 柳自成荫》，写的是儿子成为一名优秀硕士生的故事。大气、从容、稳重、自信的儿子是怎样培养的？作者杨玫莉从阅读、在玩中拥有知识、呵护自信心三个方面，以生动的例子道出其中的道理："阅读好书的习惯一旦养成，孩子自然有了思想和品位"；"孩子在开心拥有的过程中增长见识，何乐不为"；"因成绩不好受到不当指责造成的沮丧远远比考不好严重，挫折面前，信心更要倍加呵护"。

当作者的良苦用心得到儿子自信心一次次强化的回报时，母亲笑了！

这是一位母亲的育儿心得、是一位中学校长的金玉良言。

第六篇是李革英的《我家的好孩子》，写她的儿子丹阳考上心仪的大学华南理工大学，读到他喜爱的专业——食品科学与工程专业的故事。作者娓娓道来："酷爱读书是儿子的一大特点，我每个月给他的零花钱大多都让他贡献给书店了；多种爱好是儿子的另一特点，他会弹吉他，会跳街舞，会表演相声，从小我就支持他发展和拥有自己的爱好。"

高考要取得好成绩，不是靠高中拼搏得来的，更不是高三冲刺而来的，而是从小养成良好习惯得来的，尤其是良好的学习习惯。引发兴趣，注重阅读，不论孩子读文科还是理科都是极为重要的，丹阳就是很好的例子。

第七篇是张敏的《把你放飞》，写的是女儿考取华南师范大学附中特长班的故事。要将女儿放飞，女儿就必须有独立性。美国总统奥巴马的夫人米歇尔有个家规，女儿出门旅游必须写一篇旅行报告，讲自己看到什么，这就使女儿注重观察与思考。本文主人公陈曦在旅游中的种种行动——先上网查路线和交通安排，提出旅游攻略；路上拎着东西，帮别人照相，看顾小孩子。旅游让孩子拥有独立性，父母又注意将这种独立性迁移到学习上，培养了她广泛的兴趣和良好的习惯，让她拥有可贵的自信。报考华南师范大学附中的特长班是孩子自己提出来的，这是孩子独立性的表现，最终被录取则是她拥有独立性的结果。

《家庭教育那些事儿》能力篇共有七篇文章，前三篇是总论，从如何培养孩子的智力、如何管理好孩子的学习、如何给孩子寻找学习伙伴等方面，给渴望提高孩子能力的家长以指导；后四篇是个案，主人公三男一女，有的是硕士毕业，有的是读大学二年级，有的是刚考上大学或省的重点高中，作者三女一男，三女都是母亲，一男是祖父。这四个个案各有特点，绝无雷同，四个学校，四个不同的专业，他们的爱好兴趣各不相同，但作者们都有一个共同特点：从多方面、多角度培养孩子的良好习惯，特别是良好的学习习惯，不断提高他们的能力。

请记住乌申斯基的话："良好的习惯乃是人在其神经系统中存放的道德资本，这个资本不断地增值，而人在其整个一生中就享受着它的利息。"有了良好的习惯，综合能力就提高了，孩子就能永远立于不败之地！

提高能力，服务人类，这就是学习的终极目标。

☆温馨提示

提高孩子的能力，不仅要从培养孩子的智力、管理好孩子的学习、给孩子寻找学习伙伴等方面努力，更要结合自己孩子的实际，从幼儿园、小学、初中到高中，一步一个脚印，多侧面培养其良好习惯，坚持不懈地奋斗攀登，才能奏效。

自学能力，撞击成功的巨大力量

科学研究表明，每个学生都有自学的潜能。学生的自学潜能必须通过学生的实践活动才能得到开发。中央教育科学研究所的重点课题《语文自学辅导教学实验研究》，是开发学生语文自学能力的有效途径，是改革语文教学的有效方法。语文自学辅导的教学模式是：启、读、练、知、结。这种教学模式的指导思想是：以学生的自主学习为主体，以教师的引导点拨为主线，以优化学生的学力结构为主要目标，以大面积大幅度提高学生学习效率为主旨，使语文教学成为生动、活泼、自主、快乐的学习活动。其核心是把学习的主动权交给学生，让学生获得更多的自学机会，不断开发自学的潜能，逐步掌握自学方法，锻炼自学能力。

广东省汕头市金园区语文自学辅导实验研究，从1995年9月由华新小学率先实验，至今已有五年多时间，实验学校达二十四所。实验规模越来越大，参加实验的人数越来越多，说明语文自学辅导指导思想和课堂模式，已逐步为广大语文教师所认可。五年多的实践，收获颇丰。

第一，学生的阅读能力、写作能力、听说能力及观察力、记忆力、想象力等都有不同程度的提高，尤其是自学能力。实验班的学生已较好地掌握了语文自学的方法，养成自学习惯。自学习惯的养成，是一种无形力量，不可抗拒的力量，它会成为一种撞击成功的巨大力量，使人受益终生。

第二，更新教育观念，培养了一大批有创新思想的教师。传统的教学，学生被当成知识的接收器，处于被动地位，因而缺乏一种主体意识和主动精神。语文自学辅导是总课题组张鹏举先生等人在长期的教学实践和教育科研中，对传统的挑战，对常规的挑战而创造出来的一种全新的教学模式。一个课题实验就是一个培训班。二十四所中小学，几百位语文教师参加实验，在实践中锻炼提高，涌现出一大批观念新，敢于改革、善于改革的语文教学积极分子和学科带头人，这是最重要的科研成果，是可持续发展的成果。

第三，在不同类型学校、不同年级，产生出一大批优质课，为语文教学改革提供榜样。

第四，写出一大批优秀论文、调查报告和实验报告，这是一份十分宝贵的精神财富。

回顾五年多的实践，我们所取得的成果是突出的，实验的意义是深远的。能取得如此丰硕的成果，我们不会忘记多年来给予亲切关怀和具体指导的中央教育科学研究所所长阎立钦教授，不会忘记总课题组负责人张鹏举副研究员，以及张开勤、左昌伦、高长梅先生。我们还要感谢长城出版社的鼎力相助，使本书能顺利出版。

在金园区语文自学辅导实验结题之际，我们将部分获奖的论文结集出版，这是一件很有意义的事，尽管这些论文还有瑕疵。我们的实验还在继续，学生自学潜能的开发永无止境。愿广大的语文教师、教育工作者，都来开发学生的自学潜能，让语文自学辅导之花开得更艳。

2000 年 12 月 5 日

注：

此文是为《把学习的主动权还给学生》（长城出版社出版 2000 年 12 月第 1 版）一书所作的序言，出版时改为前言，其时作者任区语文自学辅导实验研究课题组组长。

☆温馨提示

自学习惯的养成，是一种无形的力量，不可抗拒的力量。

学生的自学潜能必须通过学生的实践活动才能得到开发。

为了孩子的未来，广大家长和教师，应主动指导孩子自学，指导孩子阅读；孩子的自学能力必定会在长期的阅读实践中迸发出来，成为一种助其抵达成功彼岸的巨大力量，受益终生。

"扫地"的现代教育意义

一帚常在旁，有暇即扫地。

既省课童奴，亦以平血气。

按摩与导引，虽善却多事。

不如扫地去，延年直差易。

—— 陆游

陆游是我国著名诗人，他创作这首《扫地》诗，对后人产生了巨大的影响。

陆游认为扫地可活动筋骨，"平血气"，方便易做，较之"按摩""导引"之类，既省事又有效，每天常动扫帚，是健身的法宝，这是很有见地的。现代医学认为，经常扫地，双手握紧扫把，既动手，又动腿、头和颈，全身活动，能有效促进大脑血液循环，的确具有保健作用。

清朝著名学者朱用纯的《朱柏庐治家格言》，脍炙人口，家喻户晓。《朱柏庐治家格言》全文506字，第一句："黎明即起，洒扫庭院，要内外整洁。"朱用纯也主张扫地，并把它作为一天工作之首，可见扫地的重要性。

对现代人来说，扫地也是减压的有效方法。现代人生活节奏快，压力大。如何减压，是我们应该高度重视的事。在繁忙的工作中，适当放慢工作节奏，一天用上十几分钟的时间打扫庭院，一张一弛，劳逸结合，有益身心健康。

扫地更是一项最基本的家务活动，年轻的父母如果都养成扫地的习惯，对子女是最好的行为教育。父母是未成年子女的权威，父母的一举一动，孩子看在眼里，藏在心里。常见幼儿园的孩子，父母拿起扫把扫地，他会抢着扫或另拿一把，模仿着父母扫地。尽管他扫得不好，但孩子的行动是可嘉的。这时候大人应肯定他的行为，指导他的动作；如果阻止他，孩子会觉得此事与己无关。

孩子大了，进了小学，每天老师都会在放学或早晨安排学生扫地或捡树叶，这是极为重要的活动，它能有效培养孩子的动手能力、合作能力和集体荣誉感。作为父母要特别注意了解孩子在校扫地的表现：地面是不是扫干净，课桌椅是不是排放得整齐，能不能与其他小朋友合作，整个班集体扫地成绩怎样等等。

孩子放学回家，扫地应成为孩子家务劳动一个重要方面加以培养。父母要根据孩子的年龄和家庭的实际，跟孩子一起商量，制订孩子参加家务劳动的时间和项目，其中特别要培养孩子扫地的习惯。孩子扫地，父母要参与其中，以密切亲子关系，在扫地活动中培养亲情。周末或节日有较多空闲时间时，父母要适时安排一些大扫除活动，扫地、拖地、擦洗门窗，一家人分工合作，大家动手、动脚、动脑，其乐融融。孩子快乐，父母高兴，幸福感油然而生。

同平中学操场有这样一条标语："垃圾不落地，校园更美丽！"我到该校讲学，加以引申，"垃圾不落地，家庭更幸福！""垃圾不落地，城市更文明！"扫地，将家庭教育、学校教育、社会教育联结起来，一个爱劳动、有责任感的社会公民就从扫地这件小事逐步培养起来。

我的家在二楼，户外有一个公用平台，每天起床后，我便会去扫地，既扫"门前雪"，又伸展开去，打扫公用地带，包括公众花圃，里里外外，扫得干干净净。我制作了一块牌子，"爱护花圃，清洁花圃，营造宜居家园"，挂在花圃中间，赏心悦目。扫地乐，乐扫地……

扫地，生活中的小事；扫地，又是教育中的大事。捕捉生活中的小事，坚持做下去，就会成就人生的大事。

为了孩子，为了营造幸福的家庭，扫地吧！它是生活的需要，家庭教育的需要，更是建设文明城市的需要！

来吧！大家都来诵读陆游的《扫地》诗，并用于家庭生活、学校教育、社会实践。

2012 年 12 月 17 日

☆温馨提示

扫地，生活中的小事；扫地，又是教育中的大事。

捕捉生活中的小事，坚持做下去，就会成就人生的大事。

为了孩子，为了营造幸福的家庭，扫地吧！它是生活的需要，家庭教育的需要，更是建设文明城市的需要！

做个有自信力的人

生动地把自己想象成失败者，这就使你不能取胜；生动地把自己想象成胜利者，将带来无法估量的成功。

——［美国］爱默生

一、什么是自信力

自信，自己相信自己。

自信心，对自己有信心的心理，是一个人做事时的主观心理状态。

自信力，提高自己自信心的一种能力。自信力是一个动态的过程，是一个不断强化、不断培养的过程。

"Ra" 是什么元素符号？是镭元素。

镭元素是谁发现的？是居里夫人发现的。

居里夫人是怎样发现镭元素的呢？

1902 年，居里夫人用了 45 个月时间，从 1 吨沥青中提炼出 0.1 克镭。当她公布这个实验结果时，科学界并不承认镭的存在。于是居里夫人再次进行艰苦的实验，测定出镭的原子量和镭的性质。镭的原子量是 225，镭是一种银白色、具有强大穿透力的放射性元素。镭这一元素终于为科学界所承认，并给人类带来巨大的利益。

镭的发现是居里夫人自信力不断强化的结果。居里夫人为什么那么自信？这是因为她有坚实的科学基础和可靠的科学实验。因其对世界科学事业作出的卓越贡献，居里夫人获得两次诺贝尔科学奖。

居里夫人有一句名言："我们不但要有恒心，尤其要有自信力。"

居里夫人的故事对我们的启示：每个孩子都必须勤奋学习，要有扎实的基础；要博览群书，有较广博的知识，善于激发思维，引起思考；人的智力是基本相同的，只要努力，满怀自信，成绩是完全可以提高的。

二、自信力的培养

那么，如何培养、提升孩子的自信力呢？

1. 把走路的速度加快25%

心理学家告诉我们，走路的速度可以改变心理状态。抬头挺胸走快一点，使用"走快25%"的方法，你就会感到自信力在增长。

有一种人表现出超凡的信心，走起路来比一般人快，像跑。他们的步伐告诉整个世界："我要到一个重要的地方，去做很重要的事情，更重要的是，我会很快获得成功。"

2. 开怀大笑

科学研究表明，当人大笑的时候，心肺、脊背和身躯都得到快速锻炼，胳膊和腿部肌肉都受到了刺激。大笑之后，血压、心率和肌肉张力都会降低，从而使人放松。笑的过程还能使大脑皮层形成一个特殊的兴奋灶，使其他区域被抑制，从而使大脑得到休息。

笑能给自己很实际的推动力，它是医治信心不足的良药。咧嘴大笑，你会觉得美好的日子又来了。要笑就要大笑，要露出牙齿，大笑才能有较大功效。智慧的人就在于能强迫自己说："我要开始笑了！"然后，大笑起来。每天对着镜子笑，人就会变得快乐起来，就会消除悲观情绪，消除恐惧感，使人心情平静下来，增强自信心。

真正的笑不但能治愈自己的不良情绪，还能马上化解别人的敌对情绪。如果你真诚地向一个人展颜微笑，他实在无法再对你生气。一天，我坐朋友的车出去，车停在十字路口的红灯前，突然"砰"的一声，原来是后面的车撞到了我们车后的保险杠。我的朋友从后视镜看到那司机走下车，我们也跟着下车，准备痛骂他一顿。但是很幸运，我的朋友还来不及发作，那司机就走过来对着我们微笑着，并以最诚挚的语调对我们说："朋友，我实在不是有意的。"他的笑容和真诚的说明把我们的怒气融化了。我的朋友只是低声说："没关系，这种事经常发生。"转眼间，彼此间的敌意变成了友善。

我每次去演讲，出发之前，总会对着镜子笑。我笑得很开心，充满自信和力量！

每天上学前，让孩子对着镜子笑；每天送孩子出门的时候，父母要对着孩子笑；特别是考试之前，更要让孩子对着镜子笑，让他充满自信，充满力量地走进考场。

3. 写出自己的十个优点

肯定自己，会使自己变得自信。

我们对待生活往往有两种截然不同的态度，积极或消极，于是就有肯定自己和否定自己的现象发生。如果你想让自己有自信，那么从现在开始，你就要用肯定的方式对自己说："我能！我行！"它会给你带来意想不到的好处。

肯定自己，就得学会找出自己的优点，自己的长处。当你看了我这篇文章后，请你让孩子拿出纸和笔，认认真真地写出自己的十个优点，包括生活、学习、工作各个方面。你会发现，你的孩子并不比别人差啊！即使是学习成绩比较差的孩子，纪律比较散漫的孩子，你同样也会发现，你的孩子并不比别人差。不相信，就试试看！

生活告诉我们，任何事都有好坏两个方面，主要取决于你以何种态度去看待。就像开花这种大自然现象，如果你的态度消极，就会产生"感时花溅泪"的想法，如果态度积极就完全不同了。心理学家告诉我们：语言是任何天才均无法相比的魔术师，无论多么不利的状况，只要你的表现正面，对自己不断肯定，你会发现，你对生活的态度变了，你变得积极有信心了。学习也如此，不断肯定自己，会使自己变得信心十足。

4. 积极的自我暗示

自我暗示是指自己将某种观念暗示给自己。暗示是一种强烈的心理定式，并引导潜在动机产生行为。积极的自我暗示，可以调整自己的心境、情绪、感情、意志乃至能力；积极的自我暗示有助于增强自信，排除焦虑，充分挖掘潜能，提高学习效率。要学会自我调节，你坐在书桌前开始学习时，脑海中先浮现出令你最自豪、最愉快的画面一分钟，并在心中默念三遍："考试前我一定能复习好""我绝对有能力学习好"，然后充满信心、精神振奋地投入学习。

美国著名心理学家爱默生认为："生动地把自己想象成失败者，这就使你不能取胜；生动地把自己想象成胜利者，将带来无法估量的成功。"考试之前你要尽量放松，在心里想着为目标而努力，你一定会获得成功。

5. 自我激励

激励即激发、鼓励，使人产生一种内在的动力，朝向所期望的目标前进。

美国哈佛大学著名心理学家威廉·詹姆士研究发现，一个没有受到激励的人，仅能发挥其能力的 20% ~ 30%，而当他受到激励时，其能力可以发挥至 80% ~ 90%。这就是说，同样一个人，在充分激励之后，其能力所发挥的作用相当于激励前的 3 至 4 倍。

我说的是自我激励，而不是别人的激励。自我激励，人人都可以做到。注重自我激励吧，它能使你的潜能提高到激励前的 3 至 4 倍啊，我们何乐而不为！

三、家长要言传身教

1. 开会挑前面的位子坐

你是否注意到，在中国各种聚会中，后排的座位总是先被坐满这一现象？大部分占据后排座位的人，都希望自己不会太显眼。而他们怕受人注目的原因就是缺乏信心。

有三个事例是我亲身经历的。

2000 年 9 月中国科技大会在西安召开，主会场设在西安交通大学学术报告厅。这次大会来了很多中外著名科学家，为安全起见，大会实行安全检查制度，像上飞机那样，每个进场者都得通过安全门进行安全检查。我有幸参加这次大会，进入主会场，但只剩楼座后排的位置。会议快开始的时候，我看到工作人员在拿掉嘉宾席空着的位子上面的名牌，我赶紧拿起文件袋往前面走去，选择一个很靠前的位置坐下，过了两三分钟会议就开始了。就在这场大会上我听到国际著名科学家、首位美籍华裔诺贝尔奖获得者杨振宁博士的精彩演讲——《中美两国教育哲学的比较》。杨振宁博士的演讲给我留下终生难忘的印象，为我后来的教育研究提供了方法和方向。印象深刻还有一个重要原因，那就是我合理地"抢占"了嘉宾席的位置。

二十几年前，当时中国的股票大王杨百万来汕头鮀岛影剧院讲学，因为是自由坐，我就找了个第一排的座位坐下。那时股票为何物，大家还很不熟悉，我正是抱着了解股票的想法去听讲的。

2013 年"非诚勿扰"的嘉宾，心理学家黄菡应邀在汕头君华大酒店作心理学讲座，我和女儿前往听讲，会场很热烈，找了一段时间，才找到两个比较靠前但不在一起的座位。主持人出来了，嘉宾席还有多个位置空着，我和女儿赶紧坐到第一排，接着也有两三人跟着上来，很快，讲座开始了。这场讲座我们收获满满的，第一排嘉宾席的位置让我们更加开心快乐！

坐在前面会比较显眼，但能建立信心。要知道，成功的一切都是显眼的。不要怕显眼，因为显眼会给你带来信心和力量。请大家把它当作一个规则试试看，从现在开始开会尽量往前坐；家长的行动，孩子看在眼里，他也会跟着效仿。

2. 不要攀比

比有两种不同的比法，一种是拿自己的缺点与别人的优点比，这种比，可以比出学习的榜样，比出前进的方向；另一种比，拿自己的优点与别人比，这种比，可以比出力量，比出自信。生活中，这两种比都是需要的，只有前者，没有后者，你会越比越没有信心。

要自己与自己比，在学习上，比过去认真了，就要敢于肯定；学习成绩提高了，就要敢于承认。学习的进步是缓慢的，不可能一蹴而就，有进步就得肯定，不断的肯定会使自己变得自信。所谓考试成功就是考生能够考出自己的实际水平。比如初中毕业生统一学业考试，7科总分850分，如果你的实力是620分（即100分的60分），将来考出620分左右那就是成功，考到700分就是超常发挥，算是非常成功。如果你的实力是425分（即100分的50分），将来考出425分左右就是成功，考到500分就是超常发挥，算是非常成功。你不能与成绩比你好很多的同学相比，因为彼此的实力不一样，因此家长们不要相互攀比，只要孩子能考出自己的实际水平就意味着考试成功了，攀比只能挫伤孩子的信心和积极性。

3. 宣泄倾诉

自我宣泄：可以在不危害他人和社会的情况下，将自己内心的困扰发泄出来。当你考试失败后，奋笔疾书，倾诉内心的痛苦，心情就轻松了，或向沙包拳击，流下汗，心里就会轻松一些。当你遇到悲哀的事情，宜放声痛哭一场，不要强忍悲痛。

找人倾诉：找几个同学或亲友交流，在交流中发现别人的好思路、好方法、好心态，倾诉自己的想法，自己的痛苦，取得大家的理解认同。这种近距离交流倾诉，会使你的心理压力得到减轻。

4. 视角放松

自我构思想象中的一幅画面，创造一个舒适松弛的心境，从而抑制过度紧张的情绪，让心情快乐起来。

闭目养神：在脑海中想象一个使自己感觉放松、恬静、愉快的姿势；描绘一幅优美的图画，如漫步沙滩，倾听海浪拍岸的节奏，让清凉的风轻拂脸庞、头发；或是想象自己在一个百花园里散步，微风吹拂，飘来各种花香，听着枝头的鸟儿在歌唱……

舒缓呼吸：让自己沉浸在对美好往事的回忆中，品味那幸福时刻的情景和心情。这样紧张的情绪就可以慢慢地松弛下来。

5. 拥抱体育

拥有体育精神，积极参加体育活动，用它来弥补不能达到的愿望，使产生心理压力的情况迁移。体操、散步、游泳、走路、慢跑、爬楼梯、爬山、打球、踢球、下棋等活动，产生的安多芬能提升愉快感、自信心和排除压力。

现今的初中学业考试，男生要考 1 000 米跑，女生考 800 米跑，可以将其作为调整心理压力的极好机会。从现在起，每天跑 1 000 米，可以在早晨，也可以在下午放学后进行。1 000 米跑，既可以锻炼速度，又可以锻炼耐力。体育运动可以消除体内因学习紧张而产生的有害化学物质，虽然会使肌肉疲劳，但可以使神经放松。

要鼓励孩子，下课时就离开教室，到走廊走走，或爬楼梯；晚间在家复习功课，一个小时后一定要休息 10 分钟，到室外散散步，它对于调整紧张的神经是非常有帮助的。适当进行文娱活动，如唱歌、跳舞、听比较轻松的电台广播节目、听节奏比较舒缓的轻音乐、看电影（不要看电视连续剧）、看相声、看小品表演等。通过上述这些活动，转移视线，就不会老想着考试的事，神经就会得到有效放松。

自信力的形成是一个不断强化、不断训练的过程。科学作息、认真学习、主动休息、积极锻炼等，都可以增强自信力。

☆温馨提示

请记住：把走路的速度加快25%；开怀大笑；写出自己的十个优点；积极的自我暗示；自我激励；开会挑前面的位子坐；不要攀比；宣泄倾诉；视角放松；拥抱体育……自信力就会不断被强化。

家长的任务在于模范带动，引导强化，孩子的自信力就会在不知不觉中得到训练提高，而家长也在培育子女的过程中一同成长，何乐而不为！

父母的习惯对孩子的影响

家庭教育是针对自己孩子的特点而进行的教育，具有个性化特点。父母主要通过言传身教对孩子产生影响，父母的一举一动在孩子的潜意识中产生深远的影响，是潜移默化的教育。因此父母在孩子面前一定要注意自己的言行举止，以积极、进取、和谐的形象去影响自己的孩子。

在培养孩子好习惯的问题上，父母不是旁观者，而是责任人，没有人能代替你做父母，没有任何形式可以代替父母对子女良好习惯的培养。孩子是自己的，不要总想托付给别人，只有自己才应该对孩子负责，只有自己才能对自己的孩子更负责。但事实上有相当一部分父母不能做到这一点，不知不觉中给孩子一些负面的影响。

一、父母不良习惯的表现、后果及纠正方法

表现1：包办代替，孩子能做的事都要替孩子做。

后果：孩子缺乏独立性，凡事依靠父母，离开父母便不能生活；缺乏责任感。

纠正方法：教育孩子的最终目的是要让孩子拥有自立于社会的能力。独立性是孩子优良品格的重要方面。事事都要依靠父母，离开父母就不能生活、不能学习、不能工作的孩子，其人格是不健全的。为此，父母要创设环境，培养孩子的独立性。给孩子一个闹钟，让孩子自己调好起床时间，听着闹钟声自觉起床，培养孩子守时、不拖拉的习惯；自己整理自己的床铺、房间，培养孩子的责任感。

表现2：过度保护，让孩子在温室里生活。

后果：孩子缺乏抗挫折能力。

纠正方法：过度保护会造成孩子身体和心理脆弱，受不得半点身体的伤害和心理上的委屈，长此以往会产生心理疾病，甚至出现自杀的念头。父母要学会对孩子说"不"，培养他们的克制能力。过度保护，剥夺了孩子独立承担困

难与挫折的机会，而这恰恰是形成良好意志品质与行为习惯的必由之路。家长退一步，孩子进一步，这是孩子成长的自然法则。要让孩子用自己的头脑思考，用自己的嘴巴说话，用自己的双手做事，用自己的双脚走路，在生活的磨炼中提高抗挫折能力。挫折，对孩子的成长是一件好事，不经过挫折的人，不可能获得真正的成功。

表现3：只看到孩子的缺点，看不到他的优点。

后果：孩子缺乏自信。

纠正方法：人是不可能十全十美的，总会有优点和缺点，再优秀的成功人士也不例外。假如你把优点当成习惯，你就会充满自信，就会成为一个成功者；假如你把缺点当成习惯，你就会灰心丧气，就会成为一个失败者。对于缺乏自信心的孩子，家长的任务是善于发现孩子的闪光点、孩子的长处。让孩子与自己比，不要攀比。要创造条件让孩子做事，在实践中增长才干，哪怕是点滴的进步，微小的成功，对于孩子而言都是极宝贵的，他会从中获得某种自信，再将这种自信心迁移到学习中，学习成绩必定会不断提高。自信心的获得对于一个孩子来说是极为重要的。

表现4：喜欢在孩子面前说别人的不是。

后果：孩子不懂得善待他人，不懂得尊重他人。

纠正方法：善待他人，应从善待身边的人做起。

孩子起床、吃饭、回家要主动与亲人打招呼；

要善待父母，帮助父母做一些力所能及的事情，这是孩子对父母的爱的一种回报；

善待保姆、钟点工，让孩子懂得，他们都是应该尊重的人，应该有礼貌地称呼他们，不能吆喝，不能让保姆侍候孩子；

善待老人，包括祖父母、外祖父母等，尽量满足老人的需要，多和老人谈话，让孩子懂得，尊老是中华民族的美德；

善待伙伴，友好地与他们合作，和谐相处；

善待老师，听从老师的教诲；

善待他人，在公共汽车上主动让座给有需要的人；

……

只要善待他人，就会感受到尊重与被尊重的浓浓情意。从小善待他人，长大才会善待同事，善待上级和下属，才会与人友好合作。现代科学技术和企业生产，越来越需要团队的力量，不会善待他人，就不可能与别人合作，他必定被社会所抛弃。

表现5：好唠叨，好攀比。

后果：不能与孩子有效沟通。

纠正方法：父母要注意与子女的有效沟通。与孩子建立一种平等的朋友关系；寻找孩子感兴趣的话题与孩子聊天；孩子心情不好时不要批评他，而要适当安慰他，鼓励他；聊天时孩子要多说，滔滔不绝，父母要少说，认真倾听；节假日，让孩子出主意，组织旅游，活跃课余生活，在轻松的活动中积极与孩子交流。

表现6：只问分数，不了解孩子学习的过程。

后果：不能有效指导孩子学习。

纠正方法：学习需要方法，方法是根据学习的基本原则而产生的；正确的学习方法经过长期坚持就会形成良好的学习习惯。

掌握学习的六个环节：课前，做好预习，标注出不懂的问题；课堂，认真思索，积极发问，重点记录；课后，及时复习，及时记忆；作业，在复习的基础上，快速进入状态，离开课本，独立完成；阅读，要增加课外阅读量，努力扩大知识面。课前、课堂、课后、作业、阅读、重点这六个环节如何掌握，因人而异，应通过自己的实践，摸索出一套适合自己的学习方法，并养成良好的学习习惯。

只问分数，只知结果，不了解孩子学习的过程，就不知道孩子学习的情况，就无从指导孩子。家长如果忽视对孩子学习效率的提高，必然使孩子养成懒散的学习习惯；如果忽视对孩子坚强性格的培养，必然使孩子养成懦弱的习惯。

好习惯是家长平时一点一滴训练得来的，不是短期突击所能奏效的。家长的任务在于了解孩子的学习过程，培养孩子良好的学习习惯。

表现7：不懂利用媒体，只顾看电视剧。

后果：孩子不能从众多媒体中获取有益信息。

纠正方法：媒体包括纸质媒体、广播、电视、网络等。如何对待网络是现代年轻家长必须严肃认真对待的问题。网络是用来学习与工作的，无节制地玩网络游戏，任性地刷屏，将大量时间花费在微信、微博、朋友圈中，成为网络的奴隶，这是可悲的。

利用网络学习，必须学会选择。选择是一种能力，要善于在众多选项中选出最佳选项。不得抄袭，这是诚信问题，要严肃对待，要善于从他人的作品中得到启迪，创造属于自己的有个性的东西。要结合孩子的实际，给孩子布置网络作业，与孩子一起上网，搜集资料，探讨问题。要严格控制上网时间，让孩子提出具体意见，制订上网合同，互相监督，培养孩子的意志力。随着手机智能化程度越来越高，要严格控制孩子使用手机的时间。做手机的主人，切莫成为手机的奴隶。为了孩子，为了家庭，警惕啊！

表现8：不重视体育和艺术。

后果：孩子身体孱弱，缺乏审美能力。

纠正方法：积极锻炼身体，掌握几种健身的方法，长期坚持，形成习惯，将终身受益。只顾学习，缺乏体育精神，不重视体育锻炼，必然身体孱弱，意志薄弱，很难适应今后的学习和繁重的工作。

要创设环境，让孩子积极参加音乐、舞蹈、美术等活动，学会一种至几种乐器，学会欣赏美术、音乐、舞蹈等艺术，努力提高欣赏的水平，这是提高审美情趣、有效开发右脑的重要渠道。

二、努力做拥有良好习惯的父母

培养孩子的好习惯决非一件容易的事，最大的困难在于我们做父母的，甚至爷爷、奶奶本身可能就有很多不良习惯。很难设想，一个有很多不良习惯的家长会培养出有良好习惯的孩子。

那么，如何使自己拥有良好的习惯呢？

1. 营造学习型家庭

家长要注重学习。养成习惯的过程，是一个终身学习的过程。自我教育最重要的是主动学习，向书本学习，向媒体学习，向有经验的人学习，积极参加家长学校培训，多侧面、多层次提高自己的综合素质，提高教子育儿的水平。要通过学习，不断更新教育观念，按人的认知规律办事：要尊重孩子，凡事与孩子商量，让孩子参与制定规则，参与活动；要认真回答孩子提出的问题，鼓励孩子说出自己的观点和需要，深入了解孩子的内心世界；要让孩子感受到父母对他的爱，更要让孩子懂得用爱回报父母。

2. 强化责任意识

为人父母，意味着有抚养、培养下一代的责任，父母要牢固树立责任意识。父母要以身作则，负责任，守纪律，大到国家法律法规，小到日常生活细节，时时处处都要为孩子做示范，当表率。很多父母没有意识到这一点，给日后孩子成长留下很多遗憾。从上节我所列举父母种种不良习惯给孩子带来的危害，不难看出，都是由于父母缺乏责任意识造成的。问题出在孩子身上，根子在父母。父母只有负起责任，注重学习，才能提高教子育儿水平。

父母必须具备自我批评意识，自我反省能力。每天晚上躺在床上入睡之前，扪心自问："今天孩子从我这里学到了什么？""今天我和孩子相处时，有没有不检点的言行？"虽然说"人无完人，金无足赤"，但是身为父母的成年人，在孩子面前，必须做到以身作则、谨言慎行。错了，要勇于改正。比如：当你因工作上的不顺心，而迁怒于孩子时，事后你应该主动对孩子说："我刚才不应该那样对你叫喊，我向你道歉，宝贝！请原谅爸爸！"这样做，你便教给了孩子什么叫做"知错就改"，什么叫"尊重和谅解"。父母对生活，对工作，对他人的态度，带给孩子的影响是刻骨铭心的。

3. 建立良好的夫妻关系

家庭是传递爱的载体，从父母传给孩子，再由孩子向下传递。

父母恩爱，感情深厚，生活中的点点滴滴，孩子看在眼里，自然会懂得疼爱自己的父母。父母恩爱，是孩子与他人建立良好关系的模板。父母恩爱，是孩子建立安全感的前提。孩子才会体验到更多的安全感，提高孩子的共情能力。父母恩爱，能够教会孩子如何与他人互动，孩子自然知道有问题如何协商，如何解决。父母恩爱，关系到孩子的健康成长与人格的塑造，也为孩子将来的婚姻关系奠定基调。孩子是爱情的结晶，父母情感和谐、婚姻幸福，是孩子成长最好的教育环境。

如果夫妻不协调，经常争吵，就会直接影响对孩子的教育和评价方式。这就给孩子提供了一个攻击性行为的坏榜样，也对孩子进行了错误的人际交往示范，使孩子误以为冷战、吵架、谩骂乃至打架都是解决冲突的办法。为了孩子的健康成长，父母有分歧时，应该选择一个适当的环境，充分地交流，妥善解决。父母要善于克制冲动，凡事冷静思考，以事实说服对方。

4. 建立和谐的亲子关系

良好的亲子关系，对孩子一生的成长极其重要。心理学研究表明，失去父母关爱或者获得关爱较少的孩子，有比较严重的退缩情感等负面心理，而且将影响一生。因此，父母要多关注、尊重、理解孩子的情绪，多给孩子鼓励和支持。要以民主、平等、开放的姿态与孩子沟通，客观了解和合理对待孩子过度的情绪化行为，有针对性地实施适合孩子个性的教养策略。

父母要善于与子女谈心。谈心时要注意子女的情绪，王金战每星期都有一次与女儿聊天，聊什么都行，只要能让孩子滔滔不绝就行——在一吐为快的过程中，压力就彻底释放了。与孩子聊天要注意寻找机会，孩子高兴，愿意聊，就找那些她感兴趣的话题聊。如果那天孩子阴着脸，就不适合谈话。

5. 注意角色转换

父母在社会的角色与在家庭的角色是不同的，回家了就要转换成自己所担负的角色。我国驻纽约总领事章启月说："每个人在生活中都有很多的角色要扮演，不可能都做得完美，我当时只是尽量地去做，包括做好自己的工作，做一个好的妻子，好母亲，好女儿，好媳妇。"罗斯福有一句名言，他说："对儿子来说，我不是总统，只是父亲。"尽管他的政务特别忙，地位特别高，但他回到家里，仍不忘履行一个父亲的职责，将总统的角色转为父亲的角色。

日本教育家福泽谕吉说得好："家庭是习惯的学校，父母是习惯的老师。"每位父母都要承担起培养孩子良好习惯的重任，使每个家庭真正成为培养孩子良好习惯的学校。

☆**温馨提示**

家庭教育是一门科学，需要学习、研究。

文中提到父母在教育子女中的种种不良习惯：包办代替，孩子能做的事都要替孩子做；过度保护，让孩子在温室里生活；只看到孩子的缺点，看不到他的优点；喜欢在孩子面前说别人的不是；好唠叨，好攀比；只问分数，不了解孩子学习的过程；不懂利用媒体，只顾看电视剧；不重视体育和艺术……凡此种种，请读者对照参考，为了孩子，有则改之，无则加勉。

重要的是请家长注意角色转换，注重学习，营造学习型家庭；尊重孩子，与孩子一起成长。

自信的人生

回忆是人生经验的总结。回忆过去，是为了未来。老人的未来是什么？是子孙后代。正如《我的回忆》作者张圭玛所说，"这本回忆录主要是给子孙后代看的"。

张圭玛是我的二哥。我以欣喜之情读了他的自传体回忆录，获益良多。

二哥的人生有一大特点——自信。自信是极为可贵的心理品质。自信带来的是人的独立性，他初中毕业便走上社会，投入到潮汕的土地改革运动中，那时他只是一个十六七岁的少年。二哥的自信给了我积极的影响，如果说我在教育岗位上有点成就的话，他的功劳不少。"土改"后二哥先后在汕头中国银行、汕头市总工会、汕头市委办公室、汕头国际信托投资公司等单位任职。社会实践锻炼了他的能力，磨炼了他的意志。几十年来，他认认真真，兢兢业业，驰骋在金融、工会、政策研究、经贸战线上，20世纪90年代初从汕头国际信托投资公司领导岗位上退下来。

他有写日记的习惯，至今已积累了几十本。这是一种良好的生活习惯，一种奋发向上的人生态度。如果没有对生活、对事业、对人生积极的态度是不可能如此执着坚持的。我佩服他的毅力，他的意志。这些日记，给他今天写回忆录提供了极为有力的材料支持；这些日记，也给他的子孙后代留下了丰厚的精神财富。正如他旅居澳洲的大女儿所说，我别的都不要，就是要爸爸的日记。随着时间的推移，这些日记将会越来越显示出它的价值。

他非常重视学习。由于条件的限制，二哥没机会读全日制大学，但他坚持上业余大学，坚持看书读报，今天看来，他的学历，他的能力，何止是大学毕业！他把学习中得到的知识，很好地应用到工作实践中，把知识转变为智慧，因此，他的工作很出色，常常得到大家的称赞。在市委政策研究室工作时，经过调查研究，经过深思熟虑，在当时中国社会还普遍不知道股票是何物之时，他借鉴发达国家的经验，写出有关发行股票的论文——《解决振兴汕头经济所需资金的途径》，给人启迪。时代变化，几十年的人生中，他的职业有几次大的变动，也受到一些冲击，但他最终挺了过来，干一行爱一行，而且越干越有建树。

这本回忆录是写实的，没有修饰，实事求是地记录了二哥的人生轨迹。读着回忆录，如见其人，如见其事。爱情、亲情、友情是贯穿全文的主线。这本回忆录基本是按时间顺序写的，而呵护病妻则放在开头部分，足见他对妻子的爱。二哥的妻子伍春娥，我尊敬的嫂嫂，是广州人，在广东银行学校毕业就进入汕头中国银行工作直至退休。二嫂工作认真负责，肯于钻研，担任过几个部门的科长，得到多项奖励，深受同事好评；她积极追求进步，为人热情大方，乐于助人，尤其是青年人；她热爱专业学习，工作之余还在进修文学，与我讨论过心理学。她退休后不久便患病不起。十一年来，二哥忍受着常人难以忍受的痛苦，和子女一起，照顾、护理、体贴、关怀她，让二嫂安然度过她的晚年。由于二哥的爱，牵动子女的情，二嫂的晚年是不幸的，也是有幸的。二哥有一男两女。由于二哥的自信，给儿女带来了能力——独立的能力。二哥的儿子、儿媳、女儿、女婿都很优秀，他们中有大学教授、企业家、银行家等，孙辈将更有出息，这是二哥幸福晚年所在。二哥很注重亲情。亲戚中谁有困难，他总会想办法帮助解决。一个人的力量是有限的，他还经常联络其他人帮助他们渡过难关，也在互相帮助中促进家族的和谐。

二哥非常敬重他的老师，经常向我提起他初中老师的名字，经常拜访老师。他非常注重友情，回忆录中有相当的篇幅是写同窗和同事的友谊，这种友谊，给他力量、勇气和前进的方向。人生得一知己足矣！二哥何止一个知己。知己和友谊，让他晚年的生活过得有滋有味。

人无完人，谁都有缺点错误，回忆录中二哥提到一生中没有抓住的三次机会，这种总结是很有意义的，对后来者很有借鉴作用。如果"自信"加上"倾听"，那人生会更加完美，更加和谐！

自信是可贵的。张圭玛的人生是自信的人生！

遵作者之嘱，我写了上述文字，是为序。

2010 年 7 月 9 日

☆温馨提示

这篇序言一千多字，言简意赅，概述《我的回忆》的作者的一生，突现他的性格特征——自信。

自信是极为可贵的心理品质。自信带来的是人的独立性和学习性。自信、独立、学习这三者结合起来，可以成就人生——出息的人生。

阅读给人智慧，给人快乐；写作使人严谨，给人力量。注重阅读与写作，家庭教育观念就会升华，思考就会严密，教育效果就会提高。

像"他"那样学习生活

《他……》是韩山子先生寄语一位远方留学朋友的文章。

"他远行了，行走得那么干脆，昂首挺胸，义无反顾，一切为了心中的明天。"

"他远行了，走在自己风华正茂的时候，和时代的车轮同向，和心中的向往同步，我总觉得，我今天所获得的，他明天也会得到；而他明天所得到的，我永远也得不到。因为我理解他。"

"快三十而立之年了，但他什么都不迷恋——地位、财富、爱情和一切不属于自己创造的东西。"

"时代在变，世俗在变，人自身的价值观念也在变。在这新世纪万象更新的年代，他抛开保守的传统习气，无畏地去寻找知识的源泉，自觉地去造就自己。他知道，他知道，在这世界上，最大的财富是知识，最值得骄傲的是博学成材。"

"他远行了，汇入一代英才的求学潮流，迎接着高科技年代的召唤。他失去的是暂时的，学成业就，业就事成，失去的迟早会加倍得到。"

《他……》感情真挚，寓意深刻，把对人生的探索和追求的学者情怀表达得淋漓尽致，让九中师生受到极大鼓舞。

韩山子先生博学广闻，对中国文学、哲学和社会学颇有研究，经常有杂文和诗词见诸海内外报刊。韩先生是汕头市第九中学的杰出校友，多年前他带头捐资在九中设立奖教奖学基金，今年他回母校参加颁奖大会，看到母校广大师生勇于拼搏、不倦追求的精神面貌，甚为欣喜，决意将他为一位出国留学的朋友撰写的文章《他……》呈现给全体师生，让大家研读、探讨、感悟，由此举办全校学生征文比赛，并出资予以重奖。

由于缘分与机遇，我与九中结下亲密的关系：九中在西堤校区办学，时任九中校长的林家铭先生两次邀请我给九中教师演讲，前年在光天右巷校区现任的林锦洪校长邀请我给九中学生家长演讲，今天又应邀给九中师生演讲。四次演讲，听讲对象很广泛，包括九中全体教师、家长和学生。

今年由于九中举行"《他……》读后感征文比赛"的缘故，我认识了韩山子先生，并通过汕头市公益基金会会长张泽华先生的介绍，我与韩先生有了多次接触与座谈。

为更广泛宣传韩山子先生的《他……》，我特地将《他……》放在我策划主编的《当今家庭教育》杂志发表，以飨广大读者，同时选择了几篇九中学生的读后感在该刊"朝阳读书"栏目登载，以弘扬韩先生所倡导的"风流全凭读书多"的精神。

阅读使人聪明。中学生时代是人生阅读的黄金时代，同学们一定要注重阅读，按教育部提出的课外阅读书目认真阅读，广泛阅读，快速阅读，通过阅读以获取更多的知识。

写作使人严谨。同学们应以此次征文比赛为契机，积极写作，像你们的校友韩山子先生那样积极地写，认真地写，通过写作，不断地提高观察、思考与表达的能力，写出优秀作品来。

阅读与写作使我获益良多，近年我出版了几本书，我挑选了《爱，让孩子快乐成长——e 时代家庭教育真谛》一书和《当今家庭教育》杂志总第 25 期，赠送给参加征文的四十位获奖同学，每人各一本。请同学们认真阅读，与自己的父母一起阅读，一起思考，一起研究，做一个会思考的快乐中学生。

阅读与写作是中学生成长不可或缺的两项活动。

"让孩子变聪明的方法，不是补课，不是增加作业量，而是阅读、阅读、再阅读。"请大家记住教育家苏霍姆林斯基的话，做一个爱阅读、会阅读的网络时代青年，做一个爱阅读、会指导孩子阅读的父母。

2015 年 7 月 11 日

于汕头碧霞庄

注：

此文为作者在汕头市第九中学学生征文比赛颁奖大会上的演讲。

☆ 温馨提示

《他……》感情真挚，寓意深刻，把对人生的探索和追求的学者情怀表达得淋漓尽致，让九中师生受到极大鼓舞。

怎样学习，怎样生活，这是每个青少年要认真思考的问题，也是每位父母必须认真回答的问题。

阅读使人聪明，写作使人严谨。阅读与写作是中学生成长不可或缺的两项活动。

"让孩子变聪明的方法，不是补课，不是增加作业量，而是阅读、阅读、再阅读。"请大家记住教育家苏霍姆林斯基的话，做一个爱阅读、会阅读的网络时代青年，做一个爱阅读、会指导孩子阅读的家长。

观察·思考·提炼

——与关注家庭教育的人们谈家庭教育的写作

怎样才能将孩子教育好？这需要经常对教育的情况进行反思、总结。家庭教育的写作是一个不断提升、不断历练的过程，不论是文科还是理科，不论你从事何种职业，只要你动笔写作，你的家庭教育观念就会升华，你的思考就会严密，你的教育效果就会提高。

一、细致观察，捕捉素材

生活是写作的源头，没有生活就没有素材，就无从写作。生活是丰富多彩的，是由无数小事构成的。我们要关注家庭生活中的小事。真实的小事，生动的细节，最能反映事物的本质，最能产生教育作用。

范例1：黄春馥的《父亲的远谋》①

作者列举生活中的三件事，说明父亲的"远谋"。

第一件事是分房子。"新房子是大了些，但是位处工业区，环境不好"，不接受那一次分房。过了一两年，房子真的改建，分到一套离公园不远三房两厅的新住宅。父亲的远谋具有强烈的环保意识，他毫不犹豫地拒绝了领导的好意，两年后真的分到一套环保的房子。

第二件事是选择志愿与职业。"世上的事物是处在不断变化之中的。现在吃香的专业，将来不一定吃香；反之，冷门的专业，将来可能会变得炙手可热。一个国家要发展，一定要重视教育。教师这个职业在将来可能会成为很多人向往的目标。你现在不要想太多，好好读书。四年后，也许就是另一番天地。"父亲的指导是对的，高考时作者填的志愿是华南师范大学，作者为现在是一名中学教师而感到骄傲和自豪。

---

① 张能治主编：《家庭教育那些事儿》，广州：暨南大学出版社2014年版，第100－101页。

第三件事是择偶标准。"其实，他很有才华，只是他不随便露出锋芒……他起点虽低，这些年来，一直在一点点地进步，别人对他的评价也越来越高。这说明，他是有实力的。他藏起的东西比露出来的要多。"当看到那个黑黑瘦瘦有着一双黑白分明眼睛男孩的时候，作者忽然有种着陆的感觉。"我们单位没有分房子，而且我在这个城市也没有房子。"他慢慢地字斟句酌地说。父亲温和地对他笑笑，没有开口。作者对他的好感又多了一层。能够坦然地在相亲时摆出劣势，需要一定的底气。这些年来，作者的小家庭一直和和美美，在稳步前进。作者感到，自己跟父亲都作出了最好的选择。

作者选择生活中这三件事，从细节入手，一个识大体、懂人性、有远见卓识的父亲跃然纸上。

范例2：张能治的《姐弟情深》①

该文抓住生活中的几件小事表现姐弟情深的主题。

二姐为了照顾作者而在小学三年级时休学；作者的妻子生大女儿时特地住到二姐家，保证产育安全；二姐为作者织毛衣毛裤，让杭州之旅很暖和。

大姐在作者5岁时给作者手工缝制了一套冬装，作者特别爱它，常穿着不肯换；作者女儿小时候的衣服都是大姐缝的。

弟弟的行动：请大姐二姐到汕头国际酒店参观璇宫并在四楼吃饭；一家人经常去看望她们，经常打电话与她们聊天，以排解老人心中的寂寞；听她们讲作者儿时的故事等。

文章开头以参观苏北中学和秦牧故居开始，自然贴切。

主题：姐弟情深！作者感恩的心随着年龄增长而越发强烈，它将在晚辈中得到延续，在孙辈中得到升华！

二、创意思考，有效表达

善于思考，巧妙构思，想法新颖，独具匠心，避免千篇一律的呈现，使得表达更舒服、更自然，形成独特的个人风格和表达魅力，从而赋予文章深刻的思想内涵。

---

① 张能治主编：《家庭教育那些事儿》，广州：暨南大学出版社2014年版，第98－99页。

范例 3：林静兰的《踏准步伐，建构良好的亲子关系》①

这是一篇优秀的家庭教育随笔，作者开头便提出"如何才能使我们的亲子关系更加和谐，最大的感悟是——踏准节拍"。作者深入思考，巧妙构思，全文用"放慢脚步""加快步伐""停下脚步"形象说明家庭教育的不同方法。

放慢脚步："我们需要做的是放慢脚步，给我们的孩子留一些时间沟通，留一些空间交流，让自己真正倾听到孩子的声音。"因为"沟通是亲子关系良好互动的重要源泉"。如何沟通？"与孩子沟通时，家长无论在干什么，都应放下手中的事，全身心去倾听。"因此放慢脚步，常进行亲子沟通，"这是一种需要"。

加快步伐："孩子在一天天长大，家长的思想也要跟着孩子成长，并了解孩子的世界，只有这样，家长和孩子才有更多的共同话题。"只有"预见变化，追踪变化，适应变化，享受变化"，我们的亲子关系才会更加美好。因此要加快步伐，常迈开学习的脚步，"这是一种艺术"。

停下脚步：在教育孩子的过程中，"我们需要反思自己的教育理念"，"我们需要反思我们的教育方式"，在反思中，"修正自己的错误，做一个理性而充满智慧的家长，才能构建更高层次的亲子关系"。因此必须停下脚步，常回头思考总结，"这是一种智慧"。

文章以家长"需要经验，需要成长，需要智慧"为前提，以希望大家"踏准节拍，建构良好的亲子关系，让我们每个家庭都更加温馨，更加美好"作结，余味无穷。

范例 4：赵耿辉的《伦敦奥运会对家庭教育的启迪》②

文章第二段以 2012 年的伦敦奥运会提出"激励一代人"的口号为切入点，巧妙地通过"让 7 个年轻人而不是体坛重量级名人点燃火炬"这一形式，从国家的高度演绎了"激励一代人"的追求。

文章第三段从"激励一代人"的口号谈到现代教育的使命，谈到成功的家庭教育。接着引用了中国不同时期的名人五段名言，无不成功地激励着一代人，然后转到今日的家长，欲遂"望子成龙，望女成凤"之心，必须有一种"激励一代人"的观念。

① 张能治主编：《家庭教育那些事儿》，广州：暨南大学出版社 2014 年版，第 243 - 246 页。
② 张能治主编：《家庭教育那些事儿》，广州：暨南大学出版社 2014 年版，第 234 - 235 页。

文章第四段以资深媒体人颜强评论："他们的每一分表现，都在传递着运动的力量，都在诉说着运动能够改变人生改变世界的道理。每一个项目、每一场比赛、每一个选手、每一面奖牌，甚至每一次失败，都能转化成一种正能量，都能激励更多年轻人。"确实如此，欲"激励一代人"，仅有一种观念还不够，更重要的是"行"，也就是说，作为家长，作为教育工作者，我们还必须以自己实实在在的行动，为孩子树立榜样。

文章第五段，提出要实现"激励一代人"的观念，还必须"让7个年轻人而不是体坛重量级名人点燃火炬"，也就是说，作为家长，要学会主动地将"火炬"交给孩子，让孩子自己去"点燃"、去"奔跑"、去行动、去实践、去拼搏。以石油大王约翰·D. 洛克菲勒写给儿子的信为例，"行动决定一切。没有行动，什么都不会发生"，这说明了行动的重要性。现在有的家长有意无意地将孩子"保护"起来，结果孩子的成功永远停留在虚空中、梦想中，最后落得一个"胸怀天下，惜无用武之地"的悲叹。

最后以温家宝总理的话与家长共勉，在中国的大地上实现"激励一代人"的目标，共同致力于孩子的健康成长。

这是一篇优秀的家庭教育随笔，全文以"激励一代人"的口号入手，从"教育观念""家长的行动"和"子女的行动"三方面，阐述了伦敦奥运会对家庭教育的启迪：行动，唯有行动，才是家庭教育的真谛。

三、抓住特征，提炼主题

范例5：黄少芬的《十七颗糖果》[①]

作者系杜鹃小学三年（2）班陈东妍的母亲。文章开头，作者讲述了自己拿出一颗糖果递给女儿，然后提出将剩下十七颗糖果分成二分之一、三分之一、九分之一的问题。

"哪能分呢？十七的二分之一、三分之一、九分之一都不是整数。"

母亲说："把你刚才装进口袋里的那颗糖暂时拿出来，这样总共有十八颗，你得到它的二分之一是九颗，爸爸得到它的三分之一是六颗，妈妈得到它的九分之一是两颗，刚好十七颗。从口袋拿出来的那一颗，仍然属于你。"

---

① 张能治主编：《家庭教育那些事儿》，广州：暨南大学出版社2014年版，第164－166页。

女儿觉得有点奇妙，怎么从口袋拿出来的糖果，最后还能归还她？她笑了，母亲也笑了，说："这是我从书上看到的。"这本书叫《心灵盛宴》，它阐述禅的思想境界，是一种思维方式。

文章抓住十七不能分成二分、三分、九分的这一特征，然后引入阅读与教育这个话题。

阅读：和孩子分享读书的快乐，可以培养孩子的阅读兴趣，还可以拉近大人与孩子的距离。心近了，话好说了，教育便可以从这里开始。

教育：教育是一条漫长的道路。以酿酒作比，酿酒的过程是一个沉淀和发挥相结合的过程，如何让糟粕沉淀、精华发挥，就是教育的过程。教育也需要有良好的氛围。这种氛围需要我们用心营造。

怎样营造教育氛围？就是在孩子吸收书本知识时为其酝酿氛围，令其在吸收的同时得以发挥。

结语：呼应开头，要有收获，必先付出。舍得舍得，有舍才有得，十七颗糖分成三份，要是不舍得口袋里的糖，就永远不可能分得到。这既是数学问题，更是哲学问题。

孩子的阅读从兴趣开始。将十七颗糖果分成二分之一、三分之一、九分之一，这是一个奇妙的数学问题，教育就是要从奇妙处引发兴趣。有了兴趣，阅读就会有动力，即使小学三年级的孩子也如此。

范例6：黄峰的《家里的天窗》①

作者以"港湾""亲情""宁静"开笔，让人感到家的可爱。

第二段讲"书籍的陪伴"，必定散发出"独有芬芳"。

第三段述说阅读的作用，"阅读是心灵的一个栖息之所，交流是情感的无限升华"。

第四段以德国谚语"一个家庭中没有书籍，就等于一间房子里没有窗户"引出"书是家里的天窗"这一中心议题。"家或者广阔，或者狭窄，书香使然的惬意气氛都能通过思想的交流抵达心灵的深处，日积月累，耳濡目染，成为品质，成为风范，成就一个普通的家不普通的模样。"

最后以"至乐莫如教子，至要莫如读书"作结，将教子与读书连缀在一起。

---

① 张能治主编：《家庭教育那些事儿》，广州：暨南大学出版社2014年版，第51－52页。

这是一篇优美的家庭教育散文。作者在教书育人中，在文学创作中，深深体味到，"书是家里的天窗"。形象的比喻，生动的象征，让我们感受到家的温馨，阅读的芬芳。

四、逻辑清晰，表达准确

范例7：张能治的《把学生培养成为逻辑清晰，思维科学的人》①

我们要对学生进行逻辑教育，使其逻辑清晰，思维科学。逻辑教育包括形式逻辑、数理逻辑、辩证逻辑、感情逻辑。用这四种逻辑综合分析问题的教育，往往被我们忽略，而这正是21世纪素质教育极为重要的组成部分。

1. 形式逻辑

形式逻辑的基本规律是同一律、不矛盾律、排中律和充足理由律，这些都是大家比较熟悉的。然而在教育学生时，却经常违反它，从而使学生从小就不能养成一种良好的逻辑思维习惯。

（1）同一律。

有一个学生在学校里骂人，教师对他进行教育。

教师："你今天在学校里骂人，明天就会打人，发展下去要送你去监狱！"

学生："我没打人。"

教师："骂人和打人差不多！"

同一律是说讨论问题要有明确的概念，前后保持一致。"骂人"和"打人"显然是不同的，教师在这里混淆了概念，也就没能说服孩子，在管理上是不成功的，在教育上是失败的，因为它给孩子作出了错误的逻辑示范。

请听一个外国工程师对他孩子是怎样教育的："骂人是污辱人，损害别人的尊严，你不是也愿意别人尊重你吗？如果孩子们互相骂，大人也骂你，人们还懂得什么是人的尊严吗？你难道不愿意生活在一个大家互相尊重的环境里吗？"从那个低着头的小学生脸上的表情可以看出来，他虽然碍于脸面没说什么，心里却是服气的，这不能不归功于他父亲的逻辑素养。

---

① 张能治编著：《爱，让孩子快乐成长——e时代家庭教育真谛》，广州：广东人民出版社2011年版，第233－235页。

（2）充足理由律。

孩子提出："爸爸、妈妈你们为什么有时关起房门不让我们进去?"

家长回答："你瞎问什么? 不许问!"

而有的家长则会说，"我们还不能告诉你"，并趁机向孩子进行有关个人隐私权方面的教育。

"不许问"和"我们还不能告诉你"这两个回答是有本质不同的。人有思想就要产生问题，"不许问"是违反逻辑、不成为理由的，更何况是子女对父母呢! 然而，"我们还不能告诉你"是合乎逻辑的，在法律许可的条件下，人有隐私是正当的，即使是对自己的孩子。胸怀坦白、光明磊落、纯洁无瑕和隐私是不矛盾的。

形式逻辑对人们的思维方式、人生哲学、道德品质、知识积累、科学发展、技术进步和经济生产所起的巨大作用是有目共睹的。

2. 数理逻辑

这里说的数理逻辑和高等数学中的数理逻辑含义不同，它泛指自然科学中各学科的独特思维逻辑，这些逻辑又如何应用到学科以外的日常生活中去呢?

（1）数学。

我们经常看到，在加减乘除四则运算上犯严重数学逻辑错误的很少，然而，令人感到遗憾的是，仅仅比四则运算深一步的指数运算却有相当多的人逻辑不清，造成错误，甚至闹出笑话来。

请看下面这个例子：聂卫平最后取胜的可能性是多少?

1986 年中日围棋擂台赛，聂卫平还剩下 5 位日本对手，聂卫平对每位对手取胜的可能性都是 1/2，聂卫平最后取胜的可能性是多少?

见之于多种报纸的记者评论说，聂卫平最后取胜的可能性也是 1/2。这个估计的结果和前提显然完全不符，应该按概率逻辑进行乘方运算，聂卫平取胜的可能性应该是 1/2 的 5 次方，等于 1/32。

在中等数学中，未知数的概念导出了解方程的逻辑思维，使人们得以认识未知事物。认识一个人是求未知数的问题，我们是凭个人感觉予以猜测，还是找够条件进行分析呢? 绝大多数的中学生面对一个方程组都不会测结果，而是解方程。然而，我们有不少家长对儿童这个复杂得多的未知数草率从事，仅仅根据某些印象进行判断，而不是从他学习、生活、纪律、劳动、交友、兴趣、爱好等方面进行综合分析，再做出判断。

（2）物理。

物理学中许多思维逻辑都可以应用到日常生活中去，这方面的例子是多不胜数的。例如俗话说"人多力量大"，其实这不一定是科学的，根据物理的力学逻辑，必须在大家用力方向一致时，这个判断才成立，否则不成立。例如两个人拉一辆车，一个向东，一个向西，合力反而小于一个人的力。然而，在实际工作中，我们却往往只考虑"人多力量大"，不考虑合作与协调，造成工作效率降低，无穷扯皮，事倍功半。

我们在分析一个问题的时候，如果能互相补充、互相制约地运用上述四种逻辑来进行判断，就能使我们的认识更科学，判断更正确。教学生分析判断问题的逻辑，远胜于让他们死记硬背许多知识，尤其在网络时代，清晰的思维逻辑是开启知识宝库的一把重要钥匙。

家庭教育的文章主要是写给家长看的，由于家长的文化水平差异很大，所以我们的文章一定要写得通俗易懂，使一般具有中小学程度的家长都能看懂。这里特别要强调的是句子通顺，表意明确，逻辑清晰。

五、家庭教育故事的写作

给孩子讲故事，让孩子在听故事中得到感染与启迪，这是家庭教育的重要形式；将家庭教育理念写成家教故事，让家长从故事中得到某种启迪，引发深层的思考，从而避免简单的说教，这是当今家庭教育写作中最应提倡的，应引起大家的高度重视。

范例8：张能治的《警察·医生与跳楼者》[1]

这篇只有几百字的短文，运用叙述的手法，讲述了警察、医生通过与跳楼者的对话，挽救了一条鲜活生命的故事。

警察对着男子说："喂，医生有件事要问你，跳楼后你的尸体可不可以让他们医院作解剖用？"

男子"啊"的一声。

医生赶紧说，"如果你同意，我们可要签订个合同……"

警察和医生抓住跳楼者的心理特点，在关键时刻，让他触及死后的情景，

---

[1] 张能治主编：《家庭教育那些事儿》，广州：暨南大学出版社2014年版，第204－205页。

"尸体要让人解剖，那是他根本没想到的事，那是很可怕的事！"结果，跳楼者退缩了。可见，抓住人的心理特点，从另一个角度思考问题，不是劝说他不跳，而是让他顺着他的思路——"跳"，然后让他触及死后的情景，便可收到意想不到的效果。

这个故事的素材来自一位中学团委书记。在一次聚会中她讲了这么一件事，我就把它记录下来，写成了这个故事。每位作者都要做生活的有心人，只要留意就有很多材料可以写作。

范例9：周碧山的《俯仰之间18年》①

作者选择儿子高考前夕6月6日写作此文，寓意深刻。"明天，你就要走进高考考场，去书写你人生的一份重要的答卷。与此同时，我的一篇'作品'，也就要问世了。"这样的开头别具一格，引人入胜。

接着以俯仰之间18年，"多少期冀，多少欢欣，多少揪心，多少愁惑"，记录了儿子成长的历程，更重要的是再现了父亲家庭教育的全过程，以及对家庭教育的思考。

"好了，这一切都将成为过去，成为历史。等待你的是明天。""明天对于我将是什么？我没有细想。……明天的我，也许会寻一份清静与悠闲，抑或是重归漫长的孤独和寂寞，但这都无关紧要，因为我，已经历了人生的'俯'和'仰'。"

文章最后以"俯仰之间，18年。18年好漫长，漫长得恍如隔世；18年好短暂，短暂得仿佛一夜之间"作结，寓意深刻。

这是一位父亲对儿子的真切期待，是一位父亲对儿子俯仰之苦和乐的真实写照。为了儿子的成长，父亲付出了一切。作者周碧山是位优秀的数学教师，更是一位优秀的家长。通俗生动之中体现数学的和谐；执着追求之中体现出家庭教育的魅力。为了儿子的成长，父亲付出了一切。父爱无疆，父爱伟大！

六、家庭书信的写作

家书在家庭教育中有独特的作用，有时当面不便说的话，通过书信的形式却可以收到意想不到的效果。

---

① 张能治主编：《家庭教育那些事儿》，广州：暨南大学出版社2014年版，第157－159页。

范例10：罗雅欣、罗军的《父女情》①

女儿罗雅欣给父亲的信言简意赅。信一开始，便单刀直入，"我跟你说一件事，就是关于你打牌的事"。接着述说作者对打牌的看法，"它是一种娱乐游戏，适当玩玩可以放松精神，消除疲劳"和建议"最好不要通宵玩"。紧接着作者用一个"但"字将笔锋一转，摆出事实："饭后打牌几乎已经成为你每天必不可少的活动"。事实面前，父亲无法回避。然后再用一个"但"字谈感受：我和妈妈"每天守着家，等着你回来。我想，若换成是你，你肯定也不愿意。我们大老远来，只是想看你，和你幸福地过日子，而你似乎没把我们当一回事。""你就不能克制一下自己吗？"这个反问句非常有力，是啊，作为父亲就不能克制一下吗，如果不能，又怎能教育女儿呢！最后，从关心父亲的健康出发，"熬夜对身体不好"，直接提出意见，"希望你看到此信后接受意见"，表达女儿的强烈愿望。短短几百字，充分表达了罗雅欣的智慧和勇气。

爸爸罗军的回信言简意切，用"心里很高兴，也很惭愧"表达对女儿的信的充分肯定，这会使女儿特别高兴。承认经常打牌是一种"不良习惯"，"没有太在意你妈妈的话，因而也常常让你妈妈不快，甚至伤心"。在女儿面前承认自己的过错，这需要多大的勇气啊！这封信，"爸爸反思了很多"，并表达了爸爸的决心，做到"好好陪你和你妈妈，让你和你妈妈过一个愉快的假期"。最后，以"谢谢你的来信"结束这封信。父亲的回信，表现出了勇敢和大度。

两封信的内容都很简单，但含意很深刻，反映出网络时代家庭的亲子关系，读了令人感动。两封信折射出家庭书信在当今家庭教育中的巨大作用。现代家庭父母与子女地位是平等的，而父母与子女的亲子关系是不能改变的。父母要鼓励孩子独立，有思想、有个性，敢于提意见；而子女的意见，父母要敢于接受，错了就改，给孩子树立榜样，这才真正尽到做父母的责任。父母陪伴子女一起成长，家庭和谐幸福就自然而然了。

范例11：赵刚的《20岁的生日礼物》②

作者在信中提出成人的标准是"自立、自强"。"你到美国留学，目的就是缩短你认识世界先进文明的距离，尽快融入先进的社会秩序。""从现在开始到30岁的这个阶段，对你的后半生至关重要。"作者提出几点人生经验，供儿子

---

① 张能治主编：《家庭教育那些事儿》，广州：暨南大学出版社2014年版，第145－146页。

② 张能治主编：《家庭教育那些事儿》，广州：暨南大学出版社2014年版，第142－143页。

参考：一是"凡有成就者，大多是诚恳敬业，不轻易放弃机遇者"。你刚有生活中的第一份工作，最重要的是要忠诚于雇用你的人，"一个人获得对方的信任与好感，就是给对方一份安全感，这样你就会被纳入合作的圈子"。二是 20 岁以后，我们不阻止你结交、相处女友，但要慎重，因为此事操作不慎，会影响终生甚至下一代。"女孩最优秀的品质是贤惠与知书达礼。""使自己不断强大，就是吸引对方的磁场。"三是如何面对人生的挫折与痛苦。"屡挫屡奋，不屈不挠，终会有大成就""随遇而安，自强不息""只要执着地追求，终会有升华，从而成为这个领域的强者"。

赵刚教授夫妇这封信，表达了父母对 20 岁儿子的殷切期望：成年了就得自立、自强。作者围绕家庭与家庭教育，从技能与做人、择偶与条件、挫折与就业三个方面提出建议，言简意赅，引发深思，值得大家一读。

范例 12：黄嘉娜的《写给 Lm》①

一个高考失利的女孩子 Lm，躲进自己的网络世界，好几天不愿出门，也不愿与人说话。她的姨妈知道了，在网上找到她，对她说："每个人的一生都是不同的，每个人都有自己的路，经历过就是一笔财富，这笔财富应该包括各种酸甜苦辣，包括成功和失败，是丰富多彩的，是你独有的。"

"灾难能使人坚强，挫折能使人成熟"，姨妈现身说法，以一生的挫折与Lm 交流，"现在回想起来也觉得很温馨，也值得回忆，因为不平淡，因为不平常。因为挫折使你的人生有了故事，也会带给你收获"。这几句话让人感到特别温馨。

"生活有时是很捉弄人的，你的付出和你的收获有时是不成比例的，随着长大，你会慢慢体会到的，因为你是那么聪明、刻苦、懂事。"肯定 Lm 的付出，并希望"漂亮、快乐、可爱的你又走进我们夏日海边的行列"！

Lm 的回复："看了姨妈您给我的信，我有些认同。好吧！这一次就当是挫折教育吧，我终究不可能在别人的保护下成长。""高考毕竟并不代表一切，我才走过人生最平稳的四分之一，接下来要做的还很多。记得海子说过的，天空后面是天空，路前面还有路。""想靠自己去面对。旅途很漫长，终有拨云见日的一天！"

这是运用网络对话的家书。姨妈的家书挽救了"一个高考失利的女孩子"，

---

① 张能治主编：《家庭教育那些事儿》，广州：暨南大学出版社 2014 年版，第 143 - 145 页。

可见家书的作用之大。

七、家庭教育随笔的写作

范例 13：严增城的《生命，不是急匆匆地赶路》①

作者认为：父母和教师都是孩子成长中最重要的教育者。父母和教师的教育观念将影响孩子一生。父母和教师分别代表了家庭教育和学校教育两大方面。如果要比较两者的重要性的话，我觉得父母所代表的家庭教育要重要于教师所代表的学校教育。大凡有成就的人，其身上都能或多或少折射出成功的家庭教育的影子。成功的家庭教育来自于这一家庭良好的教育观念，而不论家庭的贫富，也不论家长的学历高低。

这篇家庭教育随笔，以旅游赶路与看景的关系比喻我们的教育：因为赶路，我们的孩子错过了太多太多；因为赶路，我们的孩子错过与书本交友的机会。

接着作者提问：孩子在赶的是什么路呢？"可以这样说，目前大部分人追求的是知识的量，而不是追求获得知识的方法和创造知识的能力，也就是，我们紧抓紧赶的是增长知识的路，但事实证明，比这更有意义的事情是创造知识。"

然后作者表达自己的观点："对于孩子来说，成长中少学一些知识并不可怕，但如果在学习知识的过程中丧失了对知识的好奇心，丧失了对自己和整个社会的责任感，那才是最可怕的。"

最后作者呼吁，"对我们的孩子宽容一点吧"，让孩子的"背囊"装上"正直、自信、爱心和勇敢"。

这是一篇优秀的家庭教育随笔，读了让人回味无穷。

范例 14：余德元的《孩子犯错时，家长要有宽容之心》②

作者开头便提出论题：家长要有宽容之心，要善于学会宽容，敢于放弃"完美"。

接着从"宽容是一种美德""宽容是一种解脱""宽容是一种力量""宽容

---

① 张能治主编：《家庭教育那些事儿》，广州：暨南大学出版社 2014 年版，第 77－79 页。
② 张能治主编：《家庭教育那些事儿》，广州：暨南大学出版社 2014 年版，第 242－243 页。

是一种艺术"等阐述宽容的重要性，并引用法国作家罗曼·罗兰的话"人生应该做点错事。做错事，就是长知识"，指出孩子犯错时，家长要善于"引导、鼓励孩子勇敢承认与纠正错误，让孩子吃一堑，长一智"。

最后引用陶行知先生"四块糖"的故事，让读者得到借鉴，耐人寻味。

完美是陷阱。希望孩子的表现事事上乘，处处皆佳，是不切实际的幻想。正确的态度是：不仅允许孩子的表现不如人意，而且允许孩子犯错。前者是孩子生活的常态，后者是孩子成长的契机。

☆温馨提示

写作使人严谨。只要你动笔写作，你的家庭教育观念就会升华，你的思考就会严密，你的教育效果就会提高。

怎样写？作者从"细致观察，捕捉素材；创意思考，有效表达；抓住特征，提炼主题；逻辑清晰，表达准确"四个方面，用七个范例回答了这个问题。

文章后半部分介绍了"家庭教育故事、家庭书信、家庭教育随笔"三种常用家庭教育文体的写法，配合七个范例，娓娓道来，让人觉得写家庭教育文章并非一件很难的事，这些范例的作者大都是普通的家长或教师，为了孩子的健康成长，花点心思就会有所收获。

这是一篇关于家庭教育写作的启蒙篇，谁读它，实践它，谁受益。

阅读，让孩子变聪明的方法

——评《家庭教育那些事儿》阅读篇

　　让阅读成为孩子生活的习惯，这是父母义不容辞的责任。因为阅读会使孩子的世界更丰富，心灵更明亮！

—— 题记

　　阅读的重要性怎么强调都不为过，尤其对中小学生更为重要。《家庭教育那些事儿》阅读篇一共收录了八篇文章，八位作者从各自的角度述说着阅读的重要性、阅读的方法和阅读的感受。

　　第一篇是我自己的作品《莫言与家庭阅读》。莫言获得了诺贝尔文学奖，轰动全国，掀起一股"莫言热"。作为一个家庭教育研究者、推广者，在这股"莫言热"中应关注些什么，研究些什么？我关注的是莫言获诺贝尔文学奖与他的家庭教育有什么关系，《莫言与家庭阅读》一文就是在这样的背景下写作的。莫言从小就喜欢读书，小学三年级时，他就读了《林海雪原》《青春之歌》《钢铁是怎样炼成的》等小说。五年级时，因"文革"辍学，莫言以放牛割草为业，闲时就读《三国演义》《水浒传》《新华字典》。莫言的阅读兴趣是他妈妈培养的。"阅读，让我们的世界更丰富。"要让孩子们的世界更丰富，就要像莫言的妈妈那样，让孩子们重视阅读；要像莫言对待女儿那样，关注儿女的阅读。

　　阅读给人智慧，给人快乐，给人力量；阅读可以塑造人的心灵，可以拓宽前进的道路，可以改写自己的命运。"让阅读成为孩子生活的习惯，这是父母义不容辞的责任。"这是我给家长的忠告，因为阅读会使孩子的世界更丰富，心灵更明亮！

　　第二篇是青年作家黄峰的《家里的天窗》，这是一篇家教美文。人们都说家是港湾，在港湾里，"若有书籍的陪伴，有阅读的习惯，有求知的欲望，有思想的交流，排排的书本错落有致，淡淡的墨香四散弥漫，这个港湾则洋溢着知识、情感与思想所散发的独有芬芳"。黄峰在教书育人中，在文学创作中，深深体味到，"书是家里的天窗"。形象的比喻，生动的象征，让我们感受到家的温馨，阅读的芬芳。

年轻的父母们，为了孩子而快乐读书吧，读书必定让教子快乐！

第三篇是吴莉芙的《让孩子快乐地读书》，作者开篇提出"好孩子是怎么培养出来的"这个父母特别关注的命题。她以儿子被北京大学元培实验班录取为例，从培养儿子的亲身经历谈了七个方面，而其中最重要的就是尽早培养孩子阅读的兴趣和习惯。

如何培养？"每一个孩子都是独一无二的，没有任何一种万能的教育方法能适应所有的孩子。"读读此文，结合自己孩子的实际，不断实践，不断总结，孩子就会在不知不觉中爱上阅读，并使阅读伴随终生，这就有可能把孩子培养得更为优秀。

第四篇是周飞琴的《有价值的藏书》，作者荣获"广东十大母亲"称号，她注重读书，注重藏书，藏有价值的书。作者的女儿认为，她的阅读与写作的兴趣，就是家里的藏书培养出来的；侄儿读小学三年级便写出《假如我是秦始皇》的优秀作文，也是受家里的藏书影响。周飞琴通过女儿和侄儿的故事说明"有价值的藏书"的作用——父母受益，孩子受益。

真实、生动、感人，读了让人回味无穷！

第五篇是陈开城的《让孩子乘上课外阅读这匹骏马》，作者是有一个9岁女儿的父亲。他在指导女儿的实践中感悟到："课外阅读不仅可以使孩子开阔视野、增长知识、培养良好的自学能力和阅读能力，还可以进一步巩固孩子在课内学到的各种知识，有助于提高孩子的认知水平和作文能力，有助于孩子形成良好的道德品格和健全的人格。"

愿年轻的父母都乘上课外阅读这匹骏马，通过亲情阅读，促进孩子快乐成长。

第六篇是洪淑芸的《让孩子沐浴在圣贤的光辉中》，作者是一位有责任感、肯研究的年轻母亲。她和丈夫一道，让孩子从小接触经典文化，一利多得。其做法是：播放CD，给孩子营造耳濡的氛围，利用图文并茂的书，达到事半功倍的效果，让孩子不教而自学；创作打油诗，孩子当老师，意趣盎然的小活动让孩子体验到成就感。有一次我给高中一年级的学生家长做演讲，洪淑芸带着他尚在读幼儿园的儿子洪洪参加，在和听众互动中洪洪大胆地回答了我的问题，足见孩子的胆量和见识。这是作者"不逼不压，随机随心，不炫不夸"的培养原则所产生的良好结果。

只要教育得法，孩子的早期阅读是大有可为的。

第七篇是严增城的《做教子有方的家长》，作者从三个层面，指出阅读《爱，让孩子快乐成长——e 时代家庭教育真谛》的现实意义。

严增城的感受是，要做教子有方的家长，就读张能治先生的《爱，让孩子快乐成长——e 时代家庭教育真谛》吧！

第八篇是陈少珍的《一本让人爱不释手的好书》。作者读了《爱，让孩子快乐成长——e 时代家庭教育真谛》这本书，感慨万千，她觉得："每一篇文章都给人亲切的、温暖的感觉。说它是亲切的，是因为书里传达了许多育儿理念，在作者笔下，这些教育理念更系统、更丰富、更有可读性、更引人入胜；说它是温暖的，因为读完以后不仅我收获满满，还产生了许许多多的共鸣。"

陈少珍感叹：我拿到这本书就爱不释手！

"让孩子变聪明的方法，不是补课，不是增加作业量，而是阅读、阅读、再阅读。"这是《家庭教育那些事儿》阅读篇的开篇语，也是本文的结束语。

渴望孩子变聪明的年轻父母，请记住教育家苏霍姆林斯基的话——阅读、阅读、再阅读！

☆ **温馨提示**

阅读给人智慧，给人快乐，给人力量；阅读可以塑造人的心灵，可以拓宽前进的道路，可以改写自己的命运。"让阅读成为孩子生活的习惯，这是父母义不容辞的责任。"这是作者给家长的忠告，因为阅读会使孩子的世界更丰富，心灵更明亮！

年轻的父母们，为了孩子，为了家庭，为了未来，阅读吧！

家书的魅力

——评《家庭教育那些事儿》书信篇

书信，通常指人们异地交流的一种书面形式。家庭书信，简称家书，是家庭成员之间交流的一种书面形式。广义的家书可以延伸到家族或范围更广的与家庭有关系的书信，其中也包括现代网络媒体某些形式。

《家庭教育那些事儿》一书的"书信篇"共收进七封书信：有父亲写给远在美国留学的儿子的信《20岁的生日礼物》，有姨妈通过网络写给外甥女的信《写给Lm》，有读小学四年级的学生写给父亲的信和父亲的回信的《父女情》（共两封信），有远在古巴的家翁写给住在中国媳妇的信《细心培养儿女》，有年轻父母写给就在身边的8岁儿子的信《学会放手是对孩子的尊重》，有从未谋面在上海复旦大学读大学三年级的学生写给《当今家庭教育》主编的信《阅读与实验让我爱上科学》。这七封书信从不同地域，以不同的年龄，不同的人物关系，叙述着一个共同的内容：家庭教育；表达出一个共同作用：家书的魅力。

在没有电话等现代通信工具的年代，人们在不同地域生活，书信的作用是不言而喻的，因此才有"家书抵万金"这一说法；在互联网高度发达的今天，书信还有必要吗？回答是肯定的，因为书信具有独特的作用。

《20岁的生日礼物》，这是一封言简意赅、寓意深刻的家书。作者赵刚教授的人生感悟，"成人的标准是自立、自强""留学目的就是缩短你认识世界先进文明的距离""不轻易放弃机遇""忠诚是价值连城的文凭""使自己不断强大，就是吸引对方的磁场""屡挫屡奋，不屈不挠，终会有大成就"等，读了令人感慨。这封信对儿子、对青年，尤其是正在留学或准备留学的青年，是最好的礼物，对父母、对家长则是一清新剂。谁读这封信，谁受益。

《写给Lm》，一个高考失利的女孩，躲进自己的网络世界，好几天不愿出门，也不愿与人说话。她的姨妈知道了，在网上找到她，与她交流。"经历过就是一笔财富，这笔财富应该包括各种酸甜苦辣，包括成功和失败，是丰富多彩的，是你独有的。"姨妈的话语很深刻，而 Lm 回复"我终究不可能在别人的保护下成长""也想靠自己去面对"，说得很在理。这封网络家书甚为感人，网络成了家庭教育的有效载体。

《父女情》，春节期间，广州市海珠区知信小学四年（2）班学生罗雅欣和她的妈妈从广州到潮州与爸爸团聚。罗雅欣的父母都在医院工作，他们的工作都很出色，但父亲闲暇时喜欢打牌，忽略了女儿，于是女儿给爸爸写了一封信，对爸爸的行为提出批评，并要爸爸在信的背面写回信。隔天爸爸按女儿的要求认真回复，接受女儿的意见，决心改掉打牌的习惯。两封信的内容很简单，但含意很深刻，女儿罗雅欣的智慧和勇气，父亲罗军的勇敢和大度，反映出网络时代家庭亲子关系的变化，读了令人感动。两封信折射出家庭书信在当今家庭教育中的巨大作用。

现代家庭父母与子女地位是平等的，而父母与子女的亲子关系是不能改变的。父母要鼓励孩子独立，有思想、有个性，敢于提意见；而子女的意见，父母要敢于面对，错了就改，给孩子树立榜样，这才真正尽到父母的责任。父母陪伴子女一起成长，家庭和谐幸福就自然而然了。时代需要这样的亲子关系！

《细心培养儿女》一文摘自黄卓才教授的新著《鸿雁飞越加勒比——古巴华侨家书纪事》一书。"这是别具一格的两地书——连接着中国广东与古巴，连接着他乡与故园，连接着过去的时光与当下的憧憬。"作者的父亲生前是古巴侨领——大萨瓜市（大沙华）中华会馆终身主席。他的家书文辞简洁，内容充实，视野广阔，中文和西班牙文书法秀美。作者黄卓才是暨南大学中文系教授、作家，他运用连带追根、左联右穿、旁叙及他等手法，开创了家书作品的新体例。两代人的"细心培养儿女"的家庭教育理念和实际行动，使作者三个孩子终成为优秀人才：有独立谋生的精神和能力；热爱体育运动，身体都很健康；性格开朗，兴趣广泛，生活丰富多彩。作者的人才观和培育儿女的方法，值得 21 世纪年轻父母效法。

《学会放手是对孩子的尊重》，8 岁的孩子能干什么？杨源这个阳光的小男孩，他能骑自行车、会下国际象棋、会干家务、会阅读、放学会独立回家、会组织同学大扫除……作者写完这封信，让儿子看，让儿子读，与儿子讨论，这是父母对孩子行为的肯定。孩子会在看、读和讨论中获得认知，深化认知。孩子的能力是从实践中获得的！

《阅读与实验让我爱上科学》，在上海复旦大学读书的张成辛在网上看到

《当今家庭教育》总第 18 期该刊主编张能治撰写的《"影响世界华人"的欧洲两院院士孙大文》一文，甚为感动，遂给张主编发来电邮，表达他对孙大文院士的敬仰、愿望以及父母关注他的阅读与实验的情况。虽然张主编并不认识张成辛和他的父母，但信中所表达的诚意和家庭教育对他的影响是真切的。后来张主编在和张成辛的父亲接触中进一步证实了这一点。愿年轻的父母都重视孩子的阅读与实验！

这七封信，从不同侧面反映出家书的独特魅力。父母在和子女相处中，由于种种原因，有些话语、有些事情口头很难表达得清楚、表达得具体细腻，那么，你可以拿起笔给孩子写信，也鼓励孩子给父母写信，把问题敞开，把感情充分表达出来，你会收获到意想不到的效果，收获到弥足珍贵的亲情！

2015 年 2 月 26 日
于广州明月苑

☆**温馨提示**

七封家书从不同地域，以不同的年龄，不同的人物关系，叙述着一个共同的内容：家庭教育；表达出一个共同作用：家书的魅力。

在互联网高度发达的今天，家书仍具有它独特的作用。不信，就读《家庭教育那些事儿》一书的书信篇！你肯定会被感染，会情不自禁地给子女写信，也会鼓励子女给父母写信。

Wait a minute，please！请等一下！

2010 年暑假期间，读飞厦中学初中二年级的菁和读金园实验中学初中一年级的嘉，两姐妹在爸爸的陪伴下到上海看世界博览会。

7 月 28 日晚到繁华的外滩游览。

一位老外将车停在外滩的停车场，游览后回来，坐上车，准备离去。

车场的管理人员对老外喊道："小伙子，给停车费啊！"

老外似乎没有听到。

菁："Wait a minute，please！（请等一下！）"

老外转过身，用汉语问："多少钱？"

车场的管理人员："5 元。"然后转身对菁说："谢谢你，小姑娘！"

菁："没什么，这是我应该做的。"

菁的爸爸站在一旁笑眯眯，看着眼前发生的一切。

菁的妹妹嘉忙将刚才发生的这一幕打电话告诉远在汕头的妈妈。

我与菁的父母谈起此事，他们对菁的表现由衷地感到高兴。

☆温馨提示

Wait a minute，please！这是一句普通的英语，如果它出现在课堂上，或是校内师生的对话中，那没什么特别之处；但发生在繁华的上海外滩，是菁第一次到达的地方，那就大不一样了。面对一个老外，寄存车辆不给钱，在车场管理人员不懂英语的情况下，菁立即用英语和老外对话，让他遵守停车场的规则，维护了车场管理者的利益。

菁的行为表现了一个女中学生可贵的社会责任感，也反映出她的独立性和善于将学习到的外语应用到社会实践中去的勇气与胆略。

我学，我行！

一天下午，广东省家庭教育多媒体课件评比颁奖典礼在广州月亮湾酒店举行。

省妇联莫部长宣布：张能治等十一人获广东省家庭教育多媒体课件评比一等奖，顿时全场响起热烈掌声。

当我第一个步上主席台，从省妇联杨副主席手里接过奖状时，我脑子里闪过这样的念头：我行！居然获一等奖，而且排第一。

消息传来，我的家人特别高兴，女儿竖起拇指说：爸爸从不会电脑到会电脑，现在不仅能用电脑写作，还能编辑排版；从不会制作多媒体课件到能制作，并获全省第一，真了不起！

汕头市妇联领导欢欣鼓舞，奔走相告，因为这个第一，还是广东三大特区的唯一，汕头妇联也获优秀组织奖。我作为汕头市家庭教育讲师团的一员，能为汕头特区争得荣誉，感到特别自豪。

事情回到2009年9月，我接到市妇联转来的省妇联和省家庭教育研究会关于在全省开展"制作家庭教育多媒体课件竞赛"的通知。这个通知来得突然，因为制作多媒体课件对我来说是一件不容易的事；这个通知来得正是时候，因为它是一个挑战，是一个极好的学习机会。

接到任务之后，我首先考虑的是课件的内容。我想，当今的时代是网络时代，当今的家庭教育是网络环境下的家庭教育；孩子出现网瘾，很大程度是由于我们的父母跟不上网络时代的步伐，与孩子无法沟通。基于这样的认识，《更新教育理念，做e时代的合格父母》的题目就确定下来了。我先拟出演讲提纲，写好演讲全文，然后进入第三步将内容制作成多媒体课件。我主动向女儿女婿请教，经过半个月的努力，多媒体课件制作出来了，按时寄到省组委会。一个月后，经专家评审，我的课件入围初选，需根据专家组的建议再做些修改。我特地跑到潮州市我工作过的中学请教电脑老师，一个星期后，我将修改后的课件再次寄到广州，终于如愿以偿获得大奖。

"内容新鲜，观念前沿；图文并茂，对比强烈；重点突出，适合演讲。"这些是专家组对我的课件的评价，也是我的课件能够获奖的主要原因。

获奖归来，教育系统在聿怀中学举行了一个推介会，让我做获奖课件的演示并发表获奖感言，我说："家庭教育无止境，教育者的学习无止境。紧跟网络时代的步伐，不停地学习，积极地实践，不断提高家教课件的技术含量，不断提高家庭教育的效果，使更多的家长受益，有效促进孩子的健康成长，这是我的心愿。"

2010 年 5 月市关工委在金平区召开家庭教育现场会，张主任特邀我在大会做《更新教育理念，做 e 时代的合格父母》的演讲，推广网络时代家庭教育的新理念。后来省组委会将十一个获一等奖的多媒体课件制作成光盘，发给全省各地，使新理念得到更广泛的推广。

"大人好好学习，孩子天天向上。"

这是我的感悟，这是 21 世纪孩子的成长法则。

2011 年 8 月 16 日

☆温馨提示

"内容新鲜，观念前沿；图文并茂，对比强烈；重点突出，适合演讲。"这是专家组对作者课件的评价，是课件能够获奖的主要原因，也是制作多媒体课件的基本原则。作者一直遵循这个原则，不断实践，不断创新，为广大家长服务。

"家庭教育无止境，教育者的学习无止境。紧跟网络时代的步伐，不停地学习，积极地实践，不断提高家教课件的技术含量，不断提高家庭教育的效果，使更多的家长受益，有效促进孩子的健康成长，这是我的心愿。"

为了这个心愿，作者努力着，奋斗着！

89 本书的故事

——《家庭教育那些事儿》发行花絮

在《家庭教育那些事儿》首发式和家庭教育学术研讨会后，他一人便买了89 本书。

他是谁？

他是汕头市金平区人大原主任张朝烈。我赠送了一本《家庭教育那些事儿》给他，他如获至宝，爱不释手，逢人就说这是一本难得一见的好书。一位老干部到他家做客，看到该书，也觉得这是一本很实用的教育子女的优秀图书，想要这本有作者题签的书。

"那怎么可以，这是作者赠送的啊！"张主任说后便打了一个电话，了解该书发行情况。我在潮州接到张主任要买 6 本书的电话，很为难，因为书早已售罄，连第二次印刷的也销售一空。

"那想办法先给两本吧！人家急着要学习！"张主任语意诚恳急切。回汕头后我将自己留用的两本给张主任，他随即将 6 本书的书款送上。

春节期间我在广州又接到张主任要买 80 本书的长途电话。他说春节来拜年的亲友很多，看到《家庭教育那些事儿》这本书，话题就自然转到家庭教育上来。"只要看了《家庭教育那些事儿》的序言、前言和后记，你就想买！看了这本书，只要你悟到一点家庭教育的道理，你就受用无穷，何况看了受益远远不只一点啊！"张主任动情地说。经他宣传，个个都想买。

我从广州回到汕头后，张主任即刻把 80 本书的款项送上。我说书正在重印，不必先付款。张主任说还是先付上好，以免又售罄啦。

书店工作人员拿着书款，发现多付了 100 元，打电话告诉他。电话那端传来张主任的回复："那就再增加 3 本！"这就是 89 本书的由来。

2015 年 3 月 21 日第三次印刷的《家庭教育那些事儿》终于运抵书店，当天张主任如愿以偿得到这 89 本书。人们问他为何买这么多本？他说这是送给亲友最好的礼物，虽然每本要花 35 元，但它比一盒糖果、一包茶叶便宜，而且更有意义，读了它，让人受用无穷，终身受益……

张朝烈是全国关心下一代先进工作者，他重视家庭教育，还得从他担任金平区关工委主任说起。那年当他知道中山、佛山两市家庭教育工作做得好，他便组织区关工委一班人，还邀请教育、妇联、团委等有关同志到两市学习，回来后便组建起金平关心下一代家庭教育讲师团，经他提议，区委任命，我成为讲师团团长。在他的大力支持下，家庭教育讲师团便在潮汕大地如火如荼地开展起来。当我提出要创办《当今家庭教育》杂志时，他积极响应，并亲自动员企业家支持讲师团和办杂志工作。如今他虽然不再担任关工委领导职务，但每当他拿着刚出版的《当今家庭教育》杂志时，总是啧啧称赞："比正规刊物办得还好，里面每篇文章都是家庭教育的好教材！"

我在他家里看到"恩重如山　情深似海"的录像带，那是张主任为纪念父亲和母亲诞生100周年制作的。他自费购买89本《家庭教育那些事儿》送给他的亲朋好友，目的是要让他身边的人都重视家庭教育，都把自己的子孙教育好，家庭才和谐！

孩子快乐成长，家和万事兴，《家庭教育那些事儿》正在发挥它越来越大的作用……

☆温馨提示

6本+80本+3本=89本。

他如获至宝，爱不释手，逢人就说这是一本难得一见的好书。

他一人便买了89本《家庭教育那些事儿》，反映买者的眼力和对家庭教育重视的程度。

"只要看了《家庭教育那些事儿》的序言、前言和后记，你就想买！看了这本书，只要你悟到一点家庭教育的道理，你就受用无穷，何况看了受益远远不只一点啊！"这是发自张朝烈主任的肺腑之言，也折射出广大家长对优秀家庭教育图书的渴望。

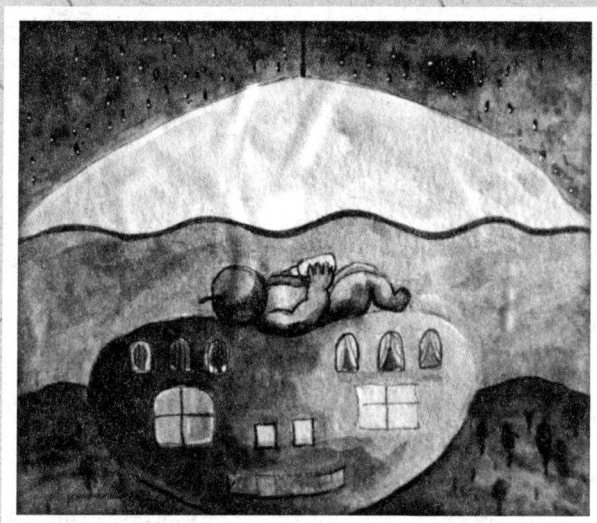

第五章 生存

生命珍贵，生命不能再来；研究生命，保护生命；向生活学习，做生命的强者；提高生命质量，做智慧的青少年……这是生命教育中最重要的环节。

做生命的强者

生命宝贵，生命只有一次；爱惜生命，保护生命；生命不能重来，做生命的强者。

一、生命至上，生命不能重来

（一）研究生命，保护生命

巴甫洛夫·伊凡·彼德罗维奇（1849—1936 年），俄国生理学家、心理学家、医师、高级神经活动学说的创始人、高级神经活动生理学的奠基人、诺贝尔生理医学奖获得者。

巴甫洛夫从小学习勤奋，兴趣广泛。他向妻子承诺，不饮酒、不打牌、不应酬。70 岁以后，巴甫洛夫每天仍乘电车上班，在他生命最后时刻，他仍在学习研究。他是在病中挣扎起床穿衣时，因体力不支倒在床上逝世的，享年87 岁。

"巴甫洛夫很忙……巴甫洛夫正在死亡。"这话不是别人说的，是巴甫洛夫对别人说的，是巴甫洛夫在生命的最后一刻说的。在生命的最后一刻，他谢绝人们的看望慰问，请助手记录他生命最后时刻生理和心理的变化。巴甫洛夫一直密切注视着生命衰变的各种感觉，他要为一生至爱的科学事业留下更多的感性材料。

巴甫洛夫在生与死的较量中表现出来的勤奋、豁达、超然、镇静、无私、无畏，令我们深深折服。对一切生命有机体来说，生与死是一对矛盾，有生必有死，有死必有生。在巴甫洛夫的眼里，死不是生命的终结，而是生命的升华。一句"巴甫洛夫很忙……巴甫洛夫正在死亡"，不是诗篇，胜似诗篇。

（二）不珍惜生命的种种表现

当前青少年学生不珍惜生命的种种表现令人触目惊心。

1. 飙车是马路杀手

随着摩托车盛行，摩托车飙车问题日益突出。它导致交通事故，危害他人和自身的安全，是可怕的"马路杀手"。

飙车影响青少年的健康成长，引发犯罪。近年来，由飙车引发了许多刑事案件，如杭州飙车案、成都宝马案，它们不仅对群众的生命财产安全造成了重大损失，在社会上也产生了诸多不良影响。

中学生飙车时有发生，表现形式多样：骑车兜风，高速行驶；成群结队，曲线竞驶；搭伙喝酒，酒后狂飙；驾车逞能，追逐汽车……

飙车的成因：炫耀、好奇等心理因素的影响；受影视传媒、网络游戏等影响；"飙车"成为青少年宣泄烦恼的途径。

飙车问题，学校管理上有漏洞。一些学校片面追求升学率，忽视对学生进行交通安全教育，导致学生法制观念和交通安全意识淡薄。很多飙车的人认为这是一种娱乐，并没有违反交通规则，或者认为自己可以侥幸逃过交警的监控。家长监护不力。有些父母平时只顾忙于工作而对子女的生活与心理缺乏关注，让处在成长中的青少年没有家庭的归属感，容易迷失自我，因此他们只能在同龄人中寻求认同与归属，一旦认同与归属的同辈团体是"飙车"族，他们也自然就成了其中的一员。

飙车是对生命的无知。飙车入刑，彰显对生命的尊重。马路如果变成"飙车场"，必将严重危害公共秩序和公共安全，必须予以严厉打击。为了自己和他人的生命安全，家长要负起监管责任，否则后悔莫及。

2. 抽烟是慢性自杀

升入中学以后，有的同学觉得自己长大了，希望别人不再把自己看成不懂事的小毛孩子，想要得到成人的尊重。于是，模仿成人抽烟，似乎就显示了"成人"气概。还有一部分同学是由于影视片的误导，认为吸烟能表现自己思想的成熟。

全世界每年吸烟致死者达 250 万人之多，烟是人类第一杀手。科学和事实证明，香烟中的尼古丁是"隐性杀手"。一支香烟中含尼古丁 6~8 微克，20 支香烟中的尼古丁就能毒死一头牛，如果给人一次注射 60 微克尼古丁，马上就会引起呼吸麻痹，危及生命。尼古丁等有毒物质破坏脑细胞的正常功能，使人头痛、失眠、记忆力下降；它使血管痉挛，血压升高，血管壁硬化，诱发高血压、冠心病、脑溢血；它使咽喉、气管、食管、肠胃产生慢性炎症，逐步发展成溃疡；它还是致癌、促癌的主要元凶。香烟中的一氧化碳还大量夺取与血红蛋白结合的氧气，使人体处于缺氧状态，从而影响整个机体的健康。研究表明，吸烟会引起视力下降，甚至失明。至于"读书累了吸烟可以提神"的说法是根本没有科学依据的。所谓"提神"，只是脑神经细胞受刺激引起的暂时兴奋状态，几分钟后就麻痹了。长此以往，大脑会变得更麻木、更迟钝。吸烟不仅危及自己，烟雾中的有毒物质还殃及周围的人，使他们被动吸烟，毒素在肺部蓄积，造成肺部的损坏或癌变。

自觉养成不吸烟的个人卫生习惯，不仅有益于健康，而且也是一种公共卫生道德的体现。为了孩子的健康成长，教师与家长都要戒烟，养成良好的公共卫生道德，学校和家庭也都应杜绝吸烟。

3. 溺水是因对生命的无知

据不完全统计，仅仅在 2014 年夏天，媒体报道出来的儿童溺水事件就有数百起，多半是因为没有家长进行有效看护，河边或者湖边缺乏安全防护，和小朋友玩耍时不慎落水。有一半事件是因为儿童好奇游泳，不知道水的深浅，在游泳时溺水身亡。中国教育新闻网曾统计，在中小学生意外死亡事件中，因溺水死亡的人数占46%，多发区域是农村。

他们多是因为缺乏安全教育常识，没有生命意识、危险意识和自我防护意识。学校和家庭疏于对孩子必要的教育引导，造成了这些不必要的伤害。

二、向生活学习，做生命的强者

1. 最美教师——张丽莉

2012 年 5 月 8 日，黑龙江省佳木斯市。面对失控冲向学生的大客车，28 岁的女教师张丽莉奋力推开身边的学生，自己却被卷入车轮下，造成全身多处骨折，双腿高位截肢。

那一瞬，张丽莉柔弱的身躯如同一道铜墙铁壁挡在生死之间，挽救了两名学生。

张丽莉是一个没有正式编制、月收入不足千元的普通教师，可她却长期资助班上一名贫困学生；她担心路远的学生来不及吃早饭，就自己掏钱给他们买面包和饼干；在她被送往医院抢救时，她挂念的依然是"先救学生"……

2. 最美司机——吴斌

2012 年 5 月 29 日，江苏省锡宜高速公路上。忍受着腹部被突然飞来的制动毂碎片击中的剧痛，48 岁的杭州司机吴斌用 76 秒时间，完成了靠边停车、拉手刹、打开双闪灯等一整套保障安全动作，及时疏散车上 24 名乘客，自己却因伤势过重，于 6 月 1 日凌晨在医院去世。

这 76 秒，这个铁骨铮铮的汉子，承受了难以想象的生命极限。

吴斌 2003 年进入杭州长运客运二公司，驾驶客车 9 年，安全行驶 100 多万公里，相当于绕地球近 30 圈，从来没有发生过一起交通事故和旅客投诉。他在安全疏散乘客后说的最后一句话是，"别乱跑，注意安全"。

当天客车上的乘客韩维春说："我们 24 个人永远不会忘记吴师傅的恩情，我们也将以同样的敬业回报社会。"网友评论："在生命的最后时刻，吴斌没有把宝贵的第一时间留给自己，而是留给了车上的 24 名乘客。如果不是深入骨髓的责任感和职业精神，他不可能在完全没有时间思考的情况下做出这样的举动。"

"以他的生命换来了 24 个家庭甚至更多家庭的快乐和幸福，我们觉得他平凡的一生在最后的时刻做出了最伟大的事，我们家庭以他为骄傲。"吴斌的姐姐吴冰心说。

3. 最美路人——周冲

2012 年 6 月 3 日上午，周冲和女朋友小英带着侄子，准备去广州市天河区东圃某公司面试，当他们走到怡东苑路段时，看到道路两边围了不少人——原来是一个 3 岁女孩琪琪头部卡在 4 楼阳台花架上，双脚悬空，情势危急！见女童有危险，穿着黄色 T 恤的周冲立刻翻越护栏走进了怡东苑小区。此时，有街坊在楼下拉着被单准备接人，而周冲和一些街坊居民跑上楼，3 楼的屋主开门让他们进去，还打开了防盗网的小窗。在没有任何防护的情况下，周冲毅然从 3 楼阳台爬出，抓住防盗网，爬到了防盗窗第三格的位置，用力将琪琪往上顶，直到对方能踩到他的手。周冲边托着琪琪，边安慰她不要哭。托举了 15 分钟后，警察破门进屋，切开花架抱出琪琪。而英勇救人的"黄衣哥"没有留下姓名，悄然离开。经过媒体和市民的全城搜寻，冒险救人不留名的"黄衣青年"6 月 9 日终于现身广州市天河区珠村。

共青团广东省委授予周冲"广东青年五四奖章"。团省委表示，之所以给周冲这一荣誉，是因为他的善举"对社会有重大、广泛的影响"。对此，周冲表示："感谢当时在场的群众一起帮助，如果没有他们，那时候我可能也会失败。"广州市精神文明建设委员会办公室发出倡议书，号召羊城市民学习周冲的"凡人善举"。经过央视连续两天的报道，中央文明委高度重视，周冲获邀赴京参加中央文明委召开的道德楷模座谈会，他以"举手之劳"，感动了整个中国。

周冲认为，见义勇为就是看到别人身处危急时及时出手相助，"其实当时救人，我只是举手之劳，没想到大家那么关心我"。

4. 最美妈妈——吴菊萍

2011 年 7 月 2 日下午 1 点半，杭州滨江区白金海岸小区，2 岁女童妞妞趁奶奶不注意翻出阳台，在 10 楼高空悬挂了一会儿后突然坠落。刚好路过的吴菊萍看到这一幕，立即甩掉高跟鞋，奋不顾身地冲过去，伸出双臂接住了孩子。两人均倒地陷入昏迷。10 天后，妞妞奇迹般苏醒，呼吸、血压、脉搏等生命体征基本平稳，能叫"爸爸妈妈"了。女孩稚嫩的生命得救了，但吴菊萍的手臂因瞬间被巨大的冲击力撞成粉碎性骨折。

31 岁的吴菊萍，浙江嘉兴人，有一个尚在哺乳期的 7 个月大的孩子，阿里巴巴公司员工。事情发生后，当地授予她"见义勇为积极分子""三八红旗手"等奖励，网友们则称她为"托举生命的最美妈妈"。2011 年 9 月 20 日，在第三届全国道德模范评选中荣获全国见义勇为模范称号。

吴菊萍的惊人一接，接出了伟大的母爱，接出了人间的大爱。吴菊萍有一双最柔弱的臂膀，但也是最有力的臂膀；她用这双臂膀托起了生命奇迹，唤醒了普罗大众对传统美德的自觉。

"这是本能，是一个母亲应该做的事情。"躺在病床上，吴菊萍一脸平静。荣誉铺天盖地，吴菊萍保持了清醒的认识，"我只是普通人，问心无愧就好"。公司奖励了 20 万元，她留作自用。"我需要好好生活，好好工作，才有能力去帮助身边的人。"赡养父母、培养孩子、还房贷……任何普通人，都无法对这些现实问题视而不见。

张丽莉、吴斌、周冲、吴菊萍都是普通百姓，但他们都是最美的人！向他们学习，向生活学习，爱护生命，保护生命，做生命的强者！

三、提高生命质量，做智慧的青少年

1. 女中学生安吉拉·张与抗癌新疗法

美国华裔女中学生安吉拉·张虽然只有 17 岁，却已经是一名成绩非凡的"癌症研究专家"！安吉拉·张在实验中发现，在化疗药物中加入一种物质，可以有效地直接杀死癌细胞，而不伤害健康细胞。这一研究成果使得安吉拉·张一举夺得了当年的"西门子数学和科技竞赛"个人奖桂冠，并赢得了 10 万美元的高额奖学金。

从 15 岁开始，安吉拉·张就利用课后和周末时间，在美国斯坦福大学医学院的实验室进行癌症研究。在过去 2 年时间里，安吉拉总共投入了 1 000 个小时进行抗癌方法研究，最后安吉拉·张在实验中发现，通过在化疗药物中加入一种金铁氧化物"纳米粒子"，就可以有效地直接杀死致癌干细胞，而不伤害健康的细胞。在实验中，安吉拉·张拿小白鼠做试验，她先将肿瘤细胞注入小白鼠体内，再注射承载了治疗药物的"纳米粒子"，然后通过红外激光跟踪"纳米粒子"，看它们是否能够专门针对癌细胞释放抗癌药物。安吉拉·张设计的"纳米粒子"可以大大改善现在的癌症治疗方法，因为它们可以将抗癌药物直接导向癌细胞，而不会影响周围的健康细胞。

亲人患癌去世是安吉拉·张研究癌症治疗方法的原动力之一，她的曾祖父患肝癌，她的祖父患肺癌去世，所以她从小就立下了攻克癌症的志向。安吉拉·张对记者说："我不断问自己，为什么癌症会引起死亡？我们可以做些什么来补救，我可以提供哪些帮助？"

安吉拉·张对科学的浓厚兴趣来源于父亲张艺风的启发。每到周末晚上，父亲带她外出散步时，总会向她提出一些问题：为什么下水道的井盖是圆的？为什么酒店的水龙头马上能流出热水，而家中的水龙头则要等一段时间才能流出热水等。父母的引导让女儿兴趣浓厚，喜欢研究探索。

安吉拉·张的生活丰富多彩。据她的母亲詹姆·吴介绍：她和丈夫并没有像"虎妈"一样压迫女儿成为"神童"，她经常告诉女儿要快乐生活。女儿对于科学研究的热情完全来自于她自己的喜好。她喜欢俄国文学和法国文学，还喜欢打高尔夫球、弹钢琴和划皮艇。安吉拉·张承认，过去两年，她为了自己的抗癌方法研究"牺牲了不少看电视的时间"。

安吉拉·张即将进入大学就读，她希望自己能在大学中继续攻读化学工程、生物工程或物理学等课程，并在将来成为一名专门从事科学研究工作的大学教授，造福于人类。虽然安吉拉·张研究的抗癌方法距人体临床试验还有很大距离，但具有极大的科研前景。她相信，她发明的抗癌方法从临床试验到真正应用到成千上万癌症患者的身上，大概需要花 25 年左右时间。

安吉拉·张的科研精神，安吉拉·张执着的科研态度，我们相信她，我们期待着！

2. 药学家屠呦呦与青蒿素

中国著名女药学家屠呦呦发明治疗疟疾新药青蒿素，挽救了数百万人的生命，终于在 44 年后获得 2015 年诺贝尔生理学或医学奖。这是第一个在中国本土上获得的诺贝尔科学奖。

屠呦呦 1955 年毕业于北京医学院药学系，毕生从事中医药的研究工作。屠呦呦发现青蒿提取物对鼠疟原虫有抑制作用，但是后来的实验抑制率一直上不去。她经过 190 次实验都遭到失败，终于在 1971 年第 191 次实验获得成功，青蒿提取物对鼠疟原虫抑制率达 100%。她又把青蒿提取物分为中性和酸性两大部分，并发现中性部分抗疟效价高而毒副作用低，酸性部分无效而毒性大。在确证中性部分为青蒿抗疟有效部分后，她又进行猴疟实验，取得同样满意的效果。1972 年又分离出新型结构的抗疟有效成分青蒿素。2011 年 9 月获得拉斯克临床医学奖，获奖理由是“因为发现青蒿素——一种用于治疗疟疾的药物，挽救了全球特别是发展中国家的数百万人的生命”。

屠呦呦出生于浙江宁波，高中毕业于宁波中学。中学时成绩中上，但她喜欢生物，喜欢研究，考上药学院，让她的兴趣得到有效激活。在中医研究院的工作，给她提供了研究的绝好机会。研究→失败→再研究→再失败→再研究→再失败→最后获得成功，这是一条经典公式。屠呦呦耐得住寂寞，经得起失败，从无数次的失败中了解原因，最终取得了成功。

屠呦呦用毕生精力，致力于抗疟的研究，提高人的生命质量，拯救了几百万人的生命。屠呦呦是青少年学习的榜样！

3. 掌握游泳本领，提高溺水自救能力

游泳能够有效地改善心血管系统、呼吸系统、肌肉系统的功能。经常游泳不但能够改善体质，预防疾病，而且能够磨炼意志，塑造健美的体形，促进身心健康和心智发展。

　　游泳还是一种生存技能，人们难以避免与遍布的江河湖海接触，因此，掌握了游泳技能就等于在意外发生时多了一分生存的机会。

　　2015年暑假在广州读小学一年级的外孙晖晖回到汕头度假，女儿、女婿和我们商量，暑假让晖晖学游泳，与我们不谋而合。我们找到一间正规的培训学校——汕头市东方小学游泳培训基地。事先我们带晖晖与教练见面，了解学游泳应注意的事项，便开始训练啦。经过一段时期的练习，晖晖已基本掌握了游泳的要领，开学后在广州又继续学了一段时间，巩固提高，现在算是会游泳了。这是今年暑假我们为孩子做的一件最得意最高兴的事。

　　游泳是中小学体育课一项重要内容，但因为场地问题，很多学校还不能开设游泳课。为了孩子的成长，学校应想办法开设游泳课程，而作为家长则应毫不含糊地想方设法地让孩子学游泳。因为游泳不仅是锻炼身体的需要，更是生存的需要。掌握了游泳本领，提高溺水自救能力，等于在意外发生时多了一分生存的机会，何乐而不为？

　　4. 防溺水，做到"五不游泳"

　　安全教育是学校的重要工作，学生要有安全常识、生命意识和安全防护意识和素质。作为家长，肩负着比学校更重的教育责任，家长要全方位教育孩子成长中的安全知识和必要的素质。令人遗憾的是，我国很多学校仍然没有把"安全教育和预防教育"列为学生辅助课程加以重视，仅仅是在德育工作中泛泛而谈。教育专家熊丙奇谈到："现在学校应该将生命教育和安全教育常态化，作为一门辅助课程长期对孩子进行教育引导，让学生知道什么是安全的，什么是危险的，明白生命的可贵与崇高。"

　　防溺水，做到"五不游泳"：

　　不在无家长或老师的带领下私自到海、江、河、湖、溪、塘、水库等地方游泳。

　　不擅自与同学结伴游泳、戏水。

　　不到无安全设施、无救护人员、无安全保障的水域游泳。

　　不到不熟悉的水域游泳。

　　发现同伴溺水时应立即呼喊大人去救援，不要盲目下水营救，避免发生更多伤亡。

　　家庭教育对儿童一生影响深远，然而家庭教育因家长的知识结构、素质水平不同，在儿童生命教育、安全教育等方面的教育效果也不尽相同。在杜绝和预防儿童溺水悲剧事件上，学校和家庭都要高度重视，将安全的知识积淀成儿童的素质和习惯，为他们的健康成长和幸福人生负责。

生命至上，生命不能重来；向生活学习，做生命的强者；提高生命质量，做智慧的青少年。

2012 年 6 月 18 日初稿

2015 年 11 月 14 日修改

☆温馨提示

"做生命的强者"，这是一个重要命题，是一个任何人都不应该忽视的命题，不应该回避的命题。

生命至上，生命不能重来；研究生命，保护生命；向生活学习，做生命的强者；提高生命质量，做智慧的青少年……这是生命教育中最重要的环节。

文中介绍的人物，他们从不同角度诠释着生命宝贵、生命不能重来、保护生命的人生哲理。

飙车、抽烟、溺水……是拿生命做游戏，是对生命的无知。

为了生命，学会游泳；防溺水，做到"五不游泳"；研究生命，延长生命，像巴甫洛夫、屠呦呦、安吉拉·张那样；保护生命，向最美的人张丽莉、吴斌、周冲、吴菊萍学习，做生命的强者！

为了孩子的生命成长

——评《家庭教育那些事儿》生命篇

《家庭教育那些事儿》一书第四部分生命篇，篇首引用陈利彬的话，提出什么样的生命才是既健康又完整的命题，他说："在家是合格的孩子，到校是合格的学生，走上社会是合格的公民，我看这就是健康的生命的一个方面了！为什么说是一个方面呢，我想再加上几点：到了谈恋爱的年龄是合格的恋人，成家立业以后是合格的丈夫、合格的妻子，生儿育女了是合格的父亲、合格的母亲。这样的生命就既是健康的，又是完整的了。"陈利彬是一位出色的校长，他的观念深刻而令人信服。

《家庭教育那些事儿》生命篇共选了六篇文章，第一篇是陈利彬的《把家校打造成守护生命的最牢固屏障》。作者是一位善于思考的教育者，他提出培养"规则意识、目标意识、学习品质"的"健康人生'三原色'"，很有见地；而重视人，重视人的生命权利，重视学生的生命教育，就应当成为教育的本源所在。初中是学生生命成长礼的第一幕，家长一定要以身作则，与学校共同培养学生良好的习惯和规则意识。家庭应当成为守护生命的港湾，如何使港湾风平浪静，他提出九点意见和"三看""八问"的沟通方法。

遵循作者的建议去做，你的孩子就会实现他心中美丽的梦想！

第二篇是严增城的《生命，不是急匆匆地赶路》，作者以旅游的目的是看风景而不是赶路为喻，道出当前教育的弊端：因为赶路，我们的孩子错过了太多太多。因为赶路，我们的孩子错过与书本交友的机会。因为赶路，"丧失了对知识的好奇心，丧失了对自己和整个社会的责任感，那才是最可怕的"。

作者呼吁，让孩子们"整理整理人生的行囊，往里面装上正直、自信、爱心和勇敢吧！"我们相信，这样的孩子生命会更精彩！

第三篇是张若冰的《小学生生命教育的现状与应对策略》，这是一位小学校长对生命教育的理性思考。作者认为，关注小学生的生命，应从关注生命的需要、关注生命的个性、关注生命的发展几方面努力，这是教育走向智慧、走向成功的条件。为了孩子的生命成长，教师和家长要善于捕捉孩子生命中的浪花，要时时刻刻在行动上下功夫，孩子们才会有愉悦的人生。

第四篇是林汉文的《中学生生命教育的哲学思考》，作者从哲学的角度研究生命，这是一个很重要的课题。为了生命，进行死亡教育是非常必要的。"'不怕死'的人是很可怕的。"这个提法很独特，很深刻。尊重和珍惜生命，不仅要珍惜自己的生命，同样要珍惜他人的生命。让学生在生理、心理和伦理上得到生命教育，健康快乐地活着，提升生命价值，是教师和家长最重要的任务。

第五篇是陈利彬的《陪伴和沟通：帮助孩子顺利度过青春期的两大法宝》。父母如何让孩子顺利度过青春期，如何让孩子的生命既是健康的又是完整的，作者的回答是——陪伴与沟通。"陪伴孩子并且进行有效沟通不但是父母的核心责任，也是为人父母送给孩子一生最好的礼物。"怎样才能使这份礼物出彩呢？父母就得"学习、充电"，就得"尊重、关注"，就得作出"自己生命的示范"。

为了孩子们的生命成长，父母要学习家庭教育，研究家庭教育，提升家庭教育，塑造良好的家庭行为。

第六篇是方仰群的《岂能让分数成为学生的杀手!》，作者是中学特级教师、全国优秀班主任、全国先进工作者。作者从对社会的高度责任感出发，发出"救救孩子"的呼喊，这不是危言耸听。为了孩子的生命，进行孝的教育，逆境商的培养以及淡化分数与名次，这是教师和家长的共同责任。

为了孩子的生命成长，家长、教师和社会要联合起来，各司其职，守护好孩子的生命，让孩子的生命迸发出灿烂的光和热！

☆温馨提示

生命教育，这是广大家长、教师和社会各界关注的问题。

怎样使家庭成为守护生命的港湾；怎样让孩子在整理人生的行囊时，也往里面装上正直、自信、爱心和勇敢；怎样使孩子有愉悦的人生；怎样使孩子健康快乐地活着，提升生命价值；怎样作出自己生命的示范；怎样救孩子的生命，想知道就读张能治主编、暨南大学出版社出版的《家庭教育那些事儿》"生命篇"吧！

警察·医生与跳楼者

美国有一位中年男子，因生意失败跑到公司顶楼八楼准备跳楼，公司的同事很快赶到劝说，该男子的亲人闻讯也迅速赶来。

"你下来吧，有事慢慢说呀？""你千万不可做傻事啊！""失败了可重来，钱可慢慢赚嘛！"大家焦急地、七嘴八舌地劝说他不能轻生。楼下也聚集了很多人，有的喊着，有的拿来一张网，很多人拉着，预防不测。

很快，警车也来到现场，车上下来两个人，一个警察和一个医生，他们从电梯迅速上到顶楼。

警察对着男子说："喂，医生有件事要问你，跳楼后你的尸体可不可让他们医院作解剖用？"男子"啊"了一声。

医生赶紧说，"如果你同意，我们可要签订个合同……"

警察和医生的一句话，挽救了一条鲜活的生命。

☆温馨提示

跳楼者因情绪激动，想一死了事，但他没想到死后的事。警察和医生抓住他的心理特点，在关键时刻，让他触及死后的情景：尸体要让人解剖，那是他根本没想到的事，那是很可怕的事！结果，跳楼者退缩了。只有在他冷静之后，大家的劝说才能发挥作用。

可见，抓住人的心理特点，从另一个角度思考问题，不是劝说他不跳，而是让他顺着原来的思路——"跳"，然后让他触及死后的情景，便可收到意想不到的效果。

救人也需要运用心理学。

智慧的女孩

一天下午，深圳一位小学三年级的女孩放学回家。

"妈妈！妈妈！"没有听到妈妈的回应。

小女孩掏出钥匙把门打开。"妈妈！妈妈！"还是听不到妈妈的回应。

小女孩往屋里走去，到了餐厅，闻到一股刺鼻气味，再往卫生间的方向望去。卫生间的门关闭着。她敲打卫生间的门，又喊了起来，"妈妈！妈妈！"里面没有反应。

"出事了！"小女孩用尽全身力气将卫生间的门撞开，眼前的一切使她傻了眼：赤身裸体的妈妈倒在地上。

"是煤气中毒。"她判断。

怎么办？怎么办？

她立刻做了三件事：

第一，迅速将卫生间的窗户打开；

第二，迅速将煤气阀关闭；

第三，迅速打电话，先是打110，后又觉得不对，再打120。

很快救护车来了。

在医院，医生对小女孩说："如果迟来三分钟，你妈妈就没救了。"

记者问小女孩，你急救的常识是从哪里学来的？

"是从学校的消防演练中学到的。"小女孩回答。

演练、实践，获得体验；体验将认知转化为能力，这是一个复杂的应用过程。没有学校的消防演练，不可能将认知转化为能力。加上小女孩良好的心理素质，临危不惧，成功地挽救了妈妈的生命。

☆**温馨提示**

三分钟赢得妈妈的生命。

三个迅速的动作凝聚着大智慧和良好的心理素质。

生活中处处是课堂，有学问。只要我们时时留意，临危不惧，就可以成为一个智慧的人。

智慧的男孩

五百多年前的一天晚上，在比利时首都布鲁塞尔的中心广场，钟声、礼炮声和人们的欢呼声交织成雄壮的乐曲，在首都的上空回荡。就在人们欢庆打败外国侵略者时，敌方间谍悄悄溜进了市政厅的地下室。

间谍堆好炸药，接上一根导火线，一直伸到外面的院子里，点上火后慌忙溜走了。导火线正"哒哒"地向地下室延烧进去，谁也没发现这危险的火花。一场巨大的灾难即将降临！

这时有个叫连的小男孩正好跑到院子里玩耍，他在墙角边发现了炸药和闪着火花的导火线。燃烧的导火线正在一寸寸变短……

怎么办？

他想用水扑灭，可这里没有水，到远处去打水已经来不及了，就是跑出去喊大人来，恐怕也太晚了。

于连灵机一动，朝燃烧的导火线撒了一泡尿。

导火线被浇灭了，一场特大的灾难避免了！

1619 年，雕塑大师捷罗姆·杜克思诺创作了一座青铜像"撒尿的男孩"放在中心广场来纪念他，人们自豪地称于连为"布鲁塞尔第一公民"。

☆温馨提示

于连是智慧的男孩。

于连的父母在反侵略战争中英勇作战，于连在战争环境中懂得了怎么扑灭燃烧的导火线。

在危急关头，于连用智慧、勇敢和良好的心理素质成就了伟绩。

生活中也会碰到一些突发事件，如果我们能冷静机智地面对它们，我们就可以用智慧解决它们。

不倒翁

电视剧《我在北京，挺好的》女主角谈小爱与徐小晖离婚后，谈小爱的人生跌入低谷，她以不停缝衣来缓解她的精神苦闷。朴实的宝民哥看在眼里，急在心头。一天，他专门买来一件玩具——不倒翁，送给谈小爱。谈小爱拨弄可爱的不倒翁，很开心。看，它就是不倒，还对着小爱笑呢！见到这情景，谈小爱也笑了。

"我就要在北京，谁也不能赶我走！"谈小爱终于喷发出掷地有声之言。这言语，注定谈小爱在今后的人生道路上走得踏实，走得坚定！

人生道路，总是一帆风顺是不可能的，碰碰磕磕才是生活，培养人也如此。一个孩子，从幼儿开始，就应该通过游戏、运动、旅游……让孩子在活动中，学会与人相处，在挫折中经受锻炼，寻找解决问题的方法。

爱，是幸福的表现。教育家 A.C. 马卡连柯说："爱——这是最伟大的情感，这种情感一般来说能够创造奇迹，创造新人，创造只有人的精神才能创造的人类最伟大的珍品；但这种情感也是制造废品的原因，即造就拙劣的人，自然也是给整个社会首先是给家庭带来危害的人的原因。"因此，爱必须科学，爱必须有限度。让孩子在挫折中经受磨炼，这是爱的科学方法。当今的家庭教育最缺乏的是有限度的爱，最危险的是无限度的爱——溺爱。家庭以孩子为中心，一家人围着孩子转：孩子爱什么，家庭给什么；衣来伸手，饭来张口；为了孩子的学习，什么事都不让孩子干。这导致孩子只爱听表扬的话，批评话一点都塞不进去；不合群，不会与人相处……这样的孩子，即使学习成绩很好，那也是很危险的。袁健，一个双硕士学位毕业生，因经不起挫折而跳楼自杀就是一个令人心痛的案例。"沉痛之余，我希望同学们也能从这一悲剧中深刻自省，坎坎坷坷是人生的常态，要勇敢地走过去，在以后的人生中，积极乐观地面对任何困难和挫折，永远都要爱惜自己、爱惜生命、爱惜家人！无论多么出色和成功，要永远放低姿态，学会忍受。"北京大学副校长、汇丰商学院院长海闻如是说，他告诫孩子们要爱惜生命，顽强乐观地生活和工作。

家庭，就是组织幸福，父母就是幸福的组织者。要让孩子立于不败之地，就得从家庭的小事做起。父母一句话、一个行动、一件小事，都能对孩子产生教育的效果，好的或坏的；孩子的一句话、一个行动、一件小事都体现出他的观念、他的爱好、他的品格，不论是好的还是坏的，都可以从父母身上找到影子。

为了孩子的未来，家庭的幸福，父亲和母亲都行动起来，引领全家人从身边小事做起，踏踏实实，一步一个脚印，像不倒翁那样笑对人生，不论是顺境还是逆境，都要坚强挺立，勇往直前！

2014 年 6 月 28 日

注：

《我在北京，挺好的》是由中央电视台、中共陕西省委宣传部、西安曲江丫丫影视文化股份有限公司等单位联合出品的电视剧，姚远执导，王茜华、陶昕然、林继东和张明健等主演。该剧讲述两姐妹三十多年的风雨人生历程，在起伏不定的命运推动下成长与蜕变，最终战胜自我赢得成功与尊严的故事。该剧又通过两家人，陕西一家人的草根生活状态和北京一家人的平民幸福生活场景，折射出改革开放以来一代人的努力成果，表达出国与家的中国梦的同构，是一部践行中国梦的好作品。该剧已于 2014 年 5 月 7 日在央视一套黄金档全国首播。

☆ 温馨提示

人生道路不可能一帆风顺，要像不倒翁那样笑对人生，不论是顺境还是逆境，都要坚强挺立，勇往直前。

为此，要从小事做起，从饭桌做起，从家务活做起，让孩子从生活的各个方面都得到教化，从而培养孩子的独立性、责任感和感恩情怀。孩子长大了，才能面对生活的各种挑战，像不倒翁那样永远立于不败之地。如果不加教化，孩子长大后，对父母颐指气使，我们是应该怨他，还是怨我们不够智慧的教育呢？

特别奖

期中考试后，小学举行插花比赛。

参赛同学事前多数做了认真的准备，参赛时个个兴高采烈。

有一个小女孩，读四年级，轮到她表演时，她插上拔下，拔下又插上，插得有点凌乱，看得出，她有点儿紧张。她反复调整，终于完成了，要拿到台上时，不知怎的，刚迈出步，脚一歪，花篮掉下来了。她不好意思，迅速将花篮拿起，再将花枝调整了一下，最终还是在规定的时间完成了作品。

有位朋友说："可怜的女孩，在众人面前出丑。"

旁边有位家长说了一句话："在这么多同学中，她最可爱。"

作为评委，我给这位小女孩较高的分数，但这位女孩的作品仍然没有得奖。

经评委讨论，主办方认可，一致同意给她一个特别奖——挫折奖。

评奖已过去好多天，在众多规定的奖项中，包括特等奖和一等奖，我没有太深刻的印象，而这位小姑娘的动作和她的作品，我印象特别深刻。她略带羞涩的笑容，坚持到底的态度，让人不能忘怀。

缺点和挫折，使人进步。学习中出现错漏是正常现象，只要肯认真改正，并适当训练，人就会前进。

我们需要的不是一百分，不是十全十美，而是能力。缺点和挫折是能力的加速器。挫折，让人变得可爱！

2010 年 3 月 3 日

于汕头碧霞庄

☆温馨提示

给挫折者一个特别奖，这是评委的明智选择。

"挫折教育"，一个容易被人忽视的命题。

教师要关注这个命题，给挫折者以赞赏的目光，扶一扶，前景灿烂明亮，否则就会一败涂地。

家长更应关注这个命题，在家里设立这样的特别奖，这是家庭教育的艺术。

爱自己　爱生命

——从美国教师讲授《灰姑娘》想到的

　　网上流传着美国教师和中国教师讲授《灰姑娘》的故事，对比之下，令人感慨。

　　关于《灰姑娘》的故事，中国很多教师给学生讲过，很多家长给自己的孩子讲过。中国教师更多的是引导学生阅读、分段、归纳段落大意、总结主题思想和写作特点，也结合课文的内容，引导学生学习人物的优良品德等。这是中国语文教学的模式，从小学到中学几乎没有太大的变化。

　　美国教师根本不去机械地讲授字词句，不去研究文章的篇章结构，更不长篇累牍地去分析中心思想和写作特点，而是根据课文的内容，设计了"你最喜欢谁"等十几个问题，让孩子们在讨论中感受到要守时、要注重仪表、要有朋友、要爱自己、出错并不可怕等观点，努力做一个懂得礼仪、诚实守时的人，体会父母的爱和朋友的帮助，更要学会爱自己。可以看出，美国教师侧重于启发学生思考问题、总结问题，甚至质疑权威。美国的教育就像是一个圆，由一个点随意向四周各个方向拓展，培养学生的阅读兴趣，培养学生的思维力和创造力。

　　"爱自己！"这是中国教师和中国家长不敢大声说出来的命题。我们更多的是要孩子爱他人，爱集体，爱人民，爱祖国，爱社会。当然这些爱都没有错，但它的基础是"爱自己"。一个不会爱自己的孩子，能爱集体，爱人民吗？近年来，经常看到这样一些报道：因为一些小小的挫折，有的孩子竟然自杀，告别人世；为了一些利益，残忍杀害他人，甚至自己的亲生父母。

　　爱自己，就得学会博爱与宽容。在灰姑娘的故事中，我们对灰姑娘的后妈一般都是以批评的态度，几乎没有从另一个角度来思考。美国教师引导孩子发现后妈也有她美好的一面，这是一种站在对方角度去思考问题的方式。这就是博爱，这就是宽容。有了博爱与宽容，他就绝对不会去伤害他人，更不会残忍地杀害他人。

　　请看看美国教师讲《灰姑娘》：

上课铃响了，孩子们跑进教室，这节课老师要讲的是《灰姑娘》。

请一个孩子上台给同学讲一讲这个故事。孩子很快讲完了，老师对他表示了感谢，然后开始向全班提问。

老师：你们喜欢故事里面的哪一个？不喜欢哪一个？为什么？

学生：喜欢辛黛瑞拉（灰姑娘），还有王子，不喜欢她的后妈和后妈带来的姐姐。辛黛瑞拉善良、可爱、漂亮。后妈和姐姐对辛黛瑞拉不好。

老师：你们想一想，如果在午夜 12 点的时候，辛黛瑞拉没有来得及跳上她的南瓜马车，可能会出现什么情况？

学生：辛黛瑞拉会变成原来脏脏的样子，穿着破旧的衣服。哎呀，那就惨啦！

老师：所以，你们一定要做一个守时的人，不然就可能给自己带来麻烦。

另外，你们看，你们每个人平时都打扮得漂漂亮亮的，千万不要突然邋里邋遢地出现在别人面前，女孩子们，你们更要注意，将来长大和男孩子约会，要是不注意仪表，被你的男朋友看到你邋遢的样子，他们可能就吓昏了。（全班大笑）

老师：好，下一个问题。如果你是辛黛瑞拉的后妈，你会不会阻止辛黛瑞拉去参加王子的舞会？你们一定要诚实哟！

学生：（过了一会儿，有孩子举手回答）是的，如果我是辛黛瑞拉的后妈，我也会阻止她去参加王子的舞会。

老师：为什么？

学生：因为，因为我爱自己的女儿，我希望自己的女儿当上王后。

老师：是呀，所以，我们看到的后妈好像都是不好的人，她们只是对别人不够好，可是她们对自己的孩子却很好，你们明白了吗？她们不是坏人，只是她们还不能够像爱自己的孩子一样去爱其他的孩子。

老师：孩子们，辛黛瑞拉的后妈不让她去参加王子的舞会，甚至把门锁起来，她为什么能够去，而且成为舞会上最美丽的姑娘呢？

学生：因为有仙女帮助她，给她漂亮的衣服，还把南瓜变成马车，把狗和老鼠变成仆人。

老师：对，你们说得很好！想一想，如果辛黛瑞拉没有得到仙女的帮助，她是不可能去参加舞会的，是不是？

学生：是的！

老师：如果狗、老鼠都不愿意帮助她，她能在最后的时刻成功地跑回家吗？

学生：不会，那样她就可能成功地吓到王子了。（全班再次大笑）

老师：辛黛瑞拉有仙女帮助她，有狗和老鼠帮助她，孩子们，无论走到哪里，我们都是需要朋友的。我们的朋友不一定是仙女，但是，我们需要他们，我希望你们也有很多很多的朋友。

老师：下面，请你们想一想，如果辛黛瑞拉因为后妈不愿意她参加舞会就放弃了，她可能成为王子的新娘吗？

学生：不会！那样的话，她就不会到舞会上，不会被王子遇到、认识并爱上她了。

老师：对极了！如果辛黛瑞拉不想参加舞会，就是她的后妈没有阻止，甚至支持她去，也是没有用的，是谁决定她去参加王子的舞会？

学生：她自己。

老师：所以，孩子们，就是辛黛瑞拉没有妈妈爱她，她的后妈不爱她，这也不能够让她不爱自己。就是因为她爱自己，她才可能去寻找自己希望得到的东西。如果你们当中有人觉得没有人爱你，或者像辛黛瑞拉一样有一个不爱她的后妈，你们要怎么样？

学生：要爱自己！

老师：对，没有一个人可以阻止你爱自己，如果你觉得别人不够爱你，你要加倍地爱自己；如果别人没有给你机会，你应该加倍地给自己机会；如果你们真的爱自己，就会为自己找到自己需要的东西，没有人可以阻止辛黛瑞拉参加王子的舞会，没有人可以阻止辛黛瑞拉当上王后，除了她自己。对不对？

学生：是的！

老师：最后一个问题，这个故事有没有不合理的地方？

学生：（过了好一会）午夜12点以后所有的东西都要变回原样，可是，辛黛瑞拉的水晶鞋没有变回去。

老师：天哪，你们太棒了！你们看，就是伟大的作家也有出错的时候，所以，出错不是什么可怕的事情。我担保，如果你们当中谁将来要当作家，可能比这个作家更棒！你们相信吗？

孩子们欢呼雀跃。

我们该如何对孩子进行生命教育？美国教师认为："没有一个人可以阻止你爱自己，如果你觉得别人不够爱你，你要加倍地爱自己；如果别人没有给你机会，你应该加倍地给自己机会；如果你们真的爱自己，就会为自己找到自己需要的东西，没有人能够阻止辛黛瑞拉参加王子的舞会，没有人可以阻止辛黛瑞拉当上王后，除了她自己。"

爱自己，爱生命，不要把自己的生命当儿戏，这就是《灰姑娘》的现实意义。

☆温馨提示

教育是一件了不起的工程，是天底下最阳光的事业。要对得起这神圣的使命，教师要敢于突破传统的束缚，走出思维的固有模式，"爱自己"就是对传统思维的一种挑战。

教无定法。一百个教师讲《灰姑娘》，就可能有一百种教育方法，博取众人之长，结合自己的体验，就会有独特的发现。教育自己的孩子更是如此，善于结合自己孩子的实际，《灰姑娘》会给你带来意想不到的收获。

第六章 亲情

　　感恩，需要物质，更需要精神；感恩，就是儿女的一切；感恩，家庭教育的真谛。

　　亲情无价，亲情伟大，亲情温暖着彼此的心。

和慧的感恩情结

一个电话足以驱赶父母的寂寞！父母终会变老的，父母终会牵挂儿女的，儿女一个电话，哪怕是短短的几句问候，都能缓解父母的思念之情。

——题记

2015 年 4 月 3 日晚，"世界因你而美丽——影响世界华人盛典 2014—2015"在清华大学新清华学堂绚丽揭幕，国际著名女高音歌唱家、国际声乐大赛金奖获得者——和慧，登上本年度"影响世界华人"榜单。

和慧在十七年的歌剧生涯里几乎登上了世界所有著名的歌剧院和音乐厅，她声音大气恢宏，技巧成熟稳固，被誉为"世界第一阿依达"，西方评论称她是"中国给世界歌剧最大的礼物"。颁奖嘉宾中国文化部原部长蔡武说，和慧"凭借着她对音乐艺术的这种挚爱，引导她，引领她攀登世界歌剧高峰"，因为和慧"有一颗真诚的心"。

和慧在获奖感言中表示："我非常荣幸能够获得这样一个沉甸甸的奖项……一路走来我要感谢非常多的人，首先我要感恩养育我的中国文化，正因为有中国文化的教育，我才能够走到今天，能够坚持自己的梦想。我在此特别感谢所有的多年来一直支持我的老师、同学、朋友，还有乐迷们，我要感谢我的母校西安音乐学院所有的人，因为我的成长都是你们亲自鉴定的。我想在这个特殊的时刻，借这个机会，特别感谢我的父母亲。我的父母亲是非常质朴的人，我的家庭教育也是，我妈妈是一名老师，我爸爸是一名医生……在过去的十七年的国际歌剧生涯里，我每天都保持和父母通话不少于一个小时的习惯……"

是什么力量让和慧获得如此重大的成就？

是感恩。

感恩，和慧不忘自己是中国人。在十七年国际歌剧生涯里，无论她到哪一个国家，走进哪个大剧院，每场演出她"都披着中国的国旗"。虽然和慧是做西方音乐的，可是她感恩养育她的中国文化。在国外她曾遭遇"面孔歧视"，认为中国人唱歌剧不行，但她始终坚信音乐的世界是最公平的，"面对外国观众，唯一能够说服他们的就是我的声音，用声音去感染他们"。她用真诚和信念的歌声，打动了无数观众。中国人在西方艺术殿堂内摘下"世界第一"的桂冠并不容易，和慧认为这种不易源于文化的差异。对于中国人进入西方歌剧世界，"我觉得最重要的是对于西方文化的一种理解，对于中西方文化的差异的融会贯通，这是最大的难点，如果说突破的话，我想就是寻找人类情感的共性，因为音乐是表达人类情感最直接的一种，最微妙的一种语言，用音乐的语言去表达人类情感的共性，这就是我们东方歌者，演绎西方音乐世界的一个方法。"

感恩，和慧不忘她的老师、同学和朋友。"感谢我的母校西安音乐学院所有的人，因为我的成长都是你们亲自鉴定的。"世上没有哪一个人能够无师自通，和慧也不例外。在和慧取得重大成就、重大突破的时候，她更加怀念给她"亲自鉴定"的母校——西安音乐学院。在大学时代，和慧几乎接受过西安音乐学院所有老师以及中国音乐界艺术界前辈的点拨。今天她作为西安音乐学院的教授，正将她那独特的音符，献给她的师弟师妹们、乐迷们……

感恩，和慧不忘她的父母。"在过去的十七年的国际歌剧生涯里，我每天都保持和父母通话不少于一个小时的习惯"，因为父母的陪伴对和慧来说非常重要。父母的爱支撑着和慧在异国他乡的每一天，支撑着她的每一场演出，让每场演出都有精彩的绽放。

"每天都保持和父母通话不少于一个小时的习惯"，这是一句多么朴实的话语，但坚持起来，真不容易！一个爱父母、感恩父母的女儿跃然纸上。

"每天都保持和父母通话不少于一个小时的习惯"，这是一种良好的生活习惯。和慧的父母亲用最质朴、最无私、最善良的父母心，爱女儿，支持女儿。女儿成功了，女儿走出去了，女儿不忘父母养育之恩。

"每天都保持和父母通话不少于一个小时的习惯"，女儿每天向父母亲汇报自己的成绩，让父母分享女儿成功的快乐；汇报每天碰到的困难，让父母分享女儿的痛苦；汇报所到国家大剧院的特色，让父母分享异国他乡的风情；汇报每天见到不同肤色的艺术家的精湛艺术表演，让父母分享世界艺术之美……

每天都保持和父母通话的习惯，让儿女走到哪里，父母的思念也跟着到那里。一个电话足以驱赶父母的寂寞！父母终会变老，父母终会牵挂儿女，儿女一个电话，哪怕是短短的几句问候，都能缓解父母的思念之情。

感恩，让远离父母的人儿，都像和慧那样，不论人在祖国何方，或在异国他乡，在繁忙的工作中，都不会忘记家中的父母，因为没有父母就没有你的现在，没有你的未来，没有你的一切……

感恩，让跟父母在一起的人儿，都像和慧那样，经常和父母交谈，与父母分享世界的精彩！

感恩，造就了儿女的一切！感恩，家庭教育的真谛。

2015 年 4 月 4 日晚

☆温馨提示

感恩，需要实实在在的行动；感恩，需要物质，更需要精神。一个电话足以驱赶父母的寂寞！父母终会变老，父母终会牵挂儿女，儿女一个电话，哪怕是短短的几句问候，都能缓解父母思念之情。

感恩，让远离父母的人儿，都像和慧那样，不论人在祖国何方，或在异国他乡，在繁忙的工作中，都不会忘记家中的父母，因为没有父母就没有你的现在，没有你的未来，没有你的一切；感恩，让跟父母在一起的人儿，都像和慧那样，经常和父母交谈，与父母分享世界的精彩！

感恩，造就了儿女的一切！感恩，家庭教育的真谛。

让我爸我妈生活得更好一点

2010 年 2 月 23 日温哥华冬奥会，中国年轻运动员周洋夺得女子短道速滑 1 500m 冠军。

周洋发表获奖感言说："这是我的梦想，我觉得拿了金牌以后可能会改变（自己）很多，首先肯定会让自己更有信心，也可以让我爸我妈生活得更好一点。"周洋的获奖感言一出，全国为之感动。

"让我爸我妈生活得更好一点。"这是一句肺腑之言，是一句真切的感言。这句最朴实的获奖感言闪耀着人性的光辉。这句话因为真实，所以令人感动。

周洋生于一个经济困难的家庭。父母都没有固定的工作，家用主要靠母亲给人打毛衣来贴补。这么多年来，父母为了她省吃俭用，能吃的苦，父母都吃了。当周洋默默无闻训练的时候，是她的父亲用那辆旧自行车载着她去，载着她回，一路风雪；在她练完回家的时候，有母亲炖着那锅热汤等着她。周洋成为奥运冠军，她终于有了能力"让我爸我妈生活得更好一点"。

我们不能苛求周洋获奖感言的高度，她为祖国争得荣誉本身就已经是对祖国最大的感谢了。她的行动就是最大的感言，这无声的言辞就是最大的感言。

如果每个人在做事的时候都能想着感恩自己的父母，那么他多半是一个清正廉洁的好官，一个两袖清风的好公务员，一个有责任感的好老板，一个勤奋努力的好职员……

一个学生如果时时处处想着父母，想着父母为了自己的成长所付出的心血，想着父母为了自己的成长所做的努力，他就会成为一个学习认真、积极向上的好学生。

感恩祖国，从感恩父母做起；感恩父母从我做起。学生的本职是学习，勤奋学习，积极思索，就是对父母最大的回报。

☆温馨提示

"让我爸我妈生活得更好一点"，朴实无华，体现出周洋的感恩之情，没有父母的支撑，就没有周洋的成绩，就没有女子短道速滑 1 500m 的冠军，就没有五星红旗在温哥华冬奥会上的升起……

我们不苛求周洋获奖感言的高度，她为祖国争得荣誉本身就已经是对祖国最大的感谢了。

她的行动就是最大的感言，这无声的言辞就是最大的感言！

姐弟情深

我有两个姐姐，大姐 82 岁，二姐 80 岁。

去年 4 月 21 日，我应邀到初中就读的母校——汕头市澄海苏北中学讲学，二姐刚好从广州来樟林小住，我就约她一同前往，她特别高兴，因为苏北中学也是二姐的母校。讲学是在下午，上午我们先参观位于樟林观一村的秦牧故居，领略散文大师的风采，接着参观苏北中学校园，并在校门口的王鼎新老校长塑像前照了几张相。二姐离开母校已 60 年，说起二姐的读书，还有一段令我感慨的故事。

我于 1941 年农历七月十一日出生于澄海县隆城乡。1941 年农历六月十三日，家乡正闹水灾，那时我的母亲已怀有九个月身孕，她和家人涉水逃避日本侵略者，由于惊慌，感染风寒而影响了身体健康。我出生后半年多，母亲便患上肚痛病。在那缺医少药的年代，加上战乱，母亲的病终成不治，于 1942 年农历九月十七日去世。那时我只一岁多，是祖母、伯母和大姐、二姐、大哥、二哥等将我带大的，二姐为了带弟弟，读小学三年级时还休学了一年。后来我知道此事，甚为感动。

大姐记忆力很强，我儿时的事她都记得很清楚。母亲患病期间，特别叮嘱两个女儿要照顾好弟弟。母亲说得最多的一句话就是每次不能让弟弟吃得太饱，这是后来大姐告诉我的。我特别喜欢听大姐讲我儿时的故事，每次都让我沉浸在对母亲的无限怀念、对两位姐姐的无限感激之中！大姐善于缝制衣服，十三四岁便会补衣做衣裳。我 5 岁时，父亲带我到东里买了一块浅灰色条纹布，据说是我自己挑的颜色，大姐用手工给我缝了一套冬装，上衣还贴了两个小口袋，像中山装似的，很精致，我特别爱它，常常穿着不肯换。大姐很爱我的女儿，我两个女儿小时候的衣服大都是她缝制的。

我和妻子属于晚婚晚育，为了安全，根据大姐二姐的建议，我妻子生大女儿时特别住到东里二姐家，是二姐和她的家人全力照顾我的妻子和女儿的。我在潮安东凤工作，往返交通不那么方便，但大姐、二姐和伯母等还多次到东凤看望我们一家，让离家的人儿感到特别亲切。大姐、二姐很爱我的两个小孙子，经常给他们买穿的、玩的、吃的……

二姐会织毛衣，她多次给我织开襟的羊毛衫、羊毛背心、羊毛裤。她织的羊毛织品很合身，尤其是羊毛裤，我已穿了十多年，裤底都破了。去年11月底我应邀赴杭州参加第二届华人家庭教育高峰论坛，二姐和她的大女儿合作给我织了一条新的羊毛裤，让我的杭州之旅很暖和。

以前大姐、二姐都住在澄海，少在汕头中心城区住，言谈中我知道她们希望能到汕头国际大酒店23层璇宫看看。我了解到23层璇宫开放情况后，特地在一个合适的日子订了一席适合老人吃的饭菜，饭前先带她们到23层璇宫参观，领略汕头的风貌和汕头新八景之一"璇宫邀月"的风采，满足了大姐、二姐的心愿。餐桌上女儿女婿忙着给姑妈夹菜，小孙子也跑前跑后喊着"老姑吃菜"，叫得老人家乐滋滋的。

大姐有两男一女，二姐有一男两女。现在大姐经常来往于澄海和汕头之间，二姐则来往于广州和汕头之间。不论大姐、二姐住在哪里，我都经常带着家人去看望她们，经常打电话给她们，与她们聊天，排解老人的寂寞。节假日则带着水果、饼食、茶叶等去探望，老人生日一定去祝寿。妻子知道大姐、二姐的功劳，感恩之心常常溢于言表，经常与大姐、二姐聊天，这令她们特别开心。现在二姐住在广州，我在广州工作的小女儿也经常去看望她，令她特别高兴。

人总是要变老的，老了更不要忘记感恩。我自幼失母，姐姐的爱让我拾回母爱。

姐弟情深！我感恩的心随着年龄增长而越发强烈，它将在子女中延续，在孙辈中升华！

2011 年 5 月 15 日

☆温馨提示

从童年到老年，作者抓住姐弟生活中的若干细节，描述两位姐姐爱弟弟，弟弟敬姐姐的真实故事，姐弟情深，溢于言表！

"我感恩的心随着年龄增长而越发强烈，它将在子女中延续，在孙辈中升华！"愿孩子们都懂得感恩，愿天下人都懂得感恩。

永远记住她的好

2015 年 2 月 23 日（正月初五）下午我们去广州暨南大学第一附属医院看望二姐。二姐的儿子琪守在身旁。二姐说："一个月前大姐一家人来广州看望我，我很高兴，谈话中，因一些事我太激动，对大姐态度不好，我要向她道歉，你们回去帮我转告大姐。"

2015 年 3 月 2 日（正月十二），二姐走了，永远地走了，永远地离开我们了！"我要向她道歉"，成为我们听到二姐的最后一句话。

"我要向她道歉"，体现了二姐谦逊的素养。

2015 年 2 月 22 日（正月初四）我们和小女儿星一家从汕头来到广州，初五上午我打电话给琪，想去拜年。琪告诉我，他妈妈近来身体不好，消化不良，脚浮肿，不会走路，感觉不舒服，昨天带她到暨大第一附属医院看中医，今天因发热，要再到医院做检查。下午，小女婿霞开车载着我和妻子珠到暨南大学第一附属医院 4 楼风湿科看望二姐。看上去，二姐的气色还可以，还能跟我们交谈，我们与她谈了些开心的话，要她积极治疗，安心养病。当我们提起正月初二，二姐的大女儿冰和女婿川一家六人从深圳来给她拜年的事，二姐说，她看到一对曾外孙时特别高兴，抚摸着她的头，曾孙女长高了，很是开心。当我们告诉二姐，她委托定制的"银脚环"已转给她的小女儿婷的孙女时，二姐会心地笑了。二姐多么爱她的子孙啊！万万没想到，二姐的病情急剧变化，初六凌晨 4 时多因血氧低、肺部感染，转到 ICU（重症室）病房，插上呼吸机，用了镇静剂，但她再也没有醒过来，直至 2015 年 3 月 2 日 20 点 50 分去世，享年 85 岁。住院期间，二姐的儿子、儿媳一直守在医院；二姐的女儿女婿和外孙第一时间赶来了；二姐的亲友从广州、深圳、香港、汕头，从四面八方，坐着飞机、高铁、大巴，开着小车，长途跋涉地赶来了；在英国读博士的孙子舟闻讯从英国转机赶来了，征得值班医生的特别批准，当晚 12 时多进入 ICU 病房探视。"奶奶！奶奶……我是速舟，我是速舟……我来看您！"听二姐的媳妇丽说，那时二姐双眼流出了泪水……

2015 年 3 月 3 日（正月十三）二姐的告别仪式在广州银河园 22 号厅举行，

我和妻子、小女儿星、女婿霞参加。告别仪式上，我泪流满面，痛苦万分……2015年3月8日（正月十八）头七祭拜在澄海樟林水仙宫举行，我和妻子3月7日坐高铁专程回汕，与大女儿帆、女婿鑫一道参加祭拜。我告诉两个女儿和女婿，二姑对爸爸有恩，对我们有恩，我们要永远记住她的好。

"永远记住她的好"，这是我们的姐弟情结。

我的母亲在我一岁多的时候去世，二姐为了带弟弟，读小学三年级时还休学了一年。后来我知道此事，甚为感激。

我和妻子属于晚婚晚育，大龄产育，为了安全，根据两位姐姐的建议，我妻子产育时特别住到东里二姐家。二姐夫在医院工作，他特地请来妇产科医生辉为我妻子接生。在东凤中学接到二姐夫打来的女儿出生的电话，我冒雨骑着自行车到东凤乡告诉亲友，然后沿护堤公路疾驰，从园头过渡，再搭红渡、东里渡，到二姐家已是午后时分，看到妻子幸福的笑脸和刚刚来到人间的可爱女儿帆，我对二姐的感激之情油然而生。是二姐和她的家人全力照顾我的妻子和女儿的。我和珠的婚事，两位姐姐特别看好，婚前婚后都给我指点帮助。我在潮安东凤工作，往返交通不那么方便，二姐及其子女等还多次到东凤看望我们一家，让离家的人儿感到特别亲切。二姐很爱我的三个小孙子，经常给他们买穿的、玩的、吃的……

二姐会织毛衣，她多次给我织开襟的羊毛衫、羊毛背心、羊毛裤。她织的羊毛织品很合身，尤其是羊毛裤，我已穿了十多年，裤底都破了。2000年11月底我应邀赴杭州参加第二届华人家庭教育高峰论坛，二姐和她的大女儿冰合作给我织了一条新的羊毛裤，让我的杭州之旅很暖和。

"永远记住她的好"，不论二姐住在哪里，住在东里惠通街、樟林刘厝内、樟东路9号、汕头饼干厂、海滨花园、嘉泰雅园、樟林南社、广州老化所、员村二马路、南国花园还是科学城，我都经常带着家人去看望她，经常打电话给她，与她聊天，排解老人的寂寞。

"永远记住她的好"，我的女儿女婿知道姑妈的恩情，节假日经常带着水果、饼食、茶叶等去探望，老人家生日一定会去祝寿。

"永远记住她的好"，我的妻子知道二姐的功劳，感恩之心常常溢于言表，经常与她聊天，令她特别开心；

我们要"永远记住她的好"……

二姐的儿子和两个女婿、小女儿都是企业家，业绩突出，很优秀；儿媳是大学教授，大女儿是医务工作者，很出色；内孙和外孙都很孝顺，有出息，三个曾外孙活泼可爱；家庭和和美美，二姐是幸福的、无憾的……

　　二姐爱子孙，爱兄弟姐妹，二姐尊老爱幼，爱所有的亲人……几年前二姐买了一枚金戒指，说是要送给我的。我说我没戴戒指的习惯，推辞着不要。她一定要珠替我收下，留作纪念！我尊敬的二姐——张闺英，您走了，永远地离开我们了！我拿着这只金灿灿的戒指，陷入深深的沉思：二姐的品格正像这枚金戒指那样，璀璨无瑕、亮丽照人……

2015 年 3 月 9 日

于汕头碧霞庄

☆温馨提示

“永远记住她的好”，这是姐弟的情结。

　　文中列举生活中的若干细节，全方位展示二姐的人格魅力。文末以金灿灿的戒指为象征，让作者陷入深深的沉思：二姐的品格正像这枚金戒指那样，璀璨无瑕、亮丽照人……

　　在二姐走后一周的三月九日作者怀着极为悲痛心情写下此文，以作对二姐永远的纪念，表达了永远感恩的情怀！

这个冬天很"暖和"

入冬以来，冷空气接二连三造访汕头，寒冷黄色、橙色预警信号频频发布，今年一月份平均气温是汕头十年来同期最低的。

我怕冷，尤其是上了年纪更是如此。

一天上午大女儿帆打来电话，约我去买衣服。结果，帆和女婿鑫帮我买了四件：一件羊毛衣、一件夹克、一件衬衫、一条休闲裤。小女儿星和女婿霞在广州给我买了一双既柔软又防滑的皮鞋。这些服装和这双皮鞋能御寒，我很喜欢，今年冬天我经常穿它们。

去年11月底，我赴杭州参加第二届华人家庭教育高峰论坛，孩子们为我准备了足够的寒衣，帆给我织的羊毛围巾、外甥女冰和她妈妈合作给我织的羊毛裤、外甥婿川从澳洲买来的羊毛袜子、妻侄煌在北京买的保暖内衣都派上了用场，让我的杭州之旅很暖和。

我们的被子已用了十多年，被套破了，棉胎老化坚硬，两个女儿多次建议换新的。在她们的催促下，这个冬天帆和我在百盛商场买到了一床中意的羊毛被。消息传到广州，星立刻将羊毛被的款项打到我老伴的银行卡里。多年前侄儿强和侄媳英给我们送来了两床电热毯，侄女华和外甥宇分别送来热宝。电热毯和热宝让床铺热乎乎的。

冬天洗澡如何防寒是个难题。几年前一个下午，外甥枫带着溪来给我的卫生间装浴霸，不到一个小时他们就把线路接通，将浴霸装上。枫经常到我家，显然他是事先观察过我家卫生间的结构，才能这样顺利地将浴霸装上。每当洗澡打开浴霸的开关，卫生间里面充满着暖烘烘的热气时，我就会想到枫和溪。

晚上坐在铺着澳洲羊毛皮的沙发上看电视时，我就想起远在悉尼的侄女慧。另外慧和川送的澳洲护肤品让我的肌肤在寒冬得到有效保护。

"爸爸，外出可要穿够衣服，别着凉啊！"平时，儿女声声嘱咐和问候，让我感到暖意融融。

……

时间过得真快，女儿和侄儿侄女、外甥辈都有了自己的家庭和孩子，但他们都不忘长辈，经常给长辈送来温暖，送来祝福。

这个冬天是寒冷的，但这个冬天很"暖和"。

儿女的孝心，家族晚辈的爱心，温暖着我的身心！

幸福的家庭，和谐的家族，其乐融融！

☆温馨提示

作者列举生活中的若干事例，具体说明"儿女的孝心，家族晚辈的爱心，温暖着我的身心"，生动地展示出"幸福的家庭，和谐的家族，其乐融融"的亲情。

亲情无价，亲情伟大！亲情温暖着彼此的心。

急需的就是最好的

　　早上太太告诉我电饭锅坏了，我打电话给大女儿帆，她即到东厦北路的红心家电店准备购买，但没有找到家里原来用的那款松下。她又跑到苏宁电器店，发现一款新型的松下电饭锅，不过价钱要比原来那一款贵得多，于是她又到沃尔玛超市看，更贵。她告诉女婿鑫，两人便寻找着，结果买到一款既新型、价格又合理的电饭锅。售货员很快将货送到家里，中午便用起来，很满意。

　　急需的就是最好的。暑假期间小女儿的儿子晖晖从广州到汕头度假，我们两口子要带这4岁小男孩够忙的，加上我还有些公务要做，天气又炎热，年纪也大了，出门购物就显得有些厌烦。能及时买到这个电饭锅，我们的心情特别愉快。

　　急需的就是最好的。人老了最大的安慰就是得到儿女的孝敬。我们不追求最好的，而是最急需的。前段时间，我因腰扭伤住进医院，鑫、帆和两位外甥及时送我到医院检查治疗。在我住院期间，他们忙前忙后，最让我高兴的是帮我剪脚指甲。我躺在病床上，大女儿帆轻柔小心的动作，像护士般，我享受到亲情的温柔和体贴。"爸爸，腰好些吗？""爸爸，今天怎么样？"电话里外地的小女儿、女婿的声声问候，真令我高兴。

　　急需的就是最好的。前一段时间我的电脑经常出故障，主机的零件已换得差不多了。我打电话告诉借调在北京工作的熟悉电脑的小女婿霞，他不假思索，和小女儿星商量，两人在网上寻找了一台配置适合我使用的新电脑——联想扬天电脑，网购后很快就寄到汕头家中，解决了我的写作、编辑、收发电子邮件的困难。这台新电脑很多功能我都不会使用，不懂时就问问鑫和帆，经他们点拨就懂了。能跟上网络的新发展，我有一种满足感，这都是女儿女婿促进的。

　　急需的就是最好的。人老了，对物质的要求不是很高，但对精神的需求，情感的需求则相对高了。一声声"爸爸妈妈"的呼叫，一句句深情的问候，一次次温馨的聊天，一场场单位情况和社会新闻的交流，让上了年纪的人不感到孤单，不感到寂寞，不感到远离原单位、远离社会。在奔小康的进程中，精神上的需求、情感上的需求是我们的第一需求，这种需求远远超出物质上的需求，是一切物质所不能代替的。当今的家庭教育，如果年轻父母注意孝敬自己的父母，那将会给自己的子女树立一个良好的榜样，这是当今中国国情所需要的，也是文明世界所需要的，因为我们同住地球村，你和我心连心，一家人和乐融融，孩子健康快乐成长，这才是幸福所在。

急需的就是最好的。愿所有的年轻人都爱自己的父母，敬自己的父母，尤其是年老体弱多病的父母，急父母所需，做父母的贴心儿女！愿天下所有的孩子在模范父母影响下都成长为有责任感、有爱心的人！

☆温馨提示

急需的就是最好的，这是作者从生活中悟出的道理。

急父母所需，这是年轻人尽孝的具体的行动。

"一句句深情的问候，一次次温馨的聊天，一场场单位情况和社会新闻的交流，让上了年纪的人不感到孤单，不感到寂寞，不感到远离原单位、远离社会。"这就是尽孝，这就是中国的孝文化。

情　结①

　　"张能治校友事业有成，是著名的家庭教育专家。他满腹暨南情怀，十年如一日不断写作，并广泛发动校友写文章宣传暨大，精心编辑、自费或筹资印发《暨南情怀》《暨南情愫》纸质杂志，还编印出版《明湖秋月》《情满暨南》②两书，弘扬暨南精神，充分表现了一个暨南人的使命感。他的文章和行动感动了许多人。他不是巨富大贾，也许无力向母校捐赠财物，但他发挥自己的专长，以辛勤的笔耕回报母校，十分难能可贵。特别是，他在基层工作，却能那样长期地、执着地专注于艰苦的文墨工作，那样广泛地联系和团结校友，更值得大力表彰。"暨南大学中文系教授、华侨华人研究院研究员黄卓才如是说。

　　我于 1962 年考进暨南大学中文系，1968 年毕业（其间休学半年）。毕业后在中国人民解放军牛田洋生产基地锻炼两年，经历过 1969 年 "7·28" 强台风大海潮的洗礼。之后在潮州、汕头从事基础教育工作，担任过中学教师、教导主任、校长、区教育局副局长等职，荣获潮州市优秀教师、汕头地区优秀教育工作者、广东省优秀科技辅导员、全国优秀科技辅导员、广东省朝阳读书活动先进个人、广东省关心下一代先进工作者称号等。

　　我的家庭教育专著《爱，让孩子快乐成长——e 时代家庭教育真谛》《家庭教育那些事儿》出版后受到广大读者的喜爱，多次重印。我应邀在全国各地做家庭教育演讲三百多场。我的书，我的演讲，以观念新、信息量大、实用性强得到读者和听众的广泛好评。家长赞扬："张老师的书，精彩、实在、好用。"教师评论："张局长的演讲是丰盛的教育套餐，受用无穷。"

　　我的人格魅力和学术成就，引起媒体的高度关注，汕头电视台拍摄的《投身教育　孜孜耕耘——教育专家张能治访谈》③的电视专题片，于 2012 年 3 月在汕头电视台播放，收到前所未有的教育效果，科学、前沿的家庭教育理念得到进一步传播。

　　离开暨南几十年，常梦回……

---

① 见张能治主编的《暨南情愫》第 21 期。
② 张能治主编：《情满暨南》，香港：天马出版有限公司 2016 年版。
③ 见本书 "附录"。

我们的青春年华在这里度过。教学楼、图书馆、实验室、运动场、篮球场、足球场、宿舍、明湖、蒙古包……这里的一切一切，伴随着每个暨南人。

金陵、真如、建阳、羊城……走在校道上，一个个熟悉的名字，把你带入百年时光隧道：110 年前自金陵薛家巷走来的暨南大学，1958 年在广州重建；1996 年进入国家"211 工程"重点大学行列；2014 年暨大南校区投入使用，形成广州、深圳、珠海五个校区的新格局……薪火相传，百又十年。

"根在中华，走遍万邦；德润寰宇，辉映炎黄！"寄寓家国使命的暨南大学校歌，凝结了暨南人的澎湃心声。"忠信笃敬、知行合一、自强不息、和而不同"的暨南精神，陶冶着暨南人的品格和情操。

暨南大学——暨南人的精神家园。

2006 年 12 月我策划创办通讯《暨南情怀》，出版了 16 期，2008 年 9 月出版《明湖秋月》。50 多位暨南人写的 100 多篇诗文，汇编成一本精品（A4 开本，彩色印制，240 页，精装），目的在于珍藏暨南记忆，分享成果与快乐。2010 年 10 月 22 日在暨大文学院中文系学术报告厅举行《明湖秋月》首发式，参加该项活动的有当年的领导、老师、同学和时任暨大副校长贾益民、中文系主任赵维江以及暨大校友办、图书馆、档案馆的领导。会上张德昌老书记说，《明湖秋月》不少照片是我第一次见到的，很珍贵；贾益民副校长说，《明湖秋月》内容很丰富很好，每篇文章都体现出学长的深情，浸透着同学们的美好情谊；张国培老师用"感触良多、非常欢喜、非常钦佩"三句话说出他的感想：《明湖秋月》是一本值得留念的书，是师生情感的里程碑，我非常钦佩同学们，尤其是张能治，一丝不苟，从无到有，非干成不可；洪柏昭老师看到《明湖秋月》后很激动，当场朗诵他创作的词；张汉卿说期待已久的《明湖秋月》终于和大家见面了，感谢张能治出力又出钱；赖清务的妻子冼彩霞站起来，流着热泪说，我参加这个座谈会，得到两本《明湖秋月》，感到非常荣幸，非常幸福；原副校长黄旭辉说，我们年级也出过书，但就没有你们 63 级出得好，愿大家友谊长存，更多来往；中文系赵维江主任说，"明湖秋月"的字写得好，意义更好，欢迎各位校友多到中文系座谈……

岁月老去，激情不老，"明湖秋月"永远伴着我们！

2013 年 11 月我又策划创办了通讯《暨南情愫》，独资出版了 21 期，寄往海内外暨大校友，联络各地暨南人。2015 年 6 月我发起出版《情满暨南》一书的倡议，作为母校暨南大学 110 周年华诞的礼物。

42 万字的《情满暨南》，全书分"暨南颂歌""五十年赋""明湖之恋"

"恩师难忘""友谊弦歌""绮丽山河""家教智慧""诗歌天地""小说世界""少年心语""生活之乐""童年趣事""往事回眸""永远怀念"十五个专栏，54 位作者的 266 篇诗文，从不同侧面述说暨南人的衷情和挚爱：对暨大 110 周年的讴歌、对明湖的眷恋、对恩师的感激、对友谊和自然的赞美、对家教智慧的阐发、对生活的艺术描绘、对往事的回眸、对逝者的怀念，更有暨南人的孙辈描述的美丽画卷，虽然他们年少，但他们将比祖辈更有作为……

"《情满暨南》，装的是满满的暨南情！这是一本用情和爱编织成的书，一本字字句句充满对生活无限热爱的书，一本对暨南大学无限崇敬的书，一本对祖国对人类无限憧憬的书……"

《情满暨南》，凝结成一句话——情满暨南！

从《暨南情怀》到《暨南情愫》，历经十年，表达的是对暨南的衷情和挚爱。《明湖秋月》和《情满暨南》分别是《暨南情怀》和《暨南情愫》两个刊物的结集，是对暨南的衷情和挚爱的升华。

《情满暨南》出版了，我们欢呼，我们雀跃！

因为我们是自豪的暨南人！

这就是我挥之不去的暨南情结！

2016 年 4 月 14 日

☆ **温馨提示**

"他的文章和行动感动了许多人。他不是巨富大贾，也许无力向母校捐赠财物，但他发挥自己的专长，以辛勤的笔耕回报母校，十分难能可贵。"

从《暨南情怀》到《暨南情愫》，历经十年，表达的是对暨南的衷情和挚爱。《明湖秋月》和《情满暨南》分别是《暨南情怀》和《暨南情愫》两个刊物的结集，是对暨南的衷情和挚爱的升华。

"《情满暨南》，装的是满满的暨南情！这是一本用情和爱编织成的书，一本字字句句充满对生活无限热爱的书，一本对暨南大学无限崇敬的书，一本对祖国对人类无限憧憬的书……"

暨南大学，暨南人的精神家园；暨南大学，作者日思夜想，常梦回的家。《情结》，作者用具体生动的例子，表达了他对母校——暨南大学浓浓的情，深深的爱！

回　家

　　当汽车从潮汕公路彩塘路段新联路口转入的时候，恢宏壮观的校门，刚劲有力的"潮安第二中学"六个大字便扑入眼帘。潮安二中校门，校友之门。它由潮安二中校友出资、设计、施工，它是潮安二中校友爱母校的范本。

　　潮安二中——我的母校；我的母校，潮安二中，我的家。今天，我回家了！

　　漫步于宽敞的校道，教学大楼突现的我制定的"主动　和谐　求是　创新"的校训和"以优质教育开启灿烂人生"的办学理念格外醒目；运动场上学子们矫健的身影让人感受到青春的活力和奋发向上的激情。

　　时间倒回到31年前的1984年7月，我在特殊的时间特殊的环境临危受命，担任彩塘中学（原潮安二中）校长。说是特殊的时间，其时我受汕头地区教育处的委派，负责当年汕头地区中专、中师、普高的语文科的命题工作，驻在部队，与外界完全隔绝了三个月，直到考试结束，我才"解放"出来。说是特殊的环境，当时彩塘中学没有正校长，因班子不团结，教师分成两派，教育教学质量低下，高考录取率降到最低点，零；校舍狭窄、残破、分散，很不适宜办学；校群关系紧张，当地群众与师生常有冲突。

　　怎么办？

　　团结所有教职员工，努力将教育质量提高，经过一番努力，当年高考终于取得了重大突破；主动联系当地党政，做好周边群众工作；调查研究，缜密规划，完成了操场交换，开启重建校舍的巨大工程；走访潮州、汕头、广州等地及海外校友，成立潮安二中校友会；建校门、筑围墙、填池塘、修操场；新校门剪彩，成为潮安二中发展的转折点。所有这一切，离不开潮安二中所有校友的支持、鼓励和帮助。我对潮安二中校友表示深深的敬意！

　　我是1987年12月离开潮安二中到汕头任职的。

　　眷恋母校，常回家看看，这是我的潮安二中情结。我时刻关注母校的发展，关注母校师生的成就，关注母校的高考，关注母校的一切……经过几任校长的努力，二中旧貌变新颜。我欣喜，我高兴！

我多次回母校与教师座谈，应许卓正校长之邀，为母校制定了校训和办学理念，至今它仍激励着母校学子奋发向上；多次给学生、教师和家长讲学；多次给母校赠送我的著作《爱，让孩子快乐成长——e时代家庭教育真谛》《明湖秋月》《创造教育之光》和《当今家庭教育》等，今天带来我的新作《家庭教育那些事儿》一批，赠送给母校图书馆和校友。教学大楼二楼有我送给母校的一面镜子："让读书成为生活的一种习惯！"以此激励母校师生和家长注重阅读。我认为，在互联网高度发达的今天，纸质图书阅读仍然是需要的。

新一届潮安二中汕头校友会成员朝气蓬勃，我特别兴奋。这是一个校友互相促进的平台，是加强与母校联系的纽带。我愿为此付出我的智慧、力量与勇气。

我潜心研究家庭教育和青少年教育，我的新著有望明年面世，愿以此献给母校建校75周年。

我爱潮安二中的一草一木、一砖一瓦；潮安二中的人和事，我永志不忘；潮安二中办学过程诸多矛盾的解决，让我的教育思想升华；潮安二中的骄人业绩、众多校友的出色成就，我为之骄傲！

情未了，我永远是潮安二中的孩子，潮安二中永远是我的牵挂！

2015 年 11 月 7 日

☆**温馨提示**

潮安二中——我的母校；我的母校，潮安二中，我的家。

眷恋母校，常回家看看，这是我的潮安二中情结。

我爱潮安二中的一草一木、一砖一瓦；潮安二中的人和事，我永志不忘；潮安二中办学过程诸多矛盾的解决，让我的教育思想升华；潮安二中的骄人业绩、众多校友的出色成就，我为之骄傲！

潮安二中——一件为她付出汗水、倾注心血、永不忘却的作品。为了这件作品，我废寝忘食，思考着，雕琢着，眷恋着……

情未了，我永远是潮安二中的孩子，潮安二中永远是我的牵挂！

愿每个家庭都美满幸福

同志们、朋友们：

新春好！我谨代表金平区教育局关工委、代表《当今家庭教育》编辑部恭祝各位身体健康，祝各位的家庭和谐幸福！

说到家庭幸福，离不开孩子的健康快乐成长，因此离不开家庭教育。

长期以来我致力于家庭教育的研究和推广工作，我和我的同事做了几件事：

第一，积极参加全国、全省的家庭教育学术活动，参加了三次分别在苏州、广州召开的海峡两岸家庭教育学术会议，参加了在杭州召开的世界华人家庭教育高峰论坛，近几年我访问了北京、上海、苏州、广州、长沙等地，与学术界的朋友探讨家庭教育，从中吸纳来自全球的家庭教育先进理念，指导本地区的家庭教育工作。

第二，组建金平区家庭教育讲师团，4年来，讲师团演讲了300多场。15年来我应邀在全国各地做了300多场演讲，以自己的智慧和爱心为千万家长服务。

第三，积极参加教育部关工委在广东省开展的"创建全国优秀家长学校实验基地"活动，我区有15所中小学申报，已有7所获得授牌，是全省开展得最好的实验区之一。

第四，出版家庭教育著作，我的新书《爱，让孩子健康快乐成长——e时代家庭教育真谛》2011年9月由广东人民出版社出版，在全国各地书店和网站发行。这本书因它理念的前瞻性和写作方法的通俗性，受到社会各界读者的热烈欢迎和高度评价，现在已第三次印刷。

第五，策划和主编《当今家庭教育》杂志。4年来，这本杂志越办越好，声誉度越来越高。市教育局黄晖阳局长每期必看，区教育局苏纯局长以"图文并茂"给予高度赞扬，中国教育学会家庭教育专业委员会理事长、北京师范大学赵忠心教授以"主流、科学、清新、朴实、实用，给家庭教育刊物树立了一个榜样，很值得同行学习"给予高度评价。

这些活动得到各级领导、各中小学校长、各幼儿园园长的大力支持和热烈响应，在此我表示衷心感谢！

　　同志们、朋友们，家庭教育是中国教育的一块短板，这块短板制约着中国教育质量的提高，影响着孩子的健康成长。我始终相信，一个重视家庭教育的校长，其学校的办学质量，学生的综合素质，学校的升学率必定不断提高。

　　我和我的同事们，都是家庭教育的痴心者。在未来的日子里，我们将继续执着地研究家庭教育、推广家庭教育，让广大中小学校、幼儿园受益，让广大教师受益，让广大家长受益。

　　同志们、朋友们，愿在座各位的孩子，包括子女和孙辈都健康快乐成长，各个家庭都美丽幸福！

2013 年 1 月 17 日

　　注：

　　本文为作者应邀在 2013 年金平区教育系统中小学校长、幼儿园园长迎春联欢会上所做的致辞，参会者有中小学校长、幼儿园园长，包括离退休在内的全局干部以及区政府、市教育局有关领导共三百多人。

> ☆ **温馨提示**
>
> 　　一个有各级领导和来宾，有全区所有中小学校长和幼儿园园长参加的三百多人的迎春大会，让一个长期从事家庭教育研究已退休多年的同志致辞，足见教育局领导对家庭教育工作的重视。
>
> 　　为了这个致辞，我想了很久，讲什么呢？人那么多，年龄跨度那么大，职务不尽相同，从什么角度切入？最终我选择了家庭教育的角度。
>
> 　　家庭教育，不论是各级领导同志还是中小学校长、幼儿园园长，不论是在岗还是离退休的同志都适用，都需要。为了这个致辞，我先在电脑写好稿子，熟悉稿子内容，致辞时脱稿而作。这六分钟的发言，得到了热烈掌声的回报，我兴奋不已。
>
> 　　"执着地研究家庭教育、推广家庭教育，让广大中小学校、幼儿园受益，让广大教师受益，让广大家长受益"，这是我的心声，也是我对这热烈掌声的回应；愿孩子们都健康快乐成长，每个家庭都美丽幸福，这是我衷心的祝福！

成长心连心

2004 年 8 月 29 日，潮州市彩塘镇政府二楼宽敞的大厅里挂满五颜六色的气球和彩带，让人感到温馨、快乐……

"成长心连心，关爱情与情""伸出你的手，献出你的爱，世界将精彩无限""关爱无界限，真情满人间"等巨幅标语不时映入眼帘……

300 人手拉手围成一个大圆，踏着欢快的舞步，随着优美的旋律，尽情地跳着、玩着、谈着……

这是一场由广州越界服饰有限公司董事长陈培藩领头的，来自全国各地几十名企业家所组成的团队开展的奉献于家庭教育的公益活动。整个活动由陈培藩筹划，经与校方多场座谈后，志愿者们直接联系到每个学生和学生的家长。

参加活动的有来自陈培藩的母校潮州市彩塘中学的 100 名高中学生、100名与学生对应的家长、60 名老师和 40 名志愿者，共计 300 人。他们分别穿着用不同颜色以区别四种人身份的统一上衣，胸卡上写着各自的姓名，大家不分彼此，欢快地参加各项体验式活动。

它的目的是增强学生、家长、老师之间的沟通、互信和关怀，促进三者关系的和谐。参与者通过一连串不同形式的活动，从体验中学习优质的沟通、信任、支持和欣赏。参加者在不知不觉中提升了自我素质，为未来优质的生活开创美好前景，为培育新一代开创一个更有效、更实在的成长环境。

活动从上午 9 时开始，至下午 5 时结束。我作为特邀嘉宾——当年的中学校长，参加这一活动，特别兴奋。置身于充满轻松愉悦的环境里，我有一种特别自信、特别快乐的感觉。相信参加活动的每一位学生、每一位家长、每一位教师、每一位志愿者都有类似的感觉。活动结束后，我仍沉浸在愉悦兴奋之中。是什么力量使每个学生都争着上台说话，说出内心最深处、从来未对父母对老师说过的话？是什么力量使家长积极地参加这场活动？是什么力量使老师放弃休息时间为学生而付出？是什么力量使这些年轻的企业家愿意花钱花时间为孩子、为教育而辛劳呢？是爱心，是心与心的沟通，心灵与心灵的碰撞；是环境，充满温馨、快乐的环境；是形式，不分彼此，大家都平等相待的形式。

我的心灵受到震撼：我们的学校教育该怎样改革？我们的家庭教育该怎么

进行？无疑，我从"成长心连心"的活动中得到的启迪是深刻的具体的。

陈培藩告诉我，他参加了一个企业家高层培训，培训结束后主办方要求学员以此种形式回报社会。他是通过演讲才在众多的竞争者中争到这个主办权的。笔者在广州访问了陈培藩，并参观了他的企业。几年过去了，他的企业发展突飞猛进，现在已拥有 4 家公司，有一支颇引人注目的开发、设计、营销、管理团队和一流的生产线；广州越界服饰有限公司"KONZEN 自由空间"品牌于 2009 年度荣获"中国休闲最具影响力品牌奖"。谈话中问及他的孩子的情况时，他可来劲啦！他滔滔不绝地谈到德国著名教育家卡尔·H. G. 威特的教育，谈到我国早教之父、武汉大学冯德全教授的教育。这两位教育家都是我比较熟悉的，谈起来特别投机。当他接过我们办的杂志《当今家庭教育》时，他高兴的样子溢于言表。我说演讲是免费的，《当今家庭教育》杂志也是免费赠阅的，他连连称赞我们的爱心。当知道我们缺乏资金时，他立即表示愿意赞助，并很快将款项汇到指定的账户上。

两个小时的座谈很快就过去了，他说明天要带一位早教教师到杭州去指导他的朋友，并希望《当今家庭教育》出版后给他 100 本。我说要多少给多少。从和陈培藩的谈话中，我深深感受到年轻父母对现代家庭教育的渴望。

衷心祝愿陈培藩的孩子健康成长，祝愿他的事业蒸蒸日上！愿 100 本《当今家庭教育》产生出 1 000 本、10 000 本乃至更大的效应，让更多的家长、更多的家庭、更多的企业受益！

2010 年 8 月 29 日

☆温馨提示

是什么力量使每个学生都争着上台说话，说出内心最深处、从来未对父母、对老师说过的话？是什么力量使家长积极地参加这场活动？是什么力量使老师放弃休息时间为学生而付出？是什么力量使这些年轻的企业家愿意花钱花时间为孩子、为教育而辛劳呢？

是爱心，是心与心的沟通，心灵与心灵的碰撞；是环境，充满温馨、快乐的环境；是形式，不分彼此，大家都平等相待的形式。

教育必须让孩子的心灵受到震撼，不论是学校教育还是家庭教育都应如此。不能让孩子的心灵受到震撼的教育不是真正的教育。

心 愿

为建设教育强区，我捐赠了 1 200 册《爱，让孩子快乐成长——e 时代家庭教育真谛》给全区所有中小学、幼儿园图书馆，价值 3 万元。

我的家庭教育专著《爱，让孩子快乐成长——e 时代家庭教育真谛》由广东人民出版社出版后受到国内外读者的广泛关注和高度评价，现已第三次印刷。获"影响世界华人大奖"的国际著名华人科学家、爱尔兰皇家科学院院士孙大文说："这是网络时代难得一见的父母教育孩子的工具书。"中国著名的家庭教育专家、北京师范大学教授赵忠心说："您推出这样一部好书，给求知若渴的家长提供了精美的精神食粮，我相信，一定会受到年轻父母的欢迎。"我国最具实力的家庭教育专家、东北师范大学教授赵刚评价："在互联网时代如何选择教育子女的方法，张能治先生这部书值得一读，会引发广大家长的深刻思考。"中山大学中文系教授张国培评价："《爱，让孩子快乐成长——e 时代家庭教育真谛》，这是一本在理论和实践的结合上，全面、系统、深入论述家庭教育真谛的优秀书籍。"地方民俗文化学者郑韶南撰文《出之内心的，就能进入内心》，高度赞扬："这是一本很有特色很给力的好书，这是一本难得一见的父母教育孩子的工具书，这是一本散发着新鲜时代气息的畅销书。"青年作家黄锋认为，"书中把网络作为家庭教育的导航仪，以家庭教育为核心，网络为工具，开发出了一套全新的多方位教育方法，为我们的思考提供了一个范本。"

图书阅读对于一个孩子来说，越早越好。莫言获诺贝尔文学奖得益于早期的家庭阅读。莫言的妈妈适时地培育儿子爱读书的兴趣和习惯，让莫言受用无穷。正是有了阅读的兴趣和执着的追求，莫言博览群书，深刻思考，以独到的眼光奋力创作，才有今天卓越的成就。可见教师和家长重视孩子小时候的阅读，对孩子的成长有着至关重要的作用。

在互联网高度发达的今天仍然需要纸质的图书阅读。纸质的图书阅读与网络阅读各具特点，互为补充。纸质的图书阅读永远是需要的，不论是教师、学生，还是家长都需要。因此加强图书馆的纸质图书建设就显得特别重要，这是提高学校硬实力和软实力的一个着力点。

图书阅读包括家庭教育类图书。家庭教育是一门科学、一门艺术，需要学习与研究。教师是研究家庭教育这门学科的核心力量。谁学习谁受益，谁研究深入些，谁就受益多些。教师的学习和研究，首先受益的是教师的子女，教师本人。同时教师将家庭教育的新理念新方法迁移到他所教的学生，迁移到所教学生的家长；家长都行动起来，认真读书，用科学的家庭教育理念指导孩子，家庭教育才真正成为学校教育的助力，家校结合才真正成为可能，教育的良性循环才得以真正地实现。

长期以来我致力于家庭教育的研究和推广工作，以办杂志、出版图书、演讲、家教咨询、课题研究等形式推动家庭教育的发展。由我策划和主编的杂志《当今家庭教育》创办 5 年来，从纸质版到今天的电子版，从本地区扩大到全省乃至更大范围。广东现代家庭文明与亲子教育学会对《当今家庭教育》的指导，给我们增添了办刊的力量；赵忠心教授的"主流、科学、清新、朴实、实用，给家庭教育刊物树立了一个榜样，很值得同行学习"的评价给我们注入了前进的底气。将《爱，让孩子快乐成长——e 时代家庭教育真谛》《当今家庭教育》等家庭教育书刊陈放在各中小学校、幼儿园的图书馆（室），丰富图书阅览的内容，让家庭教育图书在图书馆这个领域有一席之地！

我热爱督导评估工作。从 1989 年开始我便分管督导工作，二十多年来评估过省内许许多多中学、小学、幼儿园，评估中我特别注重学校图书馆的建设，注重对图书借阅情况的检查，因为图书馆能有效地促进中小学和幼儿园的发展。今天在创建教育强区中，我为能参与其中感到由衷的高兴。

愿各中小学校、幼儿园图书馆（室）藏书更丰富，真正成为师生吮吸知识的殿堂！

愿各中小学校、幼儿园家庭教育更充分发展，真正成为学校教育的助力！

愿金平区成为实力雄厚的教育强区，为实现中国梦添砖加瓦！

这就是我的心愿。

2013 年 11 月 20 日

☆温馨提示

"图书阅读对于一个孩子来说，越早越好。"

"在互联网高度发达的今天仍然需要纸质的图书阅读。纸质的图书阅读与网络阅读各具特点，互为补充。纸质的图书阅读永远是需要的，不论是教师、学生，还是家长都需要。"

"图书阅读包括家庭教育类图书。家庭教育是一门科学、一门艺术，需要学习与研究。"

作者孜孜不倦地研究家庭教育，不遗余力地推广家庭教育，上述这些观点，掷地有声，给人警醒。

愿各中小学校、幼儿园图书馆藏书更丰富，真正成为师生吮吸知识的殿堂！愿各中小学校、幼儿园家庭教育更充分发展，真正成为学校教育的助力！这就是作者捐赠1 200册《爱，让孩子快乐成长——e时代家庭教育真谛》给中小学、幼儿园图书馆的原因。

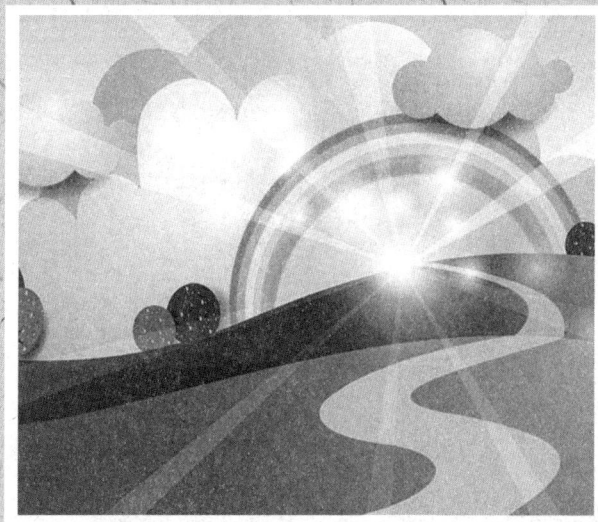

第七章

创造

每个孩子都具有无穷的创造力，他们每时每刻都在创造，创造是教育的最高境界和最终目的。父母要成为孩子创造的引路人。

屠呦呦的坚持

作为一名科学工作者，获得诺贝尔奖是很高的荣誉。青蒿素研究获奖是当年研究团队集体攻关的结果，是中国科学家集体的荣誉，也标志中医研究科学得到国际科学界的高度关注和认可，这是中国的骄傲，也是中国科学家的骄傲。

——屠呦呦

2015 年 10 月 5 日瑞典卡罗琳医学院在斯德哥尔摩宣布，中国女药学家屠呦呦获得 2015 年诺贝尔生理学或医学奖。

这是个沉甸甸的奖项，全国人民为她喝彩！

屠呦呦获诺贝尔生理学或医学奖，这是她长期坚持科学研究的结果。

一、坚持需要创新

屠呦呦 1930 年 12 月 30 日出生于浙江省宁波市，1955 年毕业于北京医学院药学系（现为北京大学医学部），1955 年进入中医研究院（现为中国中医科学院）从事药学研究。

1969 年屠呦呦所在的中医研究院接到一个代号为"523"的"中草药抗疟"的研发任务。39 岁的屠呦呦临危受命，成为课题攻关的组长，开始征服疟疾的艰难征程。

屠呦呦和她的团队发现青蒿提取物对鼠疟原虫有抑制作用，但是后来的实验抑制率一直上不去。是什么原因？屠呦呦重新把古代文献搬出来，仔细研究。"青蒿一握，以水二升渍，绞取汁，尽服之。"她反复琢磨东晋葛洪在《肘后备急方》中说的这句话。

经过 190 次失败，终于在 1971 年 10 月 4 日第 191 次实验中获得成功。屠呦呦用沸点较低的乙醚制取的青蒿提取物，对鼠疟、猴疟的抑制率达到 100%。

她把这一物质定名为青蒿素。

中国古代医药文献是一个伟大的宝库，但怎样开发它、利用它，这需要智慧，需要创新。青蒿可以治疟，古代医药文献有记载。但怎么利用呢？根据葛洪的记载，屠呦呦经过反复的实验，只利用它的有用部分，而不是全株；怎么提取有效成分呢？又经过多次实验，屠呦呦发现温度过高会破坏其有效成分，于是她改用沸点较低的乙醚，使青蒿的有效成分得到科学的保护。

"这次获奖，说明中医药是个伟大的宝库，但也不是捡来就可以用。"屠呦呦说得好，坚持需要创新，"不是捡来就可以用"的。

二、坚持需要合作

现代科学研究需要团队，需要合作。"中草药抗疟"这个项目，当年动员了 7 个省市、60 多个科研机构、超过 500 名科研人员协力攻关。

屠呦呦和课题组以鼠疟为模型，做了 2 000 多张卡片，取了 190 多个样品，历经了 380 多次实验，发现青蒿提取物对鼠疟原虫有抑制作用，这是一个重大突破。

如何提高青蒿提取物对鼠疟原虫的抑制率，屠呦呦和课题组经过了无数次实验。没有课题组的团结协作，没有对全国各地实验的借鉴，一个人是不可能独立完成的。屠呦呦和课题组对模式做了广泛验证，并在验证过程中不断加以修改、完善。屠呦呦的新型抗疟药经历了鼠虐、猴虐、人虐验证有效，采样数量达 2 099 例。广泛而持续的试验足以验证模式的有效性和稳定性。

屠呦呦多次强调："青蒿素研究获奖是当年研究团队集体攻关的结果，是中国科学家集体的荣誉。"这是一个有为科学家的胸怀，作为课题组组长，她身体力行，为大家树立榜样，使团队里的每个人都发热发光，终于取得了伟大的成果。

三、坚持需要付出

为了证实青蒿素对人疟的治疗效果，在对鼠疟、猴疟的抑制率达到 100% 之后，屠呦呦往自身做实验，她通过改变药物的结构克服原有的耐药性，减少毒副作用，从而获得最佳的治疗效果。在自身实验过程，屠呦呦得了中毒性肝炎，她的同事也有多人得病。

屠呦呦在接到这个项目时已接近不惑之年，而当时女儿才 3 岁。为了不影响研究，她把女儿全权交给老母亲抚养。为了青蒿素，屠呦呦付出了很多很多。"那时候，她脑子里只有青蒿素，整天不着家，没白天没黑夜地在实验室泡着。"老伴李廷钊如是说。

《青蒿素及青蒿类药物》一书，第一页就写着《诗经·小雅·鹿鸣》相关的诗句，"呦呦鹿鸣，食野之蒿"。"呦呦"这个名字和青蒿这种植物，跨越2 000 多年，以这种奇特的方式联系在一起，让人遐想联翩。屠呦呦的父亲为她起的名字，让人想到鹿的鸣叫声与青蒿的药用价值，想到青蒿素这种"抗疟神药"为人类的疾苦带来的福音……

时间倒回到 4 年前——2011 年 9 月 4 日，屠呦呦在纽约获得拉斯克临床医学奖。获奖理由："因为发现青蒿素——一种用于治疗疟疾的药物，挽救了全球特别是发展中国家的数百万人的生命。"

拉斯克临床医学奖有诺贝尔医学奖风向标之称，终于在 4 年后的今天——2015 年 10 月 5 日，屠呦呦获得诺贝尔生理学或医学奖。但在此之前她丝毫不知晓，是当晚她看电视时才得知的，10 月 6 日诺贝尔生理学或医学奖委员会秘书长乌尔班·林达尔正式通知屠呦呦获奖。

"恭喜屠呦呦，恭喜中国！"这是诺贝尔生理学或医学奖委员会的祝贺，也是全世界人民的祝贺！

"这是中医中药走向世界的一项荣誉。"屠呦呦说得好，"我们中国人的成果被国际认可，关键是真正解决了问题，挽救了许多生命。"

从 1969 年临危受命，到 2015 年获诺贝尔生理学或医学奖，屠呦呦坚持了 46 年，今年已 85 岁。坚持就是胜利，坚持就是创新，坚持就是合作，坚持就是付出，坚持就是一切……

2015 年 10 月 8 日

☆温馨提示

屠呦呦经过 190 次失败,终于在 1971 年 10 月 4 日第 191 次实验获得成功。屠呦呦用沸点较低的乙醚制取青蒿提取物,对鼠疟、猴疟的抑制率达到 100%。她把这一物质定名为青蒿素。

从 1969 年临危受命,到 2015 年获诺贝尔生理学或医学奖,屠呦呦坚持了 46 年,今年已经 85 岁。

科学研究需要坚持,需要坚韧不拔的精神;青少年的学习也需要坚持,需要持之以恒的态度。

我们从屠呦呦获诺贝尔科学奖得到什么启迪?

那就是坚持。坚持就是胜利,坚持就是创新,坚持就是合作,坚持就是付出,坚持就是一切……

"影响世界华人"的欧洲两院院士孙大文

此时此刻站在这里，我特别思念我的父母。爸爸、妈妈一生经历过无数的艰辛，就在我事业刚刚起步的时候，他们就过早地去世了，我缅怀他们的养育之恩。我要感谢我的母校华南理工大学，我在华工读了本科、硕士到博士，是华南理工大学也是我国自己最早培养的"土博士"之一。华工的十年寒窗，为我后来的科研打下了坚实的基础。我要特别感谢我的家人，没有他们无私的奉献，就没有我今天的成绩。我还要感谢在我人生道路中，所有帮助过我、支持过我、爱护过我、关心过我的人，没有他们的支持、帮助、关心和爱护，就没有我的今天。

——孙大文

孙大文获"影响世界华人大奖"

2013年3月30日晚，"世界因你而美丽——影响世界华人盛典2012—2013"在北京大学百年纪念讲堂举行颁奖典礼，国际著名华人科学家孙大文获颁"影响世界华人大奖"。

孙大文出生于广东省潮州市，从事教育工作的父母对孙大文既严格又善于引导，孙大文也很争气，从小喜欢读书而且成绩出类拔萃。1978 年他在潮安县东凤中学高中毕业，同年应届考进华南化工学院（现今的华南理工大学），1988 年获博士学位。大学本科读"塑料机械及加工专业"；硕士研究生研究"高聚物流变工程原理"；博士研究生研究"传热与节能"。

一、艰辛的奋斗历程

1989 年起，孙大文赴欧洲几所大学从事博士后、研究员和高级研究员工作，在储氢材料、谷物干燥与储藏、制冷循环与设备等研究领域取得了一系列突破性的科研成果。

1989—1990 年，任德国斯图加特大学博士后，从事储氢材料研究工作。

1990 年底—1991 年，任英国贝尔法斯特女王大学研究员，研究方向又转回塑料加工工程——塑料旋转成型，提出了内加热的方法以提高生产效率，建立了描述旋转成型的数学模型，发表了两篇 SCI 论文和一章书。

1991 年底—1994 年中，任英国纽卡斯尔大学研究员，进入了一个全新的研究领域——谷物干燥，为以后在食品工程发展打下了基础。他改造了现有的实验设备并实现数据采集自动化，发表了 6 篇 SCI 论文。

1995 年 9 月定居都柏林，他应聘到爱尔兰国立都柏林大学（UCD）任教，成为首位在爱尔兰获得永久教职的华人。在都柏林大学，孙大文结合自己的专业背景，选择了食品工程作为主攻方向。作为首位在爱尔兰担任永久教职的华人，孙大文克服了包括社会偏见在内的一系列困难，努力寻求合作的科研单位，在经历了无数次失败后，1997 年底他终于成功申请到了爱尔兰农业部的两个大项目。"有了科研经费后，一切研究工作就可顺利运行起来了。"他在都柏林组建科研团队，建立自己的实验室，领导着食品冷冻及计算机化食品技术研究工作，建立国际合作网络，取得一系列突破性的科研成果。

"要在国外站稳脚跟，除了要有课题和科研经费，你还必须付出比当地人加倍的努力。"爱尔兰大学的工作时间是早上 9 点至下午 5 点，孙大文却经常每天早上 7 点就来到办公室，晚上 7 点以后才离开。他的学生说，孙老师是不是住在办公室啊？甚至在周末，也经常可在办公室和实验室看到孙大文的身影。

二、突出的科研成果

目前，孙大文在世界上著名杂志和国际会议上发表了超过 500 篇高水平论文，主编权威专著 10 部，有超过 200 篇论文被 SCI 收录。特别是他在计算机视觉、真空冷却和 CFD 模拟等方面的论文已经成为其他研究者的经典参考文献并对生产起了极大的促进作用。

首次采用冷却机理完全不同的真空冷却方法，以蒸发相变的传热过程取代传统方法中以热传导传热模式为主的传热过程。研究结果证明真空冷却对熟肉制品及即食食品都具有极其明显的超快速效果，获得了突破性成果，在大幅度提高生产效率的同时极大地提高了产品的质量和安全性。

首次应用计算机视觉技术，实现了对比萨饼、熟肉制品、切片火腿等食品品质的非接触、快速、无损的检测，建立了比萨饼品质与图像品质之间的相关关系，开创了对复杂的比萨饼的生产质量和属性进行自动检测的应用先例，促使食品的生产和检测跟上现代高科技的发展。

近 10 年来，孙大文作为大会主席或分会场主席主持了近 50 场重要的国际学术会议，有超过 15 次被特邀做大会主旨报告。他主持、协同主持或者特邀报告的这些重要国际会议遍及美国、加拿大、法国、德国、意大利、西班牙、葡萄牙、比利时、英国、澳大利亚、土耳其、希腊、捷克、智利、巴西、印度、波兰、阿曼、中国和爱尔兰等 20 多个国家，通过这些会议，他的学术思想和学术成果得到了世界范围内同行的广泛认可，也奠定了他极高的国际学术地位。

由于在世界食品工程领域所作的杰出贡献，孙大文应邀担任《食品和生物加工技术》国际期刊主编、"现代食品工程"系列丛书主编，以及欧盟框架计划、美国自然科学基金、加拿大自然科学和工程研究委员会等特邀项目评委等多项重要国际职务。

在过去的十几年中，孙大文在国际上获得了许多奖项和职务：

2000 年和 2006 年被素有农业工程界的"奥林匹克"之称的国际农业和生物系统工程委员会（CIGR）授予杰出奖，他也是该委员会从 1930 年设立该奖项以来第一位获此殊荣的华人。

2004 年被英国皇家机械工程师学会授予"食品工程师年度人物"，成为获得这一称号的首位华人。

2007 年获印度食品科学家及技术人员协会会士荣誉称号。

2008 年获国际农业和生物系统工程委员会（CIGR）成就奖，2010 年获 CIGR 会士荣誉称号。

2010 年 5 月当选为爱尔兰皇家科学院院士，孙大文用中文和英文在院士名册上郑重地签上自己的名字，成为有史以来第一位在此名册上烙下三个美丽方块字的中国人。

2010 年 6 月当选为国际农业和生物系统工程委员会（CIGR）候任主席，任期从 2011 年 1 月开始，并于 2013 年起接任主席，成为 CIGR 自成立 80 年来首位出任该重要国际机构主席的华人。

2010 年 12 月底，他被全球 32 个国家的 152 家中文媒体共同评为"2010 年全球海外华人社区十大新闻人物"。

2011 年 10 月，当选为欧洲人文和自然科学院院士，这是欧洲华人科学家首次当选该院院士，孙大文也因此成为欧洲历史上首位拥有两院院士的华人。

2012 年 5 月，当选为国际食品科学院院士。

2013 年 3 月 30 日晚，"世界因你而美丽——影响世界华人盛典 2012—2013"在北京大学百年纪念讲堂举行颁奖典礼，孙大文获颁"影响世界华人大奖"。

孙大文是爱尔兰有史以来的第一位华人终身教授、欧洲历史上首位拥有两院院士的华人，是国际著名的生物系统工程和食品科学与工程方面的学术权威，国际上该领域最活跃、最具创造力、最有影响的学术带头人之一。从中国到爱尔兰，三十多年的时间，孙大文走到了冷冻干燥技术的巅峰。人们常说高处不胜寒，但他觉得他的研究会给人们带来更安全、更有质量的食物，这是最酷的事。

三、优秀的民族品德

"我是一个中国人！"这是孙大文在国外常讲的一句话。作为我国自己培养的博士，孙大文始终不忘为祖国的发展作贡献，他常说："祖国培养了我这么多年，我时时刻刻怀着一颗感恩之心，尽量创造和利用一切机会为国家做点事情，报效祖国。"孙大文经常回国讲学，开设食品工程的前沿课程，联合指导研究生培养，与国内同行探讨食品科学技术的开发工作。长期以来，他与国内高校和科研机构建立和保持着密切的合作关系。他应邀担任了浙江大学、上海交通大学、哈尔滨工业大学、中国农业大学、华南理工大学、江南大学、江苏大学、上海理工大学、上海海洋大学、东北农业大学、沈阳农业大学、安徽省农业科学院等十几所高校和科研机构的顾问教授或客座教授。先后资助了十几位中国学生到爱尔兰攻读博士学位或进修，是对我国高等教育事业具有突出贡献的世界华人科学家之一。

2004年10月他筹办和主持了在北京举行的国际农业和生物系统工程委员会有关"农产品加工与食品安全"的大型国际学术研讨会。为了争取这次大会在中国召开，他做了不懈的努力，这是国际农业和生物系统工程委员会第一次在中国举行的大会。

他曾担任爱尔兰中国文化协会主席，多次在爱尔兰举行大型中国文化展览和文化讲座，积极促进中国与爱尔兰的文化交流。2004年5月20日，他带领爱尔兰中国文化协会代表团应邀出席在人民大会堂举行的中国人民对外友好协会成立五十周年庆祝活动，受到了时任国家主席胡锦涛的亲切接见并合影留念。

2010年6月，孙大文应邀参加由国务院侨务办公室、科学技术部、中国科学院、广东省人民政府在广州市共同主办的"第六届世界华人论坛"，他撰写的论文《建立低碳食品体系，促进低碳经济发展》，首次提出在我国建立从田头到餐桌的包括生产、加工、包装和消费在内的各个主要环节具有最小温室气体输出的"低碳食品体系"的概念，建言中国政府号召民众关注食品体系对全球气候变化造成的影响，将建立低碳食品体系提升到国家高度来认识。他提出了如设置国家低碳食品日，增强人们的低碳意识，建立若干低碳食品体系示范项目，促进国家低碳经济发展等一系列有质量、有见地的建议，为建设创新型国家出谋划策。

四、真挚的感恩情怀

在"世界因你而美丽——影响世界华人2012—2013颁奖典礼"上，孙大文动情地说："此时此刻站在这里，我特别思念我的父母。爸爸、妈妈一生经历过无数的艰辛，就在我事业刚刚起步的时候，他们就过早地去世了，我缅怀他们的养育之恩。我要感谢我的母校华南理工大学，我在华工读了本科、硕士到博士，是华南理工大学也是我国自己最早培养的'土博士'之一。华工的十年寒窗，为我后来的科研打下了坚实的基础。我要特别感谢我的家人，没有他们无私的奉献，就没有我今天的成绩。我还要感谢在我人生道路中，所有帮助过我、支持过我、爱护过我、关心过我的人，没有他们的支持、帮助、关心和爱护，就没有我的今天。"

孙大文在成长和成才道路上，阅读了大量著作，知识面宽广，拥有多学科背景；他注重实践，思考深刻，勇于创新，是我国青少年学习的榜样。孙大文总结出"培养兴趣、善于思辨、勤能补拙、持之以恒、树立自信、制订计划、重在行动、端正态度、积极主动、真诚待人"的十点成才感悟，体现出他极强的思辨力，值得教育界、科学界、企业界、商业界，广大家长、教师和干部群众学习，尤其是青少年学习。

作者与孙大文（右）

2011年1月18日孙大文从北京回到家乡，20日他在潮州市"名人面对面"的韩江论坛上讲述了他的成才之路和人生感悟，我作为特邀嘉宾——当年他的高中班主任，听了他的演讲，深深被打动。孙大文的父母都是小学教师，家庭的良好熏陶，造就了孙大文；国内良好的学校教育造就了孙大文；发达国家前沿的观念和先进的实验设备造就了孙大文。孙大文非常感激他的父母，感激他的亲人，感激他的老师和同事。

孙大文在给我的电邮中说："张能治老师，您好！非常高兴收到您的邮件。首先祝您及家人新春快乐，同时也再次感谢老师对我的培养。""您的书（指

《爱，让孩子快乐成长——e 时代家庭教育真谛》一书）内容很深刻，也很完善"，今后"请保持联系，并再次祝老师健康长寿"！孙大文的感恩之心让我感动，我为能培养出这样优秀的学生而自豪。

"我会把这个奖作为一个新的起点，一种新的开始，在科学道路上，继续努力，为国家，为社会，作出更多更大的贡献。"颁奖典礼上孙大文的豪情，让大家为之动容。孙大文是潮人的骄傲，是华人的骄傲。我们完全相信，由于孙大文有极强的思辨力、自信力，他在科研的道路上将会创造出更大的业绩，为祖国，为人类作出更大的贡献。

2013 年 4 月 17 日

☆ 温馨提示

"此时此刻站在这里，我特别思念我的父母……我缅怀他们的养育之恩。我要感谢我的母校华南理工大学……我要特别感谢我的家人，没有他们无私的奉献，就没有我今天的成绩。我还要感谢在我人生道路中，所有帮助过我、支持过我、爱护过我、关心过我的人，没有他们的支持、帮助、关心和爱护，就没有我的今天。"重温孙大文的获奖感言，我们深深为他的感恩情结所感动。

作为我国自己培养的博士，孙大文虽身在异国他乡，但他始终不忘为祖国的发展作贡献。艰辛的奋斗历程、突出的科研成果、优秀的民族品德、真挚的感恩情怀，文中所披露这些鲜为人知的事迹，充分展示孙大文的人格魅力和"我是一个中国人"的伟大情怀。

"培养兴趣、善于思辨、勤能补拙、持之以恒、树立自信、制订计划、重在行动、端正态度、积极主动、真诚待人"这十点成才感悟，体现出孙大文极强的思辨力，值得教育界、科学界、企业界、商业界，广大家长、教师和干部群众学习，尤其是青少年学习。

教育始于家庭①

关注家庭教育，研究家庭教育，推广家庭教育，利己，利他，利社会！

在中国，关注家庭教育的人很多，研究家庭教育的人很少，推广家庭教育的工作很难。七年前，我被任命为区关心下一代家庭教育讲师团团长，当时我想，单纯讲学还不够，如果有一本刊物，加以书面宣传，效果会更好。于是，由我策划、主编的《当今家庭教育》杂志诞生了！《当今家庭教育》的编辑团队是一群家庭教育的关注者、研究者、推广者，凭着一种责任、一腔热情、一股韧劲，在缺乏经费、缺乏经验，没有场地、没有设备的情况下，白手起家，创办了这本备受读者喜爱、社会关注的刊物。

七年间该刊出版了28期，刊发了近千篇稿件，其间不乏优秀的作品，《家庭教育那些事儿》一书的出版就是证明。七年的路，不平凡的路；七年的历程，艰辛的历程；七年的收获，累累的硕果。"主流、科学、清新、朴实、实用"，中国著名家庭教育专家赵忠心教授的评价鼓舞着编者、作者与广大的读者。

2011年9月14日广东省关工委副主任陈坚同志带队到我区调研，陈主任对我局关工委工作给予高度的评价，他说："听了张局长的汇报，我认为金平区教育局关工委定位很好，抓三项工作很到位。家庭教育是教育体系中最重要的一环，是学校教育的延伸；朝阳读书活动在于培养孩子的阅读习惯和读书兴趣；心理健康教育是孩子成长不可缺少的一环。教育局关工委抓住这三项，把教育的功能放大，进一步提高教育的效果，很好，教育局长一定很欢迎。"

一、七年的路，不平凡的路

家庭教育是目前中国教育中最薄弱的环节，几乎每一个问题学生背后都有一个问题家庭，很多祖辈在教育孙辈上也存在不少困惑，可见家庭教育的重要。我在《当今家庭教育》的"创刊词"中提出办刊的宗旨："家庭教育是学

---

① 本文副题为"《当今家庭教育》走过七年的路"。

校教育和社会教育的基础，正如我国著名的家庭教育专家陈鹤琴所说，'知识之丰富与否，思想之发展与否，良好习惯之养成与否，家庭教育实应负完全的责任'。《当今家庭教育》旨在交流各学校、幼儿园、社区开展家庭教育的做法和经验，互帮互学，努力提高教育的效益；旨在促进学校与家长、社区的联系，促进学校教育与家庭教育、社区教育的更加紧密结合；旨在传播先进的家庭教育思想，使广大家长掌握教育子女的正确方法，促进未成年人的健康成长、社会的稳定和谐。"七年来围绕这一宗旨，广泛宣传，我先后写出《积极传播科学家庭教育理念，努力营造未成年人健康成长的良好氛围》《将关爱送给每个家庭》《家庭教育，素质教育一个绕不开的话题》《家庭教育也承载着中国梦》等文，在全国有关学术会议上交流，为在社会营造未成年人健康成长的良好氛围而疾呼。

2009 年 12 月我制作的家庭教育课件《更新教育理念，做 e 时代合格父母》荣获广东省家庭教育课件评比一等奖（全省 11 个一等奖），为全省的家庭教育作出积极贡献；2010 年 5 月 14 日汕头市关工委到我们区召开家庭教育现场会，我应邀为与会者演示该课件的内容，揭示 e 时代父母教育子女的原则、要求和方法。现场会充分肯定我们的家庭教育工作，并向全市推广我们的经验。广大家长和社会各界对我们的工作给予高度的评价，产生了良好的社会效果，为促进青少年的健康成长起到不可替代的作用。

为了提高稿件的质量，我以"观察·思考·提炼——与家庭教育工作者谈写作"为题，给一百三十多位家庭教育通讯员进行培训，努力提高他们的写作水平。我认为："在互联网时代，祖辈和父辈都失去了经验的优势，他们没有先于孩子取得在网络社会生活、学习、生存的经验。今天，家庭教育的挑战是时代的挑战；为了孩子，为了未来，每个家长、每个教师都应当学习、研究家庭教育；撰写家教文章是提高家教水平的有效途径。"

我潜心研究中外著名教育家的家庭教育思想，在《当今家庭教育》开设"家教名篇"专栏，先后介绍了二十多位伟大教育家和二十多部家教名著，积极宣传他们的家庭教育思想。七年来，《当今家庭教育》刊发了二十多个中学、小学、幼儿园的"家庭教育专辑"，涌现了一批认真撰稿的积极分子和一批高质量的稿件。《当今家庭教育》从不同侧面纵论家庭教育的方方面面，给家长、教师及其他关心家庭教育的人们以启迪。

《当今家庭教育》每期印刷 2 000～3 000 份，免费赠送给区内中小学、幼儿园、政府各部门、各街道和省、市关工委、教育、妇联、共青团等单位以及全国有关学术机构。汕头市教育局黄晖阳局长对省关工委的领导说，《当今家庭教育》杂志他每期必看；区教育局苏纯局长对《当今家庭教育》图文并茂的呈现方式给予了高度评价；区民政局一位老局长说，她家里有很多杂志，《当今家庭教育》杂志最有看头。中国教育学会家庭教育专业委员会理事长赵忠心教授 2011 年 11 月 4 日给主编发来电邮，他说："您主持的家庭教育杂志，给人的感觉是主流、科学、清新、朴实、实用，给家庭教育刊物树立了一个榜样，很值得同行学习。"赵忠心教授的评价，给我们办好刊物以极大的鼓舞。

为了保障刊物的经费来源，我费尽心思，动员企业、单位和热心者，捐资出力，先后有九个企业和单位支持我们办刊。编辑部在资金缺乏、人力不足的条件下，以对孩子、对事业负责的精神，认真组稿、改稿、编辑、排版、校对、印刷、出版发行，做了大量工作。编辑部全体工作人员以传播先进家庭教育理念为宗旨，精益求精，默默无闻地工作着，刊物质量越来越高，印刷越来越精美，成为一份家长和教师喜爱、社会认可的读物，受到人们的热切关注和高度评价。

二、七年的路，培育了孩子、家长的阅读习惯

长期以来，我们将加强阅读、写作与家庭教育密切结合起来，使阅读者不断提高自身的人文素养，更好地指导家庭教育工作。

1997 年飞厦中学举行读书节，我应邀为该校教师做"读书·求异·创造"的读书报告，从那开始，近二十年来我在全国各地做了三百多场演讲，为学生、教师、家长奉献了阅读的乐章。2011 年 9 月我编著的家庭教育专著《爱，让孩子快乐成长——e 时代家庭教育真谛》一书由广东人民出版社出版，这是我长期研究家庭教育的学术成果，是朝阳读书活动的丰硕结晶。国际著名华人科学家、爱尔兰皇家科学院院士、都柏林大学终身教授孙大文读了该书稿后深有感触地说："这部书，科学的评述、积极的建议和典型的案例，给人耳目一新的感觉，回答了许多父母的疑难问题，是网络时代难得一见的父母教育孩子的工具书，值得家长学习、参考和借鉴。"这本书由中国教育学会家庭教育专业委员会向全国读者推荐，它对各地的朝阳读书活动，对建设文化强市强省产生了积极的影响，正如广东人民出版社所指出：这是一本教人如何爱孩子的

书，适合广大家长们阅读！这是一本教人如何爱学生的书，适合广大教师阅读！这是一本教人如何爱自己的书，适合广大青少年阅读！这部书出版后各地读者给予很高的评价，北京师范大学教授赵忠心说："在当今家庭教育书刊十分混乱的时候，作者推出这样一部好书，给求知若渴的家长提供了精美的精神食粮。我相信，一定会受到年轻父母的欢迎的。"中山大学教授张国培在读了该书后说："这是一本从理论和实践的结合上全面、系统、深入论述家庭教育真谛的优秀书籍。"地方文化学者郑韶南认为，该书具有"通俗性、知识性、可读性、教育性、实用性"的特点。该书深受广大家长欢迎，现已第三次印刷。

2012年3月21日，"《爱，让孩子快乐成长——e时代家庭教育真谛》学术研讨会"在汕头东厦中学新校区隆重举行。会上，我做了"爱·创造·快乐着"的发言，谈该书的主题，阐明在教育中爱、创造与快乐三者的关系。"爱，教育的出发点；爱，必须科学，要懂得方法。爱的结果是创造，没有创造的爱不是真爱。创造，让学生享受快乐；快乐产生无穷的创造力。"快乐应成为孩子的主旋律，优质的家庭教育和学校教育必须让孩子快乐成长，必须使每个孩子都成为身体强健的人、朝气蓬勃的人、幸福快乐的人。

2012年4月27日晚，我应邀到桂花小学做题为"做智慧快乐的小学生"的家庭教育演讲，向广大学生家长讲述了"父母如何做，孩子才有智慧又快乐"的家庭教育理念和方法。演讲会赢得了家长和老师们的阵阵掌声，更引发了广大家长对自身家庭教育理念和方法的深刻反思与热烈讨论。会后广大家长踊跃购买《爱，让孩子快乐成长——e时代家庭教育真谛》一书，数量达596本之多。他们排着长龙等待作者题签的场面十分感人。家长纷纷表示，"专家的报告如春风细雨，化解了自己内心的多重疑虑，对陪伴孩子成长增强了信心"。

我们在《当今家庭教育》设置了"朝阳读书"专栏，经常刊登师生和家长的读书文章，对朝阳读书活动起着促进作用。我们发现龙眼小学"亲子同读一本书"活动这个典型时，便在《当今家庭教育》开辟"龙眼小学亲子同读"专栏，分三期介绍该校家长与子女同读一本书的心得体会，发表了几十位家长的读书感言，推广该校亲子同读的经验。区教育局关工委副主任余德元以陶行知先生"爱满天下"的激情为学生做了多场读书讲座，勉励青少年学生努力读书。东厦中学副校长庄思明以自己读书带领教师读书，以教师读书带领学生读书，收到良好的读书效果。金园实验中学校长陈利彬经常给学生做读书报告，该校的朝阳读书活动蔚然成风。东厦小学校长黄汉辉的《家长如何管理好孩子的学习》、长厦小学校长郑贵和的《学习型家风漫谈》告诫家长应重视读书，以家长的读书指导孩子读书。朝阳读书活动让广大家长、教师和学生共享读书乐、乐读书的成果。

2014 年 12 月我主编的《家庭教育那些事儿》一书由暨南大学出版社出版在全国发行。该书是继《爱，让孩子快乐成长——e 时代家庭教育真谛》后又一部家庭教育专著。《家庭教育那些事儿》以先进的教育理论引领，融家庭教育理论与实践于一体，从多角度论述家庭教育的重要性、家庭教育的方法和途径。每篇文章都有精当的点评，内容丰富，观点正确，说理充分，富有哲理和启发性。该书以独特的方式向世人呈现了一套全新的多方位的家庭教育方法，出版后受到读者的热烈追捧，现已第 3 次重印。

2015 年 1 月 15 日，汕头市金平区关工委在东厦中学举行《家庭教育那些事儿》首发式和家庭教育学术研讨会。会议得到汕头市公益基金会的支持和赞助。汕头市关工委主任钟展南、市公益基金会会长张泽华出席会议并讲话。汕头市教育局副局长谢崇发来"致张能治同志主编的《家庭教育那些事儿》一书首发式暨学术研讨会的贺信"，信中写道："尊敬的张能治同志：近年来，由您担任执行主任的金平区教育局关工委，围绕社会主义核心价值观和实现中国梦的主题，大胆探索，锐意创新，以丰富多彩的形式和活动，深入学校、深入家庭、深入学生，关心青少年学生健康成长，关注家庭教育，为建立完善学校、家庭、社会三位一体的教育体系做了大量扎实有效的工作，为把青少年学生培养成为德、智、体、美全面发展的人才发挥了重要作用，很多工作都走在全市的前列，为全市教育系统开展好关心下一代工作积累了许多宝贵的、先进的经验。您主编的《家庭教育那些事儿》，即是这一系列实践和探索的宝贵结晶。"汕头电视台、e 京网及多家报纸等新闻媒体到现场采访报道，特区青年报记者做了题为"张能治：'家庭教育就是我的事儿'"的专题报道，获得良好的社会反响。

读者对《家庭教育那些事儿》给予高度的评价。东北师范大学教授赵刚说："张能治先生潜心研究家庭教育，矢志不渝地推广科学的家庭教育，他主编的《家庭教育那些事儿》这本书，多角度述说家庭教育的重要性、家庭教育的方法和途径。《家庭教育那些事儿》的出版，给家庭教育百花园增添了璀璨夺目的光彩。"广州大学教授骆风称赞"张能治先生这本著作可谓家庭教育的大智慧"。广东第二师范学院教授王小棉说："相信读者能从本书中明'道'

而'术'生，借鉴并创造出适合自己孩子的有效的教育方法，帮助自己的孩子健康成长。"溪东小学原校长庄泽清说："读了此书，我激动，我赞叹——张局长痴情于家庭教育，精心于教育研究，热心于公益事业，他总是坚持不懈，废寝忘食，耕耘不辍，不求回报！"

三、七年的路，办出深度，收获更高社会效益

《当今家庭教育》自 2013 年第 1 期总第 17 期起，得到广东现代家庭文明与亲子教育学会的指导。我特地到广州拜会会长骆风教授，探讨合作事宜。骆风教授积极支持，亲自为刊物撰稿，并指导出版工作。

《当今家庭教育》自 2013 年第 2 期总第 18 期起，得到汕头市易迅网络有限公司的无私帮助，出版了电子版，蔡植龙总经理以实际行动支持编辑部办好《当今家庭教育》主题网站，让《当今家庭教育》这本优秀期刊在更大范围传播，共创网络信息时代家庭教育的美好明天。

2014 年《当今家庭教育》得到汕头市公益基金会的大力支持，无偿赞助出版资金，刊物增加彩页，积极推广公益，推广家庭教育。2014 年第 1 期总第 21 期刊登由汕头市公益基金会承办的"汕头最美的人"的相片，托举了文明正能量。刊物以"爱的奉献、爱的呼唤、爱的传递、爱的硕果"为内容，积极推动公益，推动家庭教育的发展。

心理健康教育，这是家庭教育不可缺失的一个重要方面。我们在聿怀中学举行了题为"我对心理健康教育的认识和体验"的学术讨论会。这次讨论会主题突出，内容充实，结合学校实际，收到了良好效果。区教育局副局长赵耿辉以"家长应如何培养孩子的智力"为题，从心理学的角度阐述读书的重要性，强调家长读书必将带动子女读书。中学特级教师方仰群运用心理学的原理，及时有效地解开一位问题学生的疙瘩，避免了严重后果的发生。东厦中学初中二年级级长翁坚运用心理学的原理管理年级，取得突出效果，全年级的教师、学生和家长，和谐向上，成为全校学习的榜样。东厦小学是广东省心理健康教育的先进单位，"心育节"主题活动是该校情感教育品牌。《当今家庭教育》开辟"东厦小学心理健康教育专辑"，推广该校的成功经验。

我为聿怀实验学校教师做心理健康辅导，我撰写的心理故事《警察·医生与跳楼者》，以生动的故事和人物对话，给人以启迪：救人需要智慧，需要心

理学。《当今家庭教育》杂志专门开辟"心理健康"专栏，先后刊登了三十多篇心理健康教育专稿，从不同侧面向读者介绍了心理健康教育的重要性、必要性以及需要掌握的一般原则和方法，推动了本地区心理健康教育的发展。

我的人格魅力和学术成就，引起媒体的高度关注，汕头电视台拍摄的《投身教育　孜孜耕耘——教育专家张能治访谈》的电视专题片，于2012年3月25日在汕头电视台播映，收到良好的教育效果，前沿的家庭教育理念得到进一步传播。

研究家庭教育，推广家庭教育，这是教育局关工委的核心任务，也是金平区关工委的特色。广东省关工委出版的《夕阳与朝阳——广东省教育系统关工委成立20周年纪念文集》编委会专门向我约稿，刊登了我撰写的《我们是家庭教育的痴心者》一文，该文赢得省教育厅和关工委领导的赞扬。

七年的路，走得很辛苦，但苦中有乐。我们深知推广科学的家庭教育的意义，因为教育始于家庭，家庭教育实应负完全的责任！

2016年3月22日

☆ **温馨提示**

"关注家庭教育，研究家庭教育，推广家庭教育，利己，利他，利社会！"

"教育局关工委抓住这三项，把教育的功能放大，进一步提高教育的效果，很好，教育局长一定很欢迎。"

"知识之丰富与否，思想之发展与否，良好习惯之养成与否，家庭教育实应负完全的责任。"

"今天，家庭教育的挑战是时代的挑战；为了孩子，为了未来，每个家长、每个教师都应当学习、研究家庭教育；撰写家教文章是提高家教水平的有效途径。"

"心理健康教育，这是家庭教育不可缺失的一个重要方面。"

上述这些教育箴言，读者如能结合自己的实际，因材施教，必定会结出教育的硕果。

一个有梦想的创业者

蔡植龙，一个汕头网民耳熟能详的名字，e京网的创始人，汕头市易讯网络有限公司总经理。

在一次团市委召开的座谈会上，我认识了青年企业家蔡植龙。双方交换了名片后便聊了起来，聊网络，聊家庭教育……

今年5月26日我们在汕头电信大厦重逢，当时我们都作为嘉宾应邀参加汕头龅牙兔情商乐园举办的一次大型心理学活动。我俩坐在前排中间位置，会前我赠送最近两期《当今家庭教育》杂志给他，很自然地切磋起家庭教育的事情，他再次提到关于《当今家庭教育》的电子版问题。蔡植龙的热情和主动，让我感慨。随后我应邀到易讯网络有限公司总部访问他。

汕头市易讯网络有限公司成立于2000年，是潮汕地区龙头互联网公司。十多年来一直致力于互联网信息技术开发与运营，旨在推动互联网信息交流与共享，提升企业对互联网的应用，促进电子商务的发展。

本着"全力创造客户价值"的理念，以"让生活更美好"为使命，易讯网络所创建的e京网作为粤东最大的互联网门户网站，为众多网络用户提供资讯、社区、商务、公益等综合应用，不断引领全新的网络化生活。作为粤东地区最具实力的网络解决方案提供商和服务运营商，易讯网络凭借优秀的人才队伍、显著的技术优势、先进规范的管理模式、诚挚执着的服务理念，为企业与个人提供全方位优质的互联网服务。目前，易讯已拥有超过2 500家客户，遍及政府机关、电信运营商、金融、房地产、教育、电力、供水、旅游、工商贸等众多领域与产业；拥有接近100万注册会员，月访问量接近8 000万人次，每月均有来自全球超过150个国家及地区的用户访问e京网，成为海内外潮人了解潮汕的最重要窗口。e京网的成功运营，彰显了易讯网络强大的技术开发能力以及超群的策划运营能力。

蔡植龙曾就读于南京邮电学院（今南京邮电大学）图像传输与处理专业，毕业后到汕头电信局工作。在他工作十分出色的时候，他做了个艰难的选择——辞职，辞去享有令人羡慕的高薪且稳定的工作，全力打造e京网。

蔡植龙是一个热心公益的人，他说现在依托于"e 京"的义工和慈善组织有"蓝天义工""韩水人家""澄海爱心义工社"等，e 京网很乐意为这些民间慈善组织提供平台及其他协助。与此同时，他们也直接参与慈善活动。2005年，"e 京携手助学基金"正式设立，并举办了一次现场义卖活动，目前继续通过募集商品进行慈善拍卖的形式筹集善款，并与各中小学的团支部合作，帮助一些贫困的中小学生，至今为止已经帮助了 300 多个孩子。

他说："目前我们所处的社会还有一些不太理想的地方，有很多人需要帮助，如果我们每个人在做好自己事情的同时，也能从整个社会的角度考虑，担负起一点点责任，有余力的时候参与到一些对社会有益的事情中，那这个社会的发展就会更好。对于我个人来说，从大学到参加工作到创办'e 京'，一直以来我都乐意做一点好事，为公益事业出一份力。"

公益事业涵盖很多方面，传播家庭教育先进理念，让孩子受益，这是对人最大的帮助，是对幸福家庭最好的解读。基于这样的认识，蔡植龙决定无偿给《当今家庭教育》提供网络支持，让《当今家庭教育》这本优秀期刊在更大范围传播，共创网络信息时代的美好明天！

2013 年 5 月 28 日

☆温馨提示

蔡植龙，一个有梦想的创业者；蔡植龙，《当今家庭教育》电子版的催生者；蔡植龙，公益事业的热心者。

家庭教育，这是伟大的事业；共创网络信息时代家庭教育的美好明天，这是蔡植龙的心愿，也是广大家长的期盼。

爱·创造·快乐着①

爱，教育的出发点；爱，必须科学，要懂得方法。爱的结果是创造，没有创造的爱不是真爱。创造，让孩子享受快乐；快乐产生无穷的创造力。《爱，让孩子快乐成长 —— e 时代家庭教育真谛》② 一书遵循上述创作思路，历经 10 年写成。

1997 年飞厦中学举办读书节，我应邀为该校全体教师做了"读书·求异·创造"的报告。从那时开始，我用演讲的形式在各地给教师、学生、家长讲学，形成了"能治谈教育"演讲专题系列，并随着时间的推移，将家庭教育放在第一层次的位置来研究。我在书的前言《让孩子学会自我教育》中写道："教育，包括家庭教育、学校教育、社会教育、自我教育，本书重点谈家庭教育，有的篇章也涉及学校教育、社会教育与孩子的自我教育，对家长来说配合抓好这些教育，这也是一个家庭教育的问题。"

家庭教育是教育中最重要的环节，当前又是最薄弱的环节，几乎每一个问题孩子背后都有一对问题父母，很多祖辈在教育孙辈上也存在不少困惑；当今的时代是网络时代，当今的家庭教育是网络环境下的家庭教育。本书基于上述背景而写作。书中运用前沿的教育理念，包括多元智能理论、情商理论、逆境商理论、创造教育理论、儿童发展敏感期理论、儿童六大解放理论、莫扎特效应、21 世纪四大技能等指导创作，意在引导读者向前看，探索未来，因为孩子是属于未来的。书中引用了大量古今中外的案例与故事，并做出言简意赅的点评，给读者留足思考的余地。读者可以在轻松的阅读中感受到教育孩子的正误，激发大家去实践，从而让孩子获得体验，逐步形成良好的习惯。

爱是贯穿全书的主线，没有爱就没有教育。书中关于如何爱孩子的故事，从多侧面给人启迪，引导人们，克服爱的误区，永不放弃爱的信念，用爱的行

---

① 本文副题为"谈《爱，让孩子快乐成长 —— e 时代家庭教育真谛》的主题"。
② 张能治编著：《爱，让孩子快乐成长 —— e 时代家庭教育真谛》，广州：广东人民出版社 2011 年版。

动，使每个孩子都获得成功。

每个孩子都具有无穷的创造力，他们每时每刻都在创造，创造是教育的最高境界和最终目的。我们既要开发孩子的智力，更要开发孩子的创造力；既要看起跑的成绩，更要看终点的成绩。家长和教师都要以宽容的心态，关爱孩子的创造萌芽；要建立科学的评价标准，把孩子培养成为逻辑清晰、思维科学的人，敢于实践、勇于创造的人。

父母要引导孩子学会自我教育，这是孩子成长的根本，是将来自立于社会的根本。父母要加强学习，通过自我教育改变自己，并以榜样的力量，让孩子在实践中学会自我教育，使孩子的头脑、双手、双眼、嘴巴、空间和时间都解放出来，使家庭真正成为培养孩子创造力的场所，家长真正成为激发孩子创造力的老师。

更新教育理念，做网络时代的合格父母，这是网络时代对每位家长提出的新要求。父母要成为孩子运用网络的参与者、辅导者，成为孩子玩网络游戏的玩伴，学习网络的学伴，平时无话不说的朋友，孩子快乐成长的引路人。这样，每个家庭都将成为和谐的家庭，幸福的家庭。

快乐应成为孩子的主旋律。优质的家庭教育和优质的学校教育必定让孩子快乐成长。时代呼唤优质教育！优质教育必定使每个孩子的潜能得到充分开发，情商得到充分发展，个性得到张扬，学业成绩和综合素质得到提高。优质教育必定使每个孩子都成为身心强健的人、朝气蓬勃的人、快乐幸福的人。

爱，创造，孩子快乐着、父母快乐着、家庭快乐着……

☆ 温馨提示

《爱，让孩子快乐成长——e 时代家庭教育真谛》被教育专家誉为"网络时代难得一见的父母教育孩子的工具书"。

该书的主题是：爱，教育的出发点；爱，必须科学，要懂得方法。爱的结果是创造，没有创造的爱不是真爱。创造，让孩子享受快乐；快乐产生无穷的创造力。

爱是贯穿全书的主线，没有爱就没有教育。

创造出值得自己崇拜的孩子①

　　隆城报本学校是一所历史悠久的学校，她培育出无数优秀学子，远的不说，单就近年各项活动，师生在各级获奖的就不乏其人。2002 年高考，广东汕头金山中学两姐妹同时考取全国重点大学，姐姐进了中山大学，妹妹就读北京大学，一时间在广东传为佳话。当时我正在广州出差，听到这消息，特别高兴，回汕后即拿来汕头特区晚报细读，原来姐妹俩就是从隆城报本学校走出来的。这个例子从一个侧面说明隆城报本学校教育教学的扎实，为学生今后的发展奠定了坚实的基础。隆城报本学校是一所农村小学，地处革命老区澄海莲华镇，由于诸多原因，经济尚欠发达，目前学校的现代化设施还不尽如人意，但老师们不囿于条件，认真学习，锐意改革，教育理念与时俱进。笔者曾应校长之邀，到该校为教师们做了一场题为"创造教育与创造型教师"的演讲，看了教师们的教育教学论文，其观念与我提出的"主动、和谐、求是、创造"的教育理念是一致的。隆城报本学校教师们先进的教育理念是学校培育出众多优秀人才的原因所在。

　　21 世纪的教育是创造的教育。创造教育自 1906 年在美国诞生以来，给美国带来巨大的经济效益。伟大的教育家陶行知早在 20 世纪 20 年代就提出他的创造理论，1943 年发表了著名的《创造宣言》。陶行知说："教师的成功是创造出值得自己崇拜的人。先生之最大的快乐，是创造出值得自己崇拜的学生。说得正确些，先生创造学生，学生也创造先生，学生先生合作而创造出值得彼此崇拜之活人。"又说："处处是创造之地，天天是创造之时，人人是创造之人，让我们至少走两步退一步，向着创造之路迈进吧。"隆城报本学校的教师们遵循陶行知先生的教导，注意在活动中培养学生的创造个性，通过创设宽容、和谐、自由、安全的班级环境，鼓励学生大胆提问题，让学生在学习、生活、健体、道德诸方面养成良好习惯等，使学生学得主动，学得愉快，形成和谐协作、敢想、敢说、敢做、敢创造的良好氛围。

---

　　① 本文为张旭龙主编的《向着创造之路迈进》一书所作的序。

　　本书取名"向着创造之路迈进"，意在概括本书内容的特征：创设情境，激发兴趣，大胆质疑，主动学习，和谐合作，探索研究，鼓励创造。另一用意在于号召老师们在实施新课程计划过程中，继续发扬上述创新意识，大胆实践，向着创造之路前行。全书正文除特约稿外分五个部分：学校管理与班、队工作，语文，数学，英语及科学、艺术与体育。教师们根据各自的管理范围和学科、年级的特点，采取了一系列行之有效的方法，努力培养学生的学习兴趣，激发学习热情，启迪思维，因而教育教学效果好，呈现在读者面前的这些论文，就是老师们辛勤耕耘的结晶。综观这些论文，既有鲜明的论点，又有充足的论据，特别是老师们从亲身实践中挖掘出来的例子，生动有趣，为这本书增添了色彩。多数论文，短小精悍，也不乏篇幅较长、说理深刻的。我读后颇受启发。我相信，《向着创造之路迈进》一书的出版，必将起到互相交流、互相促进的作用。当然本书也不是没有瑕疵之处，但作为一所普通农村小学，我以为不必苛求，相信老师们，特别是年轻的老师们会在今后的教育教学实践中不断提升自己，以弥补现在之不足。

　　关爱每一个学生的发展，这是新课程标准的目标。要达此目标，需要不断更新观念，不断实践，不断探索。当前最要紧的是要加强现代教育科学和现代心理科学的学习和研究，用多元智能理论等前沿理论指导教育实践，促进学生个性发展、和谐发展、创造性发展。

　　创造型教师必将培养出创造型学生。时代需要创造型教师。愿教师们在执行新课程标准的过程中，敢于质疑，勇于探索，向着创造之路迈进，写出更多更富有创意的佳作来。是为序。

2005 年 2 月 18 日
于汕头碧霞庄

☆温馨提示

　　"教师的成功是创造出值得自己崇拜的人。先生之最大的快乐，是创造出值得自己崇拜的学生。"

　　创造型教师必将培养出创造型学生，创造型家长必将培养出值得自己崇拜的孩子。时代需要创造型教师，需要创造型家长！

开拓·创造·家庭教育①

经济特区是中国改革开放总设计师邓小平创造的，是邓小平的市场经济理论培育起来的。没有邓小平经济学理论支撑，就没有经济特区；没有邓小平的创造性思维，就没有经济特区。在汕头经济特区建立 30 周年之际，在汕头经济特区扩大到全市范围之际，我们更加怀念邓小平，我们更需要特区精神。

速度、效率、环保、低碳、创造、和谐，这些都是特区的重要特征，而"创造"则是这些特征的核心。特区与人不同之处就在于它的创造性。作为特区人，就应该有强烈的创造意识和开拓的创造精神。

我是汕头经济特区的一名教育工作者，长期以来，我将爱奉献于汕头经济特区的教育事业，奉献于下一代的健康快乐成长事业。

我觉得：

每个孩子都拥有一个家庭；

每个健康快乐的孩子背后都有一个乐教善教的家庭；

每个问题孩子的背后都有一个问题家庭。

"给我一个支点，我可以把地球撬起来。"这是阿基米德的科学宣言。"支点"成为每一个思想者和开拓者寻找的目标。就当前中国教育而言，这个"支点"就是家庭教育。

关心孩子，关心下一代，必须关心下一代的上一代 —— 当今的父母们。多年来，我用演讲这种独特的方式，为家长、为孩子、为教师服务，在汕头特区内外做了两百多场演讲，给他们送去前沿的教育理念和解决问题的具体办法，收到了良好的教育效果。

影响家庭教育效果的因素很多——家长自身的素质、教养态度、教育能力，家庭结构、生活条件、家庭成员之间的关系、家庭的社会背景等。由于诸因素的综合作用，形成家庭教育错综复杂的矛盾与冲突。家庭教育是一个相当复杂的过程，需要进行理性的思索，不能把家庭教育简单化、庸俗化，因此家庭教育需要专业工作者的指导。

怎样才能使孩子健康成长，家长扮演了一个重要的角色 —— 一个不可替

---

① 本文是作者在汕头市委宣传部举行的纪念汕头特区成立 30 周年大会上的演讲，副题是"一个特区教育工作者的心声"。

代的角色。学校教育效果如何，家庭教育是一个重要的因素。在素质教育中，哪所学校、哪个地方教育行政部门重视家庭教育，真正把家庭教育列入学校、列入素质教育的议事日程，家庭教育就会成为学生成长的动力，学校教育就会出现勃勃生机，产生良性循环，学生就会健康快乐成长，那里的校风，那里的民风就会呈现一种和谐向上的气象。如果将家庭教育当成一种摆设，一种突击行为，一种应付检查评比的办法，那就无法解决孩子所面临的种种困惑，也就谈不上孩子的快乐，更谈不上孩子的健康成长。忽略家庭教育，它将成为孩子成长的阻力。无数事实证明，几乎所有的问题孩子，背后都有一个问题家庭。解决问题孩子，必须从解决问题家庭入手。

家庭教育与孩子的成长成正相关的关系。正确的家庭教育，科学的家庭教育，符合自己孩子特点的家庭教育，它将成为孩子成长的促进剂。基于这样的认识，我们于 2008 年 12 月成立了金平区关心下一代家庭教育讲师团，我被任命为团长，共有成员 16 人。大家纷纷下基层，深入各中小学、幼儿园、社区演讲，让家庭教育的新理念深入千家万户。2009 年 12 月我制作的家庭教育课件《更新教育理念，做 e 时代合格父母》荣获广东省家庭教育多媒体课件评比一等奖（全省 11 个一等奖，广东省三大特区仅我一个），为汕头经济特区争了光。2010 年 5 月汕头市关工委在金平区召开全市家庭教育现场会，推广金平家教讲师团的经验。

由我主编的《当今家庭教育》杂志已出版了 9 期。我花大力气，努力办好《当今家庭教育》：培训家教通讯员；约稿、组稿、改稿；编辑、排版；出版、发行、邮寄；寻找资金，寻求支持者、合作者。所有这些，我都亲力亲为，乐此不疲。《当今家庭教育》免费发行到全区各中小学、部分幼儿园、各街道、区政府各部门以及省市教育、妇联、共青团、关工委和全国各地家庭教育学术机构。广大家长和社会各界对《当今家庭教育》给予高度的评价，它对青少年的健康成长起到不可替代的作用，为家庭文明建设和社会的安定团结起到积极的促进作用。

2010 年 9 月，我凭借在家庭教育方面的业绩，由区委宣传部及社会各界推荐，被金平区精神文明建设委员会授予"金平好人提名奖"。这一事件，反映出社会对家庭教育的重视，无疑对我是一种极大的鼓舞。我编著的《爱，让孩子快乐成长——e 时代家庭教育真谛》一书由广东人民出版社出版，以此献给汕头经济特区建立 30 周年，献给渴望孩子健康快乐成长的家长们、老师们、朋友们。

家庭教育是一项伟大的事业、艰难的事业，任重而道远。以创造的精神去开拓这艰难的事业，做一名 e 时代的家庭教育专家，将关爱送给每个家庭，送给每个孩子，这就是我 —— 一个特区教育工作者的心声！

愿全社会都来关注这一事业，支持这一事业，促进这一事业的发展！家庭教育这一事业真正发展了，做好了，我们的下一代就必定能健康快乐成长，所有的家庭就必定文明幸福，社会就必定安定和谐。

2011 年 8 月 16 日

☆ **温馨提示**

每个孩子都拥有一个家庭；每个健康快乐的孩子背后都有一个乐教善教的家庭；每个问题孩子的背后都有一个问题家庭。

家庭教育与孩子的成长成正相关的关系。正确的家庭教育，科学的家庭教育，符合自己孩子特点的家庭教育，将成为孩子成长的促进剂。

家庭教育是一项伟大的事业、艰难的事业。家庭教育这一事业真正发展了，做好了，我们的下一代就必定健康快乐成长，所有的家庭就必定文明幸福，社会就必定安定和谐。

年轻的父母们，为了自己的孩子，请关注家庭教育，学习家庭教育，努力开创家庭教育的新天地！

附 录

"你那颗大爱的红心在发光闪耀";

"我们的内心对你充满感激之情";

"他是一位全心全意工作的人，我们都非常感激他";

"他很忙，现在还在从事青少年教育和家庭教育工作"……

引子："附录"四篇作品，从不同侧面述说《叩开孩子心扉的艺术——谈家庭教育那些事》一书的社会价值以及作者张能治的人格魅力，展示出家庭教育的巨大作用。阅读它，让人真切感受到他的《叩开孩子心扉的艺术——谈家庭教育那些事》是完全可以信赖的。

和孩子一起筑就美丽中国梦[①]

继《爱，让孩子快乐成长——e时代家庭教育真谛》《家庭教育那些事儿》，著名的家庭教育专家张能治先生又完成了他的新著作《叩开孩子心扉的艺术——谈家庭教育那些事》。得着他一直以来的真诚信赖，这一次，我更为认真地完整地阅读其作品，更愉悦地徜徉于老朋友的心灵空间。

一、心坎中激扬着高度的热忱

张能治先生对家庭教育和青少年教育悉心研究，从古今中外专家揭示的真理中受到启发和激励，结合自身和同时代教育工作者的鲜活实践经验，创立了自己的家庭教育新理念新方法，以自己的方式（著书立说、编辑出版杂志、演讲报告等），获得了海内外华人社会不同阶层、不同行业人群的广泛好评，不愧为与时俱进、引领潮流的教育专家。我为拥有他这样的朋友而感到自豪，为可以分享他的人生成就和荣誉而倍觉幸福！

伟大的哲学家黑格尔说过："只要人的精神和心情是健康的，则真理的追求必定会引起他心坎中高度的热忱。"如是追求真理的人，其内心始终"激励起一种对于更高尚神圣事业的渴求"，而绝非"仅仅满足于外在知识的草芥"，"成为循例办公的人员"。张能治正是这样一位心中激扬着高度热忱，充满着对神圣伟大的民族教育事业成功渴求的优秀人才！张先生在《叩开孩子心扉的艺术——谈家庭教育那些事》一书第一章"视野"中就高瞻远瞩地指出："家庭教育也承载着中国梦。"他认为"当21世纪合格的父母不容易"，因为"我们

---

① 见《孩子与家庭》第4期。本文副题为"评张能治新书《叩开孩子心扉的艺术——谈家庭教育那些事》"。

生活在科学技术高度发达的时代，同时也面临很多突出的难题"。他援引国家主席习近平在纪念孔子诞生 2 565 周年国际学术研讨会上说过的一句话，"要解决这些难题，不仅需要运用人类今天发现和发展的智慧和力量，而且需要运用人类历史上积累和储存的智慧和力量"。他认为教育孩子"既要继承传统，又要与时俱进"，结合实际"探索出最适合自己孩子的教育模式"。

少年强则中国强，青少年最朝气蓬勃，是早上八九点钟的太阳，祖国的希望寄托在青少年的肩上！要实现党的十八大号召的中华民族伟大复兴的中国梦，没有早上八九点钟太阳般的青春正能量是决然不行的！家庭教育工作的对象正是广大的青少年，广大青少年成长成才，中国梦才有依托，才能实现，而青少年的成长离不开家庭、学校和全社会良好而有效的教育结合力。只有每个家庭都切实从这一点做起，才能保证社会主义大厦的建成有坚实牢固的基础，才能筑就民族复兴的伟大梦想！

凭借着自我持久努力的学习钻研和毕生忠实履职教育工作的实践体会，张能治对全社会如何把握好家庭教育这一实现民族伟大复兴的中国梦的重要环节，提出了极有远见卓识的一系列见解。

二、抓住支点

张先生认为家庭教育是当前中国教育不可忽视的一个"支点"。"家庭是社会的细胞，孩子是父母的希望"，"家庭教育是孩子能否成为'好子弟''好学生''好国民''好人类'的关键所在"。家庭抓住这个"支点"，孩子的成长就得到了必要的助力；学校抓住这个"支点"，"教育工作就必定大有作为"；家庭、学校、社会三者共同努力抓住这个"支点"，教育工作就会获得实现共同目标的最大合力。这是做好中国教育工作不容忽视的重要指导思想。《叩开孩子心扉的艺术——谈家庭教育那些事》一书列举了方方面面与此相关的正反实践经验教训，对于认识或反思此问题大有启发和帮助。

当下社会许多学校办学指导思想和要实现的目标，诚然不可谓不明确，但究其"支点"何在？一言以蔽之：应试。评价某校某师对某届学生教学的成效优劣，唯录取升学率高低是问。国家倡导的围绕素质教育的改革要求能否真正落于实处，至今学生和家长的反映是悲观消极的，是不满意的。因为孩子们的学业负担并未减轻，有的孩子没有双休日、没有寒暑假，中小学生群体中"四只眼"越来越多。孩子中不该发生的负面社会现象在家庭、校园或社会上屡屡惊现，这正是警钟在敲响啊！张能治强调的家庭教育这个"支点"，怎样才能"支"起来？怎样才能让家庭、学校和社会合力去"支"，令人深思。

他认为目前我国教育对这个"支点"未予足够重视。造成家庭教育缺失的情况，他认为深层次原因有三：一是观念滞后，使"家庭教育在素质教育中缺乏应有的位置"；二是管理体制不健全、管理主体不明确、管理工作不落实；三是家庭教育师资力量"严重不足"，教师对此"认识很肤浅"，致使工作的开展"走过场"，所谓家长会变成"学生学习成绩通报会"、应试的"要求会""誓师会"。针对这些情况，张先生着重从当前家校关系层面进行考察，提出应对策略，这是深层次的思考。

三、重视读写

作者从当下社会实践和现实状况中敏锐地观察和思考这个问题的广泛性和迫切性。在高科技日渐发达的今天，我国城乡社会人群中悄然而又分明地发生着一种司空见惯的现象："手机控""触屏族"已汹涌袭来！在许多公共场所，在地面运行的交通车辆上，总能看到"低头一族"专注于运动眼球和手指，手机把他们的注意力吸引得几乎忘了周身一切，这些低头族关注的大多并非"天下大事"或"知识世界"，而是"搞笑"和游戏之类的。另一方面，在各种场合中越来越少见到书刊等纸质读物的踪迹。在《叩开孩子心扉的艺术——谈家庭教育那些事》一书中，他有感于美国第一夫人米歇尔的家规：平时不允许正在求学中的女儿使用手机，非周末不能看电视，计算机只能在做作业时才能用等。他认为"这样的规矩十分难得又非常重要"。之所以"难得"和"重要"，是因这规定在美国如此高度现代化的社会生活环境中为成长中的孩子抵挡住了最具广度和深度的"诱惑"，让他们不至于虚度人生学习知识最宝贵的黄金时光，而阅读恰是孩子成长不可或缺的"粮食、武器、方向盘"（雷锋语），这家规体现了家长对孩子的爱心、尽责和担当。莫言的妈妈正因有爱心，在困难中支持和培养了儿子的阅读习惯，终于使之成才和快乐。这正是家庭教育中关注阅读重要环节的意义所在。张先生要求父母自己要注重阅读，营造家庭浓厚的阅读氛围，以指导孩子的课外阅读，帮助其实现目标，同时自己也与孩子共同成长和快乐。他鼓励家长"做一个爱阅读、会指导孩子阅读的父母"。

"写作使人严谨。"这是张先生自己于实践中的心得体会。他博览古今中外教育专家的教育名著，孜孜不倦研究他们的成功经验和理论成果，会心观察思考我国家庭教育的现状，他一边钻研，一边写作、编辑杂志、巡回演讲，出版了《创造教育之光》《爱，让孩子快乐成长——e时代家庭教育真谛》《家庭教育那些事儿》《叩开孩子心扉的艺术——谈家庭教育那些事》等著作，主编了《当今家庭教育》《孩子与家庭》《暨南情怀》《暨南情愫》《金园教育》等刊物。

作者在一次某校组织的学生征文比赛颁奖大会上，做了一场关于家庭教育写作的专题演讲。在这次演讲中他勉励同学、老师和家长们，"通过写作不断地提高观察、思考与表达的能力，写出优秀作品来"。他将自己的著作赠送给参加征文的获奖者，叮嘱同学们"认真与自己的父母一起阅读，一起思考，一起研究，做一个会思考的快乐的中学生"。张先生在专心坚持家庭教育写作的过程中，不断对当今家庭教育的情况进行深入的思考、总结，不断提升自己的理性认识，逐渐形成自己对家庭教育的新理念、新方法。《叩开孩子心扉的艺术——谈家庭教育那些事》书中有一篇《观察·思考·提炼——与关注家庭教育的人们谈家庭教育的写作》，该文以有关家庭教育的14篇作品为范例，在讨论如何写作的同时，揭示了成功家庭教育的真谛。他在该文"温馨提示"中对家长们说："只要你动笔写作，你的家庭教育观念就会升华，你的思考就会严密，你的教育效果就会提高……为了孩子的健康成长花点心思就会有所收获。"这是何等殷切的期望啊！

四、脚踏实地的践行者

张能治先生不仅是一位资深的家庭教育研究者，更是一位脚踏实地的践行者。关于如何对孩子进行学习指导，第三章"技巧"，在《提高孩子学习能力的着力点》中提出的"学习的六个环节"，是他在长期的教育教学实践中得出来的经典总结，对孩子与家长都有深刻的指导意义。在《人生目标与人生规划》中，他把自己摆进去，以自己的人生目标和行动真实而具体地激励读者去努力！

第六章"亲情"表达的是作者对亲人、对朋友、对家庭、对学校浓浓的情和爱。《姐弟情深》《永远记住她的好》表达了作者对两位姐姐真挚的感恩情怀，"我感恩的心随着年龄增长而越发强烈，它将在子女中延续，在孙辈中升华"！《这个冬天很"暖和"》《急需的就是最好的》表达的是对子女无限的爱。"一句句深情的问候，一次次温馨的聊天，一场场单位情况和社会新闻的交流，让上了年纪的人不感到孤单，不感到寂寞，不感到远离原单位、远离社会"，"亲情温暖着彼此的心"。

《情结》《回家》表达了作者对母校、对工作过的单位的眷恋之情。暨南大学，潮安二中，作者"日思夜想，常梦回的家"。而《愿每个家庭都美丽幸福》《心愿》则展示出作者对同事对朋友对社会的责任感。"愿各中小学校、幼儿园图书馆（室）藏书更丰富，真正成为师生吮吸知识的殿堂！愿各中小学校、幼儿园家庭教育更充分发展，真正成为学校教育的助力！"这就是作者捐赠 1 200 册图书《爱，让孩子快乐成长——e 时代家庭教育真谛》给中小学、幼儿园图书馆的原因……

读着这些，一位大爱的人儿跃然纸上。

让我们来看看张能治先生《叩开孩子心扉的艺术——谈家庭教育那些事》等系列著作中所阐述的家庭教育新理念、新方法，努力做 e 时代合格的父母亲，和孩子一道，共筑美丽的中国梦！

陈遵宝

2016 年 9 月 18 日

于昆山浦园

☆ 温馨提示

张能治正是这样一位心坎中激扬着高度热忱，充满着对神圣伟大的民族教育事业成功渴求的优秀人才！他不仅是一位资深的家庭教育研究者，更是一位脚踏实地的践行者。他获得了海内外华人社会不同阶层、不同行业人群的广泛好评，不愧为与时俱进、引领潮流的教育专家。

他强调教育孩子"既要继承传统，又要与时俱进"，结合实际，"探索出最适合自己孩子的教育模式"。

他强调家庭教育是当前中国教育不可忽视的一个"支点"，"家庭教育是孩子能否成为'好子弟''好学生''好国民''好人类'的关键所在"。

他鼓励家长"做一个爱阅读、会指导孩子阅读的父母"。

他说，"只要你动笔写作，你的家庭教育观念就会升华，你的思考就会严密，你的教育效果就会提高……为了孩子的健康成长，花点心思就会有所收获"。这是何等殷切的期望啊！

读着这些，一位大爱的人儿跃然纸上。

读者对《爱，让孩子快乐成长——
e时代家庭教育真谛》的评价摘编

《爱，让孩子快乐成长——e时代家庭教育真谛》这部书，科学的评述、积极的建议和典型的案例，给人耳目一新的感觉，回答了许多父母的疑难问题，是网络时代难得一见的父母教育孩子的工具书，值得家长学习、参考和借鉴。

  ——孙大文 爱尔兰皇家科学院院士、欧洲人文自然科学院院士、爱尔兰
    都柏林大学终身教授、国际农业和生物系统工程委员会主席

您的大作，这是一部很不错的家庭教育读物，您下了很大的功夫，全书浸透着您的心血。在当今家庭教育书刊十分混乱的时候，您推出这样一部好书，给求知若渴的家长提供了精美的精神食粮，我相信，一定会受到年轻父母的欢迎。

  ——赵忠心 中国著名家庭教育专家、北京师范大学教授

《爱，让孩子快乐成长——e时代家庭教育真谛》，这是一本从理论和实践的结合上全面、系统、深入论述家庭教育真谛的优秀书籍。其中渗透着儒家的思想道德和现代教育思想精髓，是难得一见的家庭教育教科书，值得广大家长和从事家庭教育的工作者认真学习。在理论上，它与时俱进，与时代的脉搏紧紧相连，令人感受到时代进步的新鲜气息。同时，我们也能感受到儒家家庭教育的精华内容渗透其中，令人感到很亲切，并乐于接受。因此，它具有理论性、科学性、可读性和可操作性，非常有特色和值得推广，是具有中国特色的书。

衷心祝贺作者的成功！你的努力和心血终于绽放出美丽的花朵，值得庆贺！庆祝！

  ——张国培 中山大学教授

人类的家庭史就是一部书写提高家庭成员生命、生存、生活质量的历史。优秀的家庭教育，需要与时俱进，与时代律动相伴随。在互联网的时代如何选择教育子女的方法，张能治先生这部书值得一读，会引发广大家长的深刻思考。

——赵刚　东北师范大学教授

张能治局长是一位老教育家，对孩子的健康成长十分重视，《爱，让孩子快乐成长——e 时代家庭教育真谛》一书是他潜心研究的成果。书中告诉我们，爱是与家庭教育互为命题的；书中还把网络作为家庭教育的导航仪，以家庭教育为核心，网络为工具，开发出了一套全新的多方位教育方法，为我们的思考提供了一个范本。

《爱，让孩子快乐成长——e 时代家庭教育真谛》一书告诉我们：不能过分依赖学校教育，而轻视家庭教育；对孩子不能溺爱，而忽略了行动上的指导和有效的亲子互动。我们应该清醒地认识到，家才是教育的基础，爱才是教育的本质。其实，教育并没有我们想象的那么复杂，教育只需要牢牢抓住它的本质，爱孩子，爱家庭，让孩子生长在一个充满爱的环境里。有家有爱，便可编织出孩子美好的未来。

这是家庭的未来，更是我们新时代的未来。

——黄峰　青年作家

张能治老师的力作《爱，让孩子快乐成长——e 时代家庭教育真谛》（以下简称《爱》）一书由广东人民出版社出版了！看着此书，我欣喜，我兴奋，我赞叹。这本书：一字字，凝聚着作者忠诚教育事业的心血；一句句，倾诉着作者关爱孩子的心声；一篇篇，坦荡着作者大爱无边的情怀。

《爱》——这是一本很有特色很给力的好书，这是一本难得一见的父母教育孩子的工具书，这是一本散发着新鲜时代气息的畅销书。

我喜欢《爱》，喜欢它的通俗性。它行文清新流畅，毫不古板晦涩。它内容通俗易懂，深入浅出。它以理服人，没有空洞说教。它就像一个长者，向着年轻人讲着很动情、很动听的小故事，说着很浅显、很能接受的道理，使人备感亲切，备感受益。

我喜欢《爱》，喜欢它的知识性。它有丰富的知识内涵，它不但谈家庭教育，还谈学校教育、自我教育、创造教育、优质教育……它不但阐述具体的家庭教育知识，还有很多与当代家庭教育相关的知识，从 IQ（智商）、EQ（情商）到 AQ（逆境商），从第一媒体到第四媒体……它开卷有益，适合各种知识层次的群体阅读。

我喜欢《爱》，喜欢它的可读性。它的素材采撷于古今中外，它的事例来源于万户千家。翻开书，一个又一个精彩的案例，一个又一个生动的故事，一个又一个精辟的点评，有很强的吸引力，会给人很多的思考，很多的启迪，很多的收益，使人情不自禁地想一直看下去。

我喜欢《爱》，喜欢它的教育性。全书十六篇，每篇卷首作者都开篇明义地提出正确的、科学的观点、看法，还提出问题和如何运用正确的方法方式去解决问题。它与时俱进，运用前沿的教育理念，使阅读此书的人，不论是家长、教师还是学生，都受到教育。特别是在当前鱼龙混杂的家庭教育出版物中，它是一本很难得很有教育性的好书。

我喜欢《爱》，喜欢它的实用性。它是一本与时俱进的书，一本具有中国特色的书，一本实用的可操作性的书。它针对当今家庭教育的实际，回答了我们在家庭教育中碰到的种种疑难问题，体现了作者的睿智和科学的预见性。它是一本教育孩子的教参书，能帮助我们懂得当今家庭教育的真谛，并运用科学的、正确的教育理念去爱、去教育我们的孩子。

"年年岁岁花相似，岁岁年年人不同。"时代在发展，历史在前进，人的思想观念也在不断地变化。在当今五彩缤纷的世界里，我们的家庭教育也面临着新的挑战。如何对待和解决这些棘手的难题，我们可以去看《爱》这本书。这本书，字字句句都是张能治老师的心声。说到心声，我忽然想起"出之内心的就能进入内心"这句格言。我坚信，张老师用爱铸成的这本书，一定会进入千千万万个读者的心里，并卓有成效地运用在日常的家庭教育实践之中。

——郑韶南　地方文化学者

《爱，让孩子快乐成长——e 时代家庭教育真谛》是一部难得的家庭教育工具书。这部书是张能治局长以前沿的教育理念为指导，结合他长期从事基础教育管理和研究工作的实践，推出的家庭教育力作。全书以"爱"为主线，以"爱"和"快乐"为核心，围绕家庭教育这个当今时代的突出课题，诠释了家庭教育中家长对孩子的"爱"的内涵、"爱"的职责、"爱"的作用以及"爱"

的技巧（行动）。读者通过阅读，可以从中得到启迪，明确"爱"与"快乐"的关系，体会在教育孩子中的这些问题：教育孩子为什么要有"爱"？怎样"爱"？怎样做，才是善"爱"，才能把家长对孩子无私的爱奉献给心爱的孩子，促进孩子的快乐成长？

——余德元　中国陶行知研究会理事、汕头市陶行知研究会副理事长

有一个古朴的木桶定理，说的是一个木桶的装水量，不是由那块最长最好的木板决定的，而是由那块最短最差的木板决定的。在当前的家庭教育、学校教育、社会教育等方面中，家庭教育正是教育的一块短板。张能治先生的新著《爱，让孩子快乐成长——e时代家庭教育真谛》则是修补这块短板的力作。

这本书共十六篇，26万字，可以说是家庭教育的小百科全书。

作者张能治先生，在多年的学校教育行政管理工作中，他发现并潜心研究了教育的短板——家庭教育，并义无反顾地当起家庭教育的志愿者。他的工作很忙：应邀在全国各地举行了300多场演讲；在汕头组织了一个家庭教育讲师团，任团长；策划创办了颇有影响的《当今家庭教育》杂志，任主编……

张能治先生在修补教育短板的艰难中，也成就着自己！

——方仰群　中学特级教师、全国优秀班主任、全国先进工作者

我们迎来了一次家庭教育报告会，听到教育专家张能治老师的育儿讲座，得到了他的新著《爱，让孩子快乐成长——e时代家庭教育真谛》这本书。我拿到这本书就爱不释手。我利用五一假期的时间迫不及待地读完它后，又迫不及待地拿起笔和大家分享我的感受，告诉大家我此刻内心的独白。

书中的每一篇都给人亲切的、温暖的感觉。说它是亲切的，是因为书里传达了许多育儿理念，在作者笔下，这些教育理念更系统、更丰富，更有可读性，更引人入胜；说它是温暖的，因为读完以后不仅我收获满满，并产生许许多多共鸣之处。

张能治老师的《爱，让孩子快乐成长——e时代家庭教育真谛》是一本让人爱不释手的好书，该书以"爱"与"快乐"为核心理念，读后让我们获益匪浅。掩卷深思，我只有一种感觉：相见恨晚！

——陈少珍　飞厦中学教师

☆温馨提示

"该书给人耳目一新的感觉，回答了许多父母的疑难问题。"

"您推出这样一部好书，给求知若渴的家长提供了精美的精神食粮，我相信，一定会受到年轻父母的欢迎。"

"该书渗透着儒家的思想道德和现代教育思想精髓，是难得一见的家庭教育教科书，值得广大的家长和从事家庭教育的工作者认真学习。"

"在互联网时代如何选择教育子女的方法，张能治先生这部书值得一读，会引发广大家长的深刻思考。"

"家才是教育的基础，爱才是教育的本质。有家有爱，便可编织出孩子美好的未来。"

"这本书：一字字，凝聚着作者忠诚教育事业的心血；一句句，倾诉着作者关爱孩子的心声；一篇篇，坦荡着作者大爱无边的情怀。"

"诠释了家庭教育中家长对孩子的'爱'的内涵、'爱'的职责、'爱'的作用以及'爱'的技巧。"

"在当前，家庭教育正是教育的一块短板。张能治先生的新著《爱，让孩子快乐成长——e 时代家庭教育真谛》则是修补这块短板的力作。这本书可以说是家庭教育的小百科全书。"

"张能治老师的《爱，让孩子快乐成长——e 时代家庭教育真谛》是一本让人爱不释手的好书，该书以'爱'与'快乐'为核心的理念，读后让我们获益匪浅。掩卷深思，我只有一种感觉：相见恨晚！"

这是教育专家和广大家长、教师对《爱，让孩子快乐成长——e 时代家庭教育真谛》的高度评价，也是广大读者的心声。

选班主任①

我们 63 级同学，在一年级、二年级时都有学校委派的老师做班主任。但后来，因为前往农村搞"四清"运动，回校后因"文革"，我们再也不能上课，再也没有班主任了，更不要妄想可以选班主任！

毕业以后，同学们分配到全国各地工作，几十年下来，都有或大或小的成就，如中学高级教师、特级教师、党政机关和企事业单位主笔、成功商人等。尤为突出的是张耀中同学荣任珠海市委常委，以及香港作家张汉基、张庆……他们有的为国家大事党政伟业操劳，有的为文化传承效力。

我突发奇想：可否选班主任，弥补我们失去四、五年级班主任的遗憾？眼前一大班事业有成的同学，我选谁呢？

我选张能治！

张能治学友以自然的心态、澄明的信念，坚持不懈地主办《暨南情怀》，在我看来，63 级数十位同学在校的过去、离校的今天，都仿佛和他融为一体了。

笔者摘录数段文字供大家阅读。陈坤炎文："吴美兰说，老师们收到《暨南情怀》都特别高兴，赞扬我们 63 级是个团结、幸福的集体。"何炬文："张能治诚恳待人，诚心办事，是很有缘分的人。他诚心诚意办好《暨南情怀》，诚心诚意和编委们编辑《明湖秋月》，同学们凭此造化缘分。"夏汉松诗："明湖秋月，见证同窗结。"彭惠村诗："一期期《暨南情怀》飞入学友的手中，你那颗大爱的红心在发光闪耀。"张汉卿文："你不辞辛劳，使《暨南情怀》办得有声有色，实属难得。"欧瑞娟文："老实说，这份《通讯》可是 63 级同学独有的精神食粮，值得我们珍之重之。"邢福芬的电子邮件："能治同学：你为同学们付出很多，我们的内心对你充满感激之情。"苏广镇在给能治同学的信中说："这次聚会圆满成功，你居功最大。希望再接再厉，继续为同学们作出贡献。"王锡安文："我们要记着张能治，是他在这两年里，不懈地贡献出自

---

① 见 2009 年 7 月出版的《明湖秋月》第 181 页、2009 年 6 月出版的《暨南情怀》第 16 期。

己的时间、精力和资金，独办《暨南情怀》这份通讯。"蔡锦桂文："提到张能治，由于有他的用心，《明湖秋月》将得以付梓，学友们将得到一本有纪念意义的书。他是一位全心全意工作的人，我们都非常感激他。"

……

不能一一尽录。

张能治同学为了《暨南情怀》《明湖秋月》不仅度过众多不眠之夜，花费了资金资源，还"麻烦"了妻子、两个女儿和女婿，得到他们精神上的支持，物质和技术上的支援。他很忙，现在还在从事青少年教育和家庭教育工作……

这一切能不使我们感动吗？

当找张能治的地址寄出稿件时，我赫然发现，张能治原是潮安二中校长、汕头市金园区教育局副局长，当下是汕头市家庭教育讲师团专家。我惊叫："哎呀！选他为班主任，岂不是把张学友降级了?!"

对不起！我还是要选张能治当63级毕业前连任几年的班主任。

真的，我祈盼来世愿望成真！

蔡柳屏

2009 年 6 月

于香港广林苑

☆ 温馨提示

"张能治诚恳待人，诚心办事，是很有缘分的人"；

"你那颗大爱的红心在发光闪耀"；

"我们的内心对你充满感激之情"；

"他是一位全心全意工作的人，我们都非常感激他"；

"他很忙，现在还在从事青少年教育和家庭教育工作"。

……

投身教育　孜孜耕耘

——教育专家张能治访谈

提要：四十年来，他在家庭教育领域里孜孜耕耘，默默奉献，不断探索研究，取得丰硕成果，赢得了教育界同行以及家长们的信赖和赞誉。如今虽已年届古稀，他仍不知疲惫地奋战在家庭教育第一线，继续发挥着自己的光和热。他，就是我市知名的家庭教育专家——张能治。本期《潮汕风》为您讲述这位退休老局长的家庭教育情缘，敬请关注。

主持人：说起教育，它的重要性在今天已是毋庸置疑的了。随着我国教育事业由弱到强、由小到大的演变，教育在当今也衍生出了很多分支，比如我们最熟悉的有学校教育、家庭教育，此外还有社会教育、自我教育等等。在我们汕头，就有这么一位教育家，几十年来，他对教育事业一直倾注了极大的热情，退休后，他更是把自己全部的心血和精力都投入到了家庭教育领域当中。他，就是我市知名的家庭教育专家——张能治先生。下面就让我们一起来认识这位杰出的教育工作者。

【黑场，出题目】
【出同平中学演讲——】
解说：这天下午，尽管天气有些寒冷，但同平中学的全体同学还是早早就来到操场上，校领导今天特地邀请了教育专家张能治来给大家开讲座，同学们谁也不想错过这个难得的学习机会。

【出张能治镜头】这位精神矍铄的长者就是张能治，退休前，他是金平区教育局副局长；退休后，这位老局长也没有闲着，每天仍奋战在教育领域的最前线，搞研究，开讲座，忙得不亦乐乎。今天，他给同学们带来的是一场主题为"让读书成为一种习惯"的专题讲座。

【一点同期声——】张局长从学生的角度出发，用通俗易懂的语言、生动鲜活的例子，旁征博引、深入浅出地告诉同学们为什么要读书、应该读什么书、怎样培养良好的读书习惯等。绘声绘色的演讲、幽默机智的语言，很快就吸引了同学们的注意力，让大家听得连连点头，掌声不断。

同平中学副校长　黄照霞：

老局长讲课的过程非常生动、活泼，给我们留下非常深刻、美好的回忆，也能够在活动中跟学生互动交流，激起学生极大的参与热情，极大的兴趣。

同平中学学生：

听完这个讲座，我觉得我以前读书的方式好像有一些要改变。我以前读书的方式有点囫囵吞枣，张局长在讲座里提到，读书必须要成为一种习惯，要认真仔细地读。我觉得张局长的讲座会使我对自己读书的方法做一些改变。

解说：像这样的演讲，张能治每年大概都要讲三十场左右，他不仅在学校里给老师、学生们讲学，更多的是利用各中小学校、幼儿园或者社区这样的平台，给家长们开讲座。用他的话说，这是为了让广大家长了解到更多科学有效的家庭教育的方法。这天，张局长就为同平中学的师生们带来了他的新作，一本介绍家庭教育的书——《爱，让孩子快乐成长——e时代家庭教育真谛》。

同平中学校长　李伟：

目前我们很多中小学都挂上了"家长学校"的牌子，但实际上为学生家长提供培训和学习的机会还是比较少的，张局长出版的这本书，对我们进行家长培训，打造书香校园，构建和谐校园，甚至把读书活动扩大到家长范围起到很大的作用。

家庭教育专家　中国教育学会家庭教育专业委员会理事　张能治：

家庭教育有别于学校的教育跟社会的教育，家庭教育是父母以及家里人用他们的语言跟行动对孩子进行教育，不是系统的，是点点滴滴的，但这点点滴滴对孩子一生影响特别大。

解说：老局长思维活跃，精力充沛，很难想象，他今年已经70岁了，屈指算来，他在教育领域里已经摸爬滚打了整整40个春秋。从1970年涉足教育行业至今，他当过老师、教导主任、中学校长、市教育督学、区教育局副局长、教育学会会长等职，从基层一步一个脚印地做起来。而说起对家庭教育的关注，张能治说，最早可以追溯到 20 世纪 70 年代，那时他还在教育基层当教师。

张能治：我当过班主任，那时我经常家访，接触了很多家长和学生……在这个工作的过程中，我意识到家庭教育的重要性。因为同一个学校，同一个环境，同一个老师，教出来的学生千差万别，有的甚至差别特别大，这其中就有一个家庭教育的问题。

解说：2001 年退休后，张能治有了比较多属于自己的时间，于是他决定全身心地投入到家庭教育的研究中。但是，当时家庭教育在中国还是一个很薄弱的环节，在汕头地区更是处于初级阶段，相关的理论和研究资料十分匮乏，在这样的情况下开展研究工作，谈何容易！于是，张能治只能通过看书来寻找教育孩子的方法，但渐渐地，他发现单凭这样根本解决不了纷繁复杂的家庭教育问题，于是他又积极参加了国内各种大型的家庭教育学术活动和家庭教育培训课程。就这样，他几乎跑遍了全国各地。通过这些学习，他不仅系统地掌握了家庭教育的理念和方法，及时了解了国内外家庭教育动态，还为实践咨询指导奠定了良好的基础。

张能治：我们做家庭教育的一定要与时俱进，要用最新的观念、案例来跟家长交流，对家长才有现实意义，所以我就必须随时随地注意学习，否则我就跟不上这个时代。

同平中学校长　李伟：

张局长对教育是非常热心的，而且他花了很大的精力去认真调查研究，特别让我们感动。

同平中学副校长　黄照霞：

张局长非常重视下一代的教育和培养，对我们这一辈人确实是很有启迪，他鞭策着我们要更好地做好学生的教育工作、家庭的配合教育工作。

解说：严谨的治学态度，精湛的理论水平，使张能治的家庭教育研究很快就在汕头教育界有了名气。每个星期，他都会应邀去给家长们做讲座，这些讲座观念新，信息量大，既有理论分析，又有案例佐证，实用性强，使家长们受益匪浅。渐渐地，张能治的名气由潮汕传到了省内、国内，请他讲学的单位越来越多。到目前为止，他已经应邀在全国各地举行了300多场演讲，成为许多家长追逐的"明星"。

张能治：我觉得能为大家做一点事，特别是帮助家长解决孩子的教育问题，这是人生中很有意义的事情。

解说：长期的研究和讲学，张能治形成了一套演讲系列专题——"能治教育大巡讲"，分三大部分，共30多个专题。这套演讲系列专题，内容丰富，资料生动翔实，又十分实用，因此无论去到哪里做演讲，都会有很多人向张局长索要讲稿。时间长了，大家都建议张局长将讲稿整理出版，以便使更多人受益。基于这种情况，张能治便从演讲的30多个专题中精心挑选了16个专题编辑出版，于是，便有了我们眼前的这本新书——《爱，让孩子快乐成长——e时代家庭教育真谛》。

张能治：这本书有一个主线，就是用爱来贯穿这本书的始终。爱的结果要让孩子快乐，这是我这本书的一个灵魂。现在很多家长是很想爱孩子，但是不懂得爱的方法，爱了以后，学生很累，孩子很累，我这本书就是谈怎么爱孩子，让孩子快乐。

解说：《爱，让孩子快乐成长——e时代家庭教育真谛》这本书，是一本优秀的家庭教育读物，由广东人民出版社出版，由中国教育学会家庭教育专业委员会向全国读者推荐。这本书最大的一个特点是将前沿的教育理论与古今中外的典型案例相结合。

张能治：作为一个现代教育者，一定要吸收国际一些先进的教育理念，所以我到每一个地方，开每一次会议，读每一本书，我都会把一些最前沿的理论融合到我的研究里。

解说：这本书不仅观念新颖，而且信息量巨大，单是书中列举的案例和故事就有 148 个之多，这些案例和故事都是发生在我们生活中的，有很多还是新近发生的"新闻事件"。此外，这本书还有一个特点就是谈话式的叙述，可操作性的建议，让人备感亲切，使读者可以在轻松的阅读中得到启迪，从故事和案例中引发思考。

张能治：我每时每刻都在收集资料，凡是跟家庭教育有关的，对孩子有益的，不论是电视、广播还是报纸刊物、会议，我都随时注意收集，所以我家里的电脑里形成了一个资料库，我还有很多的剪报，还有很多杂志，为我的讲学提供资料。

张能治的妻子：

他每天都会投入很多时间在这上面。是啊，有时候为了研究一个问题，他晚上干到十二点，老是要叫他睡觉，不然他是不愿意睡觉的，他对这方面是很投入的。

解说：让张局长备感欣慰的是，这本书的出版，得到了社会各界以及众多读者的好评，国内教育界尤其是家庭教育界的众多专家学者更是给予了高度评价：

【出书的封面，后期做虚化效果，出以下字幕（不用配音，要配乐）】

这是一部很有特色的书，资料丰富，观点科学，可读性强，宜于推广。
——中国教育学会家庭教育专业委员会理事长　北京师范大学教授　赵忠心

优秀的家庭教育，需要与时俱进，与时代律动相伴随。在互联网时代如何选择教育子女的方法，张能治先生这部书值得一读，会引发家长的深刻思考。
——中国教育学会家庭教育专业委员会副理事长　秘书长　东北师范大学教授　赵刚

这本书有科学的评述、积极的建议和典型的案例，给人耳目一新的感觉，回答了许多父母的疑难问题，是网络时代难得一见的父母教育孩子的工具书，值得家长学习、参考和借鉴。

——爱尔兰皇家科学院院士　爱尔兰都柏林大学终身教授　孙大文

这是一本从理论和实践的结合上全面、系统、深入论述家庭教育真谛的优秀书籍。其中渗透着儒家的思想道德和现代教育思想精髓，是难得一见的家庭教育教科书。

——中山大学教授　张国培

解说：在张能治言传身教的影响下，如今，汕头已经有越来越多的教育人士投身到了家庭教育的领域中。这个目前拥有 16 名成员的"家庭教育讲师团"就是最好的证明。这个"家教讲师团"是 2008 年年底，由金平区关工委等部门牵头成立的，张能治成了众望所归的团长。

张能治：我就感到很兴奋，因为我平时也在做家庭教育的工作，但是就还没有一个组织，有了一个组织，我就可以发挥更大的作用……应该说，这个讲师团的成立，对我也是一种很大的鼓舞，也使我有了一个工作的平台。

解说：家庭教育讲师团的这 16 名成员，都是长期奋战在教育一线的教育工作者。他们和张局长一起，不辞辛劳，长期活跃在各中小学校、幼儿园和社区，为家长们送去了科学的家庭教育方法。

张能治：讲师团这 16 个成员，我是一个一个去跑，去跟他们联系，他们也很支持……因为一个人的力量是远远不够的，有更多的人来发挥作用，影响就更大了，而且我们讲师团这 16 个人，遍布我们区我们市各有关单位，老中青结合，幼儿园、小学、中学乃至大学都有，这样讲起来效果就更好、影响就更大。

解说：为了更好地传播家庭教育的理念，2009 年元旦，张能治还创办了《当今家庭教育》杂志，并担任主编。至今，该杂志已经出版了 11 期，发行了25 000 多份，免费赠送给各中小学、幼儿园、社区等。

张能治：我在筹集经费这方面花了很大力气，包括去广州开会，会后我还去访问企业家。有一次，有个企业家跟我谈到关于儿童的家庭教育问题，一谈起来，我很兴奋，便拿我们的杂志给他看。他很感兴趣，然后他就问我有什么困难。我说有，就是资金缺乏。他就立刻把款项打到我们区关工委的账号上。

解说：虽说是免费赠送的杂志，可张能治却一点也不马虎。为了保证稿件的质量，他还专门组织了一支100多人的家庭教育通讯员队伍，并通过亲力亲为的培训辅导，来提高通讯员的写作能力，以促进稿件质量的提高。约稿、改稿、编辑、排版，他更是身体力行。为了筹集经费，他费尽心思，动员企业、学校和热心人士，捐钱出力。难怪大家都说，张局长现在比在岗时还要忙碌。

中国陶行知研究会理事、汕头市金砂中学原副校长　余德元：

他以身作则，任劳任怨，以从事家庭教育为快乐，奉献社会，所以我们觉得老局长是老骥伏枥，志在家庭教育，退而不休，研究家庭教育不止。

解说："滴水渐积成沧海，拳石频移作泰山。"四十年的孜孜以求，使张局长在他默默耕耘的家庭教育领域里换来了累累硕果。这种种的荣誉，对于这位平和谦逊的老局长来说，既是一种肯定和鞭策，更是一种鼓舞和安慰。

【用奖状做一个背景，配乐，出滚动字幕：从事家庭教育工作以来，张能治先后获得：全国优秀科技辅导员、广东省"朝阳读书"活动先进个人、广东省关心下一代先进工作者、汕头市先进教育工作者等荣誉称号。被北京时代学人文化研究院聘为研究员、汕头市青少年研究所聘为特约研究员。他的名字被收入《中国专家大辞典》《当代杰出管理专家人才名典》等书】

张能治：这些奖状意味着我的责任更大了……单单我目前这样做，还远远不够，我还必须再扩大我们的范围，发挥更大的作用，让更多的人来关注家庭教育，所以我每到一个地方都会宣传家庭教育。

解说：著名教育家陶行知先生说过："真的教育是心心相印的活动，唯独从心里发出来的，才能打动到心的深处。"这正是张能治一生教育生涯的生动写照。在家庭教育的领域里，这位老局长始终保持着质朴无华的品质，辛勤耕耘，默默奉献着，把自己的智慧和爱心播撒在这片芳草地上，使自己的人生价值在家庭教育领域中放射出了最夺目的光彩。

主持人：张局长说，虽然自己10年前就从工作岗位退了下来，但其实是退而不休，10年来，他只是换了一种形式在工作而已，而接下来他还没有打算要停下工作的脚步。我们相信，在今后家庭教育的研究领域里，张局长还会继续用他的满腔热情和对教育事业的执着，谱写出更加完美绚丽的新篇章！好，今天的节目就是这样，感谢收看。

沈小沂　孟　磊

注：

此文为电视纪录片《投身教育　孜孜耕耘——教育专家张能治访谈》的脚本；此片由汕头电视台《潮汕风》摄制。

本片策划：黄汉东；文字记者：沈小沂；摄影记者：孟磊；本片主持：刘群。

首播时间：2012年3月25日首播。

此文收入《叩开孩子心扉的艺术——谈家庭教育那些事》一书，为首次以纸质媒体形式与读者见面。

☆温馨提示

我们研究家庭教育一定要与时俱进，要用最新的观念、案例来跟家长交流，对家长才有现实意义。

我觉得能为大家做一点事，特别是帮助家长解决孩子的教育问题，这是人生中很有意义的事情。

渐渐地，张能治的名气由潮汕传到了省内、国内，请他讲学的单位越来越多。到目前为止，他已经应邀在全国各地举行了300多场演讲，成为许多家长追逐的"明星"。

让张局长备感欣慰的是，《爱，让孩子快乐成长——e时代家庭教育真谛》这本书的出版，得到了社会各界以及众多读者的好评，国内教育界尤其是家庭教育界的众多专家学者更是给予了高度评价。

参考文献

1. 陈鹤琴著：《家庭教育》，上海：华东师范大学出版社 2006 年版。

2. 刘卫华、张欣武著：《哈佛女孩刘亦婷》，北京：作家出版社 2000 年版。

3. 赵忠心著：《家庭教育学：教育子女的科学与艺术》，北京：人民教育出版社 2001 年版。

4. 赵刚主编：《100 位企业家给家长的忠告》，北京：东方出版社 2012 年版。

5. 易南轩著：《数学美拾趣》，北京：科学出版社 2008 年版。

6. 傅敏编：《傅雷家书》，沈阳：辽宁教育出版社 2004 年版。

7. 黄卓才著：《鸿雁飞越加勒比——古巴华侨家书纪事》，广州：暨南大学出版社 2011 年版。

8. 孙瑞雪编著：《捕捉儿童敏感期》，北京：中国妇女出版社 2010 年版。

9. 张能治编著：《爱，让孩子快乐成长——e 时代家庭教育真谛》，广州：广东人民出版社 2011 年版。

10. 张能治主编：《家庭教育那些事儿》，广州：暨南大学出版社 2014 年版。

11. 骆风著：《幸福两代人：北京大学硕士生家庭教育探秘》，北京：中国社会科学出版社 2007 年版。

12. 卡尔·H. G. 威特著，丽红译：《卡尔·威特的教育》，北京：京华出版社 2006 年版。

13. A. C. 马卡连柯著，丽娃译：《家庭和儿童教育》，上海：上海人民出版社 2005 年版。

14. 中畑千弘著，祁焱译：《优秀儿童的黄金时间表——揭开孩子优秀成因之谜》，桂林：漓江出版社 2010 年版。

15. 李宇宏著：《耶鲁的青春岁月——21 名耶鲁大学中国本科生访谈录》，北京：中国青年出版社 2006 年版。

16. 陶行知著：《陶行知全集》，成都：四川教育出版社 1991 年版。

17. 孙云晓、张引墨著：《藏在书包里的玫瑰——校园性问题访谈实录（全本）》，桂林：漓江出版社 2009 年版。

18. 骆风著：《就这样上北大——家教专家与北大学子的对话》，广州：新世纪出版社 2013 年版。

19. 丹尼尔·戈尔曼著，耿文秀、查波译：《情感智商》，上海：上海科学技术出版社 1997 年版。

20. 卢梭著，李平沤译：《爱弥儿　论教育》（全两册），北京：商务印书馆 1978 年版。

21. 约翰·洛克著，徐大建译：《教育漫话》，上海：上海人民出版社 2005 年版。

22. 斯托夫人著，亚北译：《斯托夫人自然教子书》，北京：中国妇女出版社 2012 年版。

23. 张能治主编：《创造教育之光》，汕头：汕头大学出版社 2001 年版。

24. 尹建莉著：《好妈妈胜过好老师》，北京：作家出版社 2009 年版。

25. 檀作文译注：《颜氏家训》，北京：中华书局 2007 年版。

跋

家的温馨与魅力

两年前，为了展示期刊《当今家庭教育》的成果，我主编出版了《家庭教育那些事儿》一书，而我个人的专著则推迟出版。两年后，新书《叩开孩子心扉的艺术——谈家庭教育那些事》终于和读者见面了，我格外高兴！

《叩开孩子心扉的艺术——谈家庭教育那些事》成书过程得到诸多朋友的帮助。好朋友陈成浩、郑韶南、李果娴等的意见很宝贵，让我重新审视我的著作。特级教师姚佩琅的建议，让我茅塞顿开，引起我的思考，随将栏目"故事"改为"读写"，并相应调整了一些篇目。我觉得，阅读使人聪明，写作使人严谨。阅读是重要的，而要真正读懂读通，有较大收获就得写作，这是深层次的阅读，尤其是家庭教育。读与写，不论是对中学生还是小学生，不论是对文科生还是理科生，不论是对孩子还是家长，都同样重要。

本书"附录"，选录了昆山读者陈遵宝的《和孩子一起筑就美丽中国梦》《读者对〈爱，让孩子快乐成长——e时代家庭教育真谛〉的评价摘编》、香港读者蔡柳屏的《选班主任》和汕头电视台《潮汕风》节目组策划黄汉东、文字记者沈小沂、摄影记者孟磊、主持刘群等摄制的电视纪录片《投身教育 孜孜耕耘——教育专家张能治访谈》的脚本。他们从不同角度评说本书和作者，展示了《叩开孩子心扉的艺术——谈家庭教育那些事》一书的社会价值与作者的人格魅力。对于他们的倾心付出，我铭记于心！

感谢著名家庭教育专家、广州大学研究员骆风先生在百忙中为本书撰写精彩的序言；感谢暨南大学出版社社长徐义雄先生、责任编辑苏彩桃女士和黄斯女士等的支持和指导；感谢特约校对钟勇华先生、协助校对陈遵宝先生的辛勤付出。

本书首印得到潮安二中校友、暨南大学校友、汕头市中海房地产有限公司董事长、广东中民福彩投资有限公司总经理、副研究员、著名企业家蔡淡妆女士的支持赞助，笔者甚为感激！感谢所有关心本书出版的各地朋友们！

我的妻子陈赛珠和两个女儿张晓帆、张晓星，女婿许桂鑫、张霞，为本书的出版倾注心血，他们一如既往的理解、支持和帮助，让我深切感受到家的温馨与魅力。

由于笔者水平所限，本书可能存在许多不足之处，敬请广大读者批评指正。家庭教育是科学，更是艺术。愿广大家长，尤其是年轻父母，在阅读本书的过程中，科学地结合自己孩子的实际，不断提高家庭教育的艺术水平，让孩子健康快乐地成长！

张能治

2017 年 3 月 20 日

于汕头碧霞庄